John Kotter
James Heskett

**Die
ungeschriebenen
Gesetze
der Sieger**

John Kotter · James Heskett

Die ungeschriebenen Gesetze der Sieger

Erfolgsfaktor Firmenkultur

Deutsch von Thorsten Schmidt

ECON Verlag
Düsseldorf · Wien · New York · Moskau

Inhaltsverzeichnis

IV. Zusammenfassung und Ergebnis

Anhang

Vorwort

Die Wurzeln dieses Buchs liegen in zwei verschiedenen Bereichen. John P. Kotter erforscht seit zwanzig Jahren das Verhalten von Managern und hat sich in jüngster Zeit auf das Problem »Führung«[1] konzentriert, wobei ihm zweimal das Thema »Unternehmenskultur«[2] begegnete, das er jedoch nicht eingehender analysierte. James L. Heskett befaßt sich in seinen Forschungsarbeiten sogar seit noch längerer Zeit mit einer Vielzahl von Fragen der Führung und bemüht sich seit kurzem als Projektleiter um die Einrichtung einer Pflichtvorlesung in Unternehmensführung für Studenten der Betriebswirtschaftslehre in Harvard.[3]

Unsere Zusammenarbeit begann im Sommer 1987. Über einen Zeitraum von vier Jahren führten wir vier Studien durch, mit denen wir vor allem herausfinden wollten, ob es einen Zusammenhang zwischen Unternehmenskultur und langfristigem Unternehmenserfolg (»economic performance«) gibt und, falls ja, welcher Art dieser Zusammenhang ist, weshalb er besteht und ob sich daraus Maßnahmen zur Steigerung des Unternehmenserfolgs ableiten lassen.

Alle Studien wurden von der Forschungsabteilung der Harvard Business School finanziell unterstützt. Außerdem halfen uns vierzig Unternehmen bei der Datensammlung. Mehrere Personen haben die ersten Fassungen des Manuskripts kritisch durchgearbeitet. Dazu gehörten: Louis Barnes, Michael Beer, Richard Boyatzis, Jay Conger, Terry Deal, Nancy Dearman, Daniel Denison, Robert Eccles, Russell Eisenstat, John Gabarro, Linda Hill, Todd Jick, Julie Johnson, Ralph Kilmann, Robert Lambrix, Paul Lawrence, Jay Lorsch, Mal Salter, Edgar Schein, Leonard Schlesinger, David Thomas, Warren Wilhelm und Michael Winston.

Ihre Anregungen, die gekonnte Textverarbeitung des Manuskripts durch Rosemary Brigham und Carolyn Saltiel und die Unterstützung durch unsere wissenschaftlichen Assistenten James Leahey, Andrew Segal und Nancy Rothbard haben dieses Buch möglich gemacht.

John P. Kotter

James L. Heskett

Anmerkungen

1 Siehe The Leadership Factor, New York 1988 (dt. Erfolgsfaktor Führung, Frankfurt a. M. 1989), und A Force for Change: How Leadership Differs from Management, New York 1990 (dt. Abschied vom Erbsenzähler, Düsseldorf u. a. 1991)
2 Siehe The Leadership Factor, Kap. 8, und A Force for Change, Kap. 10
3 Diese Vorlesung heißt »Management Policy and Practice« und wird im zweiten Studienjahr angeboten.

I.
Einführung

1. Die Macht der Kultur

Unternehmenskulturen begegnen uns auf Schritt und Tritt. Wenn es sich nicht um unsere eigenen handelt, dann stechen uns ihre sichtbarsten und ungewöhnlichsten Merkmale in die Augen: das Aussehen des konservativ gekleideten IBM-Vertreters, die Identifikation der Mitarbeiter von Honda oder Matsushita mit ihren Unternehmen und deren Produkten, die Zwanglosigkeit des Umgangs miteinander bei Apple und vielen weiteren High-Tech-Unternehmen. Handelt es sich bei den Unternehmenskulturen hingegen um unsere eigenen, dann bleiben sie oftmals unbemerkt – es sei denn, wir versuchen, eine neue Strategie oder ein neues Programm einzuführen, das mit zentralen Normen und Werten der Unternehmenskultur unvereinbar ist. In diesem Fall erleben wir die Macht der Kultur aus erster Hand.

Der Begriff »Kultur« stammt eigentlich aus der Sozialanthropologie.[1] Im späten 19. und frühen 20. Jahrhundert durchgeführte Studien an »primitiven« Gesellschaften – Eskimos, Eingeborenenstämme in der Südsee und in Afrika, nordamerikanische Indianerstämme – haben Lebensweisen enthüllt, die sich nicht nur stark von denen der technologisch fortschrittlicheren Teile Amerikas und Europas unterschieden, sondern oftmals auch untereinander sehr heterogen waren.[2] Daher wurde der Begriff »Kultur« geprägt, um – in einem sehr allgemeinen und umfassenden Sinn – die von einer Generation an die nächste weitergegebenen Eigenschaften einer bestimmten Gruppe von Menschen zu bezeichnen. Das *American Heritage Dictionary* definiert »Kultur« genauer als »die Gesamtheit gesellschaftlich überlieferter Verhaltensmuster, künstlerischer und handwerklicher Fertigkeiten, Überzeugungen, Institutionen und aller anderen Produkte menschlicher Arbeit und menschlichen Denkens, die für eine Gemeinschaft oder eine Population typisch sind«.

Wir haben es hilfreich gefunden, bei der *Unternehmens*kultur zwei Ebenen anzusetzen, die sich hinsichtlich ihrer Sichtbarkeit und ihrer Resistenz gegen Änderungen unterscheiden.[3] Auf der tieferen, weniger offensichtlichen Ebene bezieht sich der Begriff »Kultur« auf die Wertvorstellungen, die von den Mitgliedern einer Gruppe geteilt werden und die ungeachtet der Fluktuation von Mitgliedern relativ konstant bleiben. Diese Vorstellungen über das, was im Leben zählt, können in verschiedenen Unternehmen sehr unterschiedlich sein: In den einen legt man großen Wert auf Geld, den anderen geht es vor allem um technologische Innovationen oder das Wohlergehen der Mitarbeiter. Auf dieser Ebene kann eine Kultur sehr schwer zu verändern sein, zum Teil, weil sich die Gruppenmitglieder der Wertvorstellungen, die sie zusammenhalten, oftmals nicht bewußt sind.

Auf der sichtbareren Ebene meint Kultur die Verhaltensmuster oder -normen eines Unternehmens, die neuen Mitarbeitern von ihren Kollegen automatisch vermittelt werden. Wir sagen zum Beispiel, daß die Mitglieder einer Gruppe jahrelang »hart gearbeitet« haben, die Mitglieder einer anderen Gruppe »sehr freundlich« gegenüber Fremden sind oder die Personen einer dritten Gruppe immer sehr konservativ gekleidet sind. Auch Kultur in diesem Sinne läßt sich nur schwer verändern, aber doch nicht annähernd so schwer auf der Ebene elementarer Wertvorstellungen.

Jede der beiden Kulturebenen hat eine natürliche Tendenz, die andere zu beeinflussen. Dies zeigt sich vielleicht am deutlichsten daran, wie sich gemeinsame Wertvorstellungen auf das Verhalten einer Gruppe auswirken – so beeinflußt zum Beispiel der Wert »Kundenorientierung« die Schnelligkeit, mit der Mitarbeiter auf Reklamationen reagieren. Doch die Kausalität kann auch in die entgegengesetzte Richtung verlaufen: Verhaltensmuster und Gewohnheiten können ihrerseits Wertvorstellungen verändern. Wenn Mitarbeiter, die bislang noch keinerlei Kontakt zum Markt hatten, mit Kunden sprechen und deren Probleme und Bedürfnisse

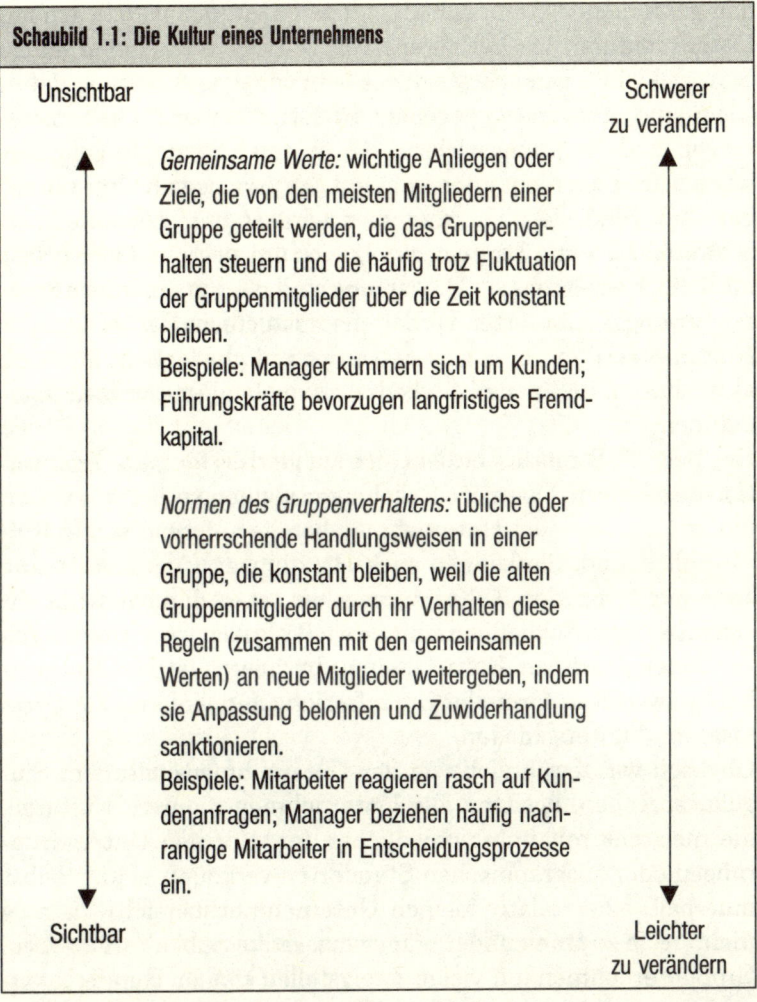

Schaubild 1.1: Die Kultur eines Unternehmens

Unsichtbar

Schwerer
zu verändern

Gemeinsame Werte: wichtige Anliegen oder
Ziele, die von den meisten Mitgliedern einer
Gruppe geteilt werden, die das Gruppenver-
halten steuern und die häufig trotz Fluktuation
der Gruppenmitglieder über die Zeit konstant
bleiben.
Beispiele: Manager kümmern sich um Kunden;
Führungskräfte bevorzugen langfristiges Fremd-
kapital.

Normen des Gruppenverhaltens: übliche oder
vorherrschende Handlungsweisen in einer
Gruppe, die konstant bleiben, weil die alten
Gruppenmitglieder durch ihr Verhalten diese
Regeln (zusammen mit den gemeinsamen
Werten) an neue Mitglieder weitergeben, indem
sie Anpassung belohnen und Zuwiderhandlung
sanktionieren.
Beispiele: Mitarbeiter reagieren rasch auf Kun-
denanfragen; Manager beziehen häufig nach-
rangige Mitarbeiter in Entscheidungsprozesse
ein.

Sichtbar

Leichter
zu verändern

kennenlernen, messen sie den Kundeninteressen oftmals einen
höheren Stellenwert bei (siehe Schaubild 1.1).

So verstanden ist die Kultur eines Unternehmens nicht dasselbe
wie seine »Strategie« oder »Struktur«, obschon diese Termini
(und weitere wie »Vision« oder »Mission«) mitunter fast synonym
verwendet werden, weil sie alle – neben der Wettbewerbslage und

13

den gesetzlichen Rahmenbedingungen – zu den grundlegenden Determinanten des Verhaltens von Mitarbeitern zählen (siehe Schaubild 1.2). Eine Strategie ist lediglich eine Anleitung dafür, wie man sich in eine vorgegebene Richtung bewegt.[4] Die Einstellungen und Handlungsweisen, die in einer Strategie gefordert werden, müssen nicht unbedingt mit der jeweiligen Kultur vereinbar sein. Sind sie nicht vereinbar, wird es dem Unternehmen schwerfallen, seine Strategie erfolgreich umzusetzen. Doch selbst nach einer erfolgreichen Umsetzung sind die von einer bestimmten Strategie geforderten Verhaltensmuster nicht Bestandteil der Kultur, es sei denn, die meisten Gruppenmitglieder bemühen sich aktiv darum, daß neue Mitglieder diese Handlungsweisen übernehmen.

Der Begriff »Struktur« bezieht sich auf gewisse formale Organisationsregelungen. Derartige Regelungen können Verhaltensweisen fordern, die in einem Unternehmen bereits aufgrund seiner Kultur üblich sind. Sie können auch Handlungen vorschreiben, die zwar nicht von der Kultur vorgegeben, aber durchaus mit ihr vereinbar sind. Schließlich können sie Praktiken vorschreiben, die im Widerspruch zur Kultur stehen. In diesem letzten Fall wird häufig zwischen »formeller Organisation« und »informeller Organisation«[5] unterschieden.

Obgleich wir gewöhnlich von der Unternehmenskultur im Singular sprechen, besitzen alle Unternehmen mehrere Kulturen, die meistens mit unterschiedlichen funktionalen Untergliederungen oder geographischen Standorten verknüpft sind.[6] Selbst innerhalb eines relativ kleinen Unternehmensbereichs kann es mehrere, ja sogar einander entgegengesetzte Subkulturen geben. Großunternehmen mit vielen Zweigstellen können Hunderte verschiedener Kulturen aufweisen. Wer von »der Unternehmenskultur« spricht, meint in der Regel die Wertvorstellungen und Verhaltensweisen, die von allen Sparten eines Unternehmens zumindest auf der oberen Führungsebene geteilt werden. Entsprechend wäre eine »divisionale Kultur« eine, die von sämtlichen Funktionsbereichen und Zweigstellen einer Sparte eines Unternehmens geteilt werden.

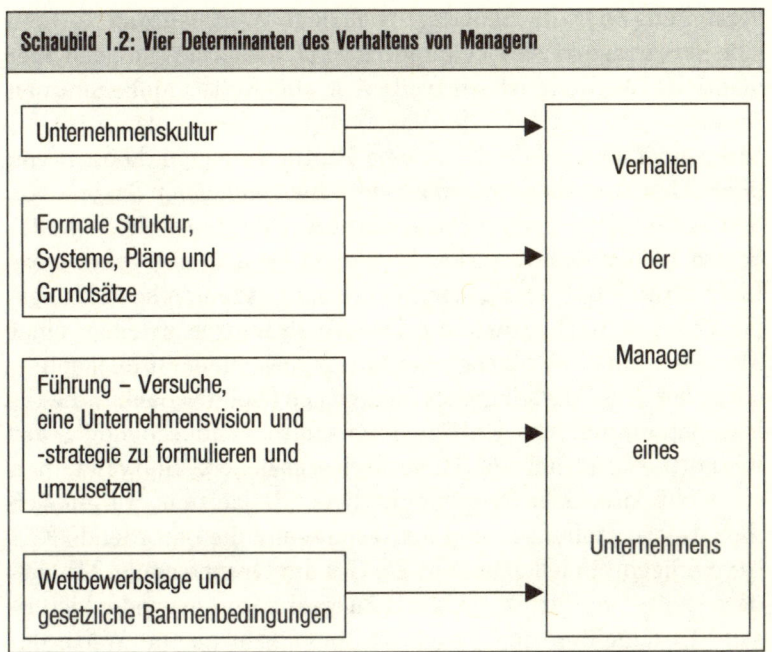

Schaubild 1.2: Vier Determinanten des Verhaltens von Managern

Unternehmenskultur	
Formale Struktur, Systeme, Pläne und Grundsätze	Verhalten der Manager eines Unternehmens
Führung – Versuche, eine Unternehmensvision und -strategie zu formulieren und umzusetzen	
Wettbewerbslage und gesetzliche Rahmenbedingungen	

Unternehmen haben Kulturen, weil die erforderlichen Bedingungen für deren Entstehung allgegenwärtig sind. Wie Edgar Schein vom Massachusetts Institute of Technology und andere nachgewiesen haben, bedarf es zur Herausbildung einer Kultur anscheinend nicht mehr, als daß eine Gruppe von Arbeitskräften über einen hinreichend langen Zeitraum zusammenarbeitet und bei all ihren Projekten relativ erfolgreich ist. Lösungen für auftretende Probleme, die sich wiederholt bewähren, werden meistens in die Kultur integriert. Je länger sich die Lösungen bewähren, um so fester werden sie in die Kultur eingebunden.[7] Steigert beispielsweise das Management jedesmal, wenn sich die Umsatzkurve abflacht, die Werbeaufwendungen und führt diese Maßnahme offenkundig immer zu einer erheblichen Umsatzsteigerung, dann wird dieses Verhaltensmuster aller Voraussicht nach zu einem festen Bestandteil der Kultur des Unternehmens werden. Je nach den konkreten Umständen kann auch eine entsprechende Wert-

15

vorstellung oder Überzeugung – vielleicht »Werbeanzeigen eignen sich hervorragend zur Bekämpfung von Umsatzrückgängen« oder »Gezielte Werbung ist wertvoll« – in die Kultur aufgenommen werden.

Ideen oder Lösungen, die in eine Kultur eingehen, können von überall her stammen: von einem einzelnen oder einer Gruppe, von den Mitarbeitern an der Basis oder den Führungskräften an der Spitze. In Firmen mit starken Unternehmenskulturen gehen diese Ideen oftmals auf den Firmengründer oder andere frühe Führungspersönlichkeiten[8] zurück, die ihre Vorstellungen in Form einer »Vision«, einer »Unternehmensstrategie«, einer »Philosophie« oder aller drei Darstellungen[9] niederlegen (siehe Schaubild 1.3).

Hat sich einmal eine Unternehmenskultur herausgebildet, wird ihr Fortbestand auf vielfältige Weise gesichert. So wählt man vielleicht potentielle Gruppenmitglieder danach aus, wie gut sich ihre Wertvorstellungen und ihr Verhalten in die bestehende Kultur einfügen.[10] Vielleicht wird der Stil der Gruppe neuen Mitgliedern explizit vermittelt.[11] Oder man erzählt immer wieder historische Geschichten und Legenden, um jeden an die Werte der Gruppe und deren Sinn zu erinnern.[12] Oder die Manager versuchen bewußt, in ihrem Handeln die Kultur und deren Ideale zum Ausdruck zu bringen.[13] Hochrangige Gruppenmitglieder können in ihren täglichen Gesprächen oder durch bestimmte Rituale und Zeremonien immer wieder die Grundwerte deutlich machen.[14] Mitarbeiter, die die Ideale der Kultur erfolgreich verwirklichen, können lobend anerkannt und als Vorbilder herausgestellt werden.[15] Der natürliche Prozeß der Identifikation zwischen jüngeren und älteren Mitgliedern kann die jüngeren dazu bewegen, Wertvorstellungen und Verhaltensweisen ihrer Mentoren zu übernehmen.[16] Und schließlich der vielleicht fundamentalste Mechanismus: Mitarbeiter, die die kulturellen Normen befolgen, werden belohnt, während diejenigen, die dagegen verstoßen, sanktioniert werden.[17]

Kulturen können über einen längeren Zeitraum sehr stabil sein, aber sie sind niemals statisch. Manchmal zwingen Krisen eine Gruppe dazu, einige ihrer Werte oder Praktiken zu überdenken.[18]

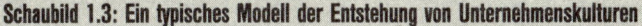

Führungsspitze

Ein oder mehrere Spitzenmanager in einem neuen oder jungen Unternehmen entwickeln eine Vision/Philosophie und/oder eine Unternehmensstrategie, die sie anschließend umzusetzen versuchen.

▼

Verhalten der Organisation

Die Umsetzung gelingt. Die Mitarbeiter verhalten sich so, wie es von der Philosophie und Strategie vorgegeben ist.

▼

Erfolg

Das Unternehmen hat nach den meisten Maßstäben Erfolg, und dieser Erfolg hält über mehrere Jahre an.

Kultur

Es entsteht eine Kultur, die die Vision und Philosophie sowie die Erfahrungen der Mitarbeiter bei deren Umsetzung widerspiegelt.

Neue Herausforderungen können zur Entstehung neuer Handlungsweisen führen. Das Ausscheiden von Schlüsselfiguren, die rasche Assimilation neuer Mitarbeiter, die Diversifikation in sehr verschiedene Branchen und die geographische Expansion können eine Kultur schwächen oder verändern.[19]
Größere Krisen und Personalfluktuationen, die mit einem Fehlen kultureller Selbsterhaltungsmechanismen einhergehen, können eine Kultur zerstören oder sehr schwächen. Umgekehrt können

17

Kulturen eine beträchtliche Stärke entwickeln, wenn viele gemeinsame Werte, Verhaltensmuster und Praktiken existieren und die Ebenen der Kultur eng miteinander verzahnt sind. Kontinuität des Führungsstils, geringe Fluktuation der Gruppenmitglieder, geographische Konzentration, geringe Gruppengröße und deutliche Erfolge tragen zur Entstehung einer starken Kultur bei.[20]
Kulturen können ganz erhebliche Auswirkungen haben, besonders wenn sie stark sind. So ermöglichen sie etwa einer Gruppe, rasche und koordinierte Maßnahmen gegen einen Wettbewerber oder für einen Kunden zu ergreifen. Und sie können intelligente Mitarbeiter dazu bringen, gemeinsam ins Verderben zu gehen.

Eines der allerersten Werke der modernen betriebswirtschaftlichen Forschung kam zu dem Schluß, daß Arbeitsgruppen in Unternehmen ihre eigenen Kulturen ausbilden konnten und daß diese Kulturen den Unternehmenserfolg beeinträchtigen oder fördern konnten.[21] Dieser Gedanke fand außerhalb der akademischen Welt lange Zeit nur wenig Beachtung. Erst Ende der siebziger Jahre[22] unterstrich eine eng kooperierende Gruppe von Forschern, von denen die meisten für einen kleinen Kreis von Universitäten und Beratungsfirmen (Harvard, Stanford, MIT, McKinsey und MAC)[23] arbeiteten, die Bedeutung dessen, was sie »Unternehmens«- oder »Organisationskultur« nannten. Ihre Thesen gründeten sich hauptsächlich auf drei Forschungsquellen: über japanische Firmen, die durchweg bessere Ergebnisse erzielten als ihre US-amerikanischen Wettbewerber,[24] über US-amerikanische Unternehmen, die trotz des sich in den siebziger Jahren verschärfenden Wettbewerbsdrucks viel Geld verdienten,[25] und über Unternehmen, die sich durch Erarbeitung und Umsetzung von Wettbewerbsstrategien auf die neuen Rahmenbedingungen einstellen wollten, dabei aber Schwierigkeiten hatten.[26]
Trotz Unterschieden im anfänglichen Forschungsschwerpunkt, in der Terminologie und den Methoden waren die wichtigsten Ergebnisse in allen Fällen sehr ähnlich und sehr aufsehenerregend:

Alle Firmen haben Unternehmenskulturen, wenn auch einige viel »stärkere« als andere. Diese Kulturen können sich – besonders in wettbewerbsintensiven Branchen – erheblich auf die Mitarbeiter und den Erfolg auswirken, ja die Wirkung kann sogar den Einfluß all der Faktoren übertreffen, die am häufigsten in betriebswirtschaftlichen und organisationstheoretischen Werken erörter wurden, wie Strategie, Organisationsstruktur, Führungssysteme, Instrumente der Finanzanalyse, Führung und so weiter. Die besten amerikanischen und japanischen Führungskräfte widmen einen Teil ihrer Arbeitszeit und Energie oft bewußt der Schaffung, Gestaltung oder Aufrechterhaltung starker Unternehmenskulturen.

Die ersten Bücher über diese Forschungsarbeiten fanden große Beachtung. Nach einem Jahrzehnt zunehmenden Wettbewerbsdrucks in den meisten US-amerikanischen Wirtschaftszweigen, in dem die Firmen schlechtere Ergebnisse erzielten als in den 50er und 60er Jahren, suchten viele nach neuen Antworten und Ideen, und manches, was in diesen Büchern stand, klang sehr plausibel. Trotz der etwas radikalen – oder zumindest ungewöhnlichen – Schlußfolgerungen wurden die vier 1981 und 1982 in den USA veröffentlichten Bücher – *Theory Z* von Ouchi, *The Art of Japanese Management* (dt. *Geheimnis und Kunst des japanischen Managements*) von Pascale/Athos, *Corporate Cultures* (dt. *Unternehmenserfolg durch Unternehmenskultur*) von Deal/Kennedy und *In Search of Excellence* (dt. *Auf der Suche nach Spitzenleistungen*) von Peters/Waterman – zu Bestsellern. *In Search of Excellence* brach sogar den Verkaufsrekord für Sachbücher.

Das Echo in den Führungsetagen[27] und in der öffentlichen Meinung war ungewöhnlich groß. 1989, nicht einmal zehn Jahre nachdem der Begriff »Unternehmenskultur« in den allgemeinen Wortschatz eingegangen war, wehrte Time, Inc. einen feindlichen Übernahmeversuch durch Paramount mit dem Argument ab, seine Kultur würde durch die Übernahme zerstört oder verändert – zum Schaden seiner Kunden, seiner Aktionäre und der Gesellschaft als Ganzem. In der Begründung des Urteils zugunsten von Time entschied der zuständige Richter, es könnte »Fälle geben, in denen das Gesetz die mutmaßliche Bedrohung einer ›Unternehmenskultur‹, deren Greifbarkeit (in Ermangelung eines besseren Wortes), Eigenart und Vorteilhaftigkeit nachgewiesen wurde, anerkennen muß«.[28]

Die Erfolge der ersten vier »Kultur«-Bücher regten Dutzende weiterer Studien an. In einigen dieser späteren Studien wurden Theorien über den Zusammenhang zwischen Kultur und Unternehmenserfolg erarbeitet, die sich grundlegend von denen in den ersten vier Büchern unterscheiden.[29] Einige Forscher haben sogar bezweifelt, ob es überhaupt einen verallgemeinerungsfähigen Zusammenhang zwischen Unternehmenskultur und Unternehmenserfolg gibt.[30] Diese neueren Untersuchungen kritisierten auch frühere Ansichten über die Umgestaltung von Kulturen.[31] Bezweifelt wurde auch, ob das Management eines Unternehmens eine bestehende Unternehmenskultur erfolgreich beeinflussen kann, vor allem weil es nur wenige überzeugend dokumentierte Fälle kultureller Umgestaltung gibt.[32]

Vor diesem Hintergrund begannen wir 1987 mit unseren eigenen Forschungen.

Zwischen August 1987 und Januar 1991 führten wir vier Untersuchungen durch, um herauszufinden, ob zwischen Unternehmenskultur und langfristigem Unternehmenserfolg ein Zusammenhang besteht, um die Art und die Gründe für einen solchen Zusammenhang aufzuklären und um festzustellen, ob und wie dieser Zusammenhang zur Verbesserung der Erfolgsbilanz eines Unternehmens ausgenutzt werden kann.

Der Erfolg eines Unternehmens wird von vielen Faktoren beeinflußt. In diesem Buch interessieren wir uns nur für die potentiellen Auswirkungen eines Elements – der Unternehmenskultur (*nicht* der Geschäftsbereichskulturen). Aufgrund der Komplexität der Beziehungen und der Schwierigkeit bei der Messung verschiedener Faktoren lassen sich Untersuchungen dieser Art kaum mit großer Stringenz durchführen. Dennoch versuchten wir in den vier Studien, so systematisch und genau wie möglich vorzugehen.[33]

20

Unsere erste Erhebung konzentrierte sich auf die neun beziehungsweise zehn größten Unternehmen in 22 verschiedenen Branchen der US-amerikanischen Wirtschaft. Wir wollten die allgemein anerkannteste Theorie über den Zusammenhang zwischen Unternehmenskultur und langfristigem Unternehmenserfolg überprüfen. Die Ergebnisse dieser Erhebung stellen wir in Kapitel 2 vor. In der zweiten Studie überprüften wir zwei weitere Theorien über die Korrelation von Kultur und Erfolg, dieses Mal durch eine eingehendere Analyse einer kleinen Teilmenge (22 Firmen) der ursprünglichen 207 Unternehmen. Diese Studie erörtern wir in Kapitel 3 und 4; Kapitel 5 enthält eine detaillierte Beschreibung eines dieser Fallbeispiele, in der dritten Studie untersuchten wir zwanzig Unternehmen, deren Kulturen sich offenbar negativ auf ihren wirtschaftlichen Erfolg auswirkten. Die Ergebnisse dieser Erhebung besprechen wir in Kapitel 6. Unser letztes Projekt konzentrierte sich auf zehn Firmen, die ihre Unternehmenskulturen in der jüngsten Vergangenheit umgestaltet hatten und wirtschaftlich davon profitierten. Diese Studie behandeln wir in Kapitel 7 und 8; Kapitel 9 und 10 enthalten Beschreibungen von zweien dieser zehn Fälle.

Insgesamt belegen unsere Studien, daß die ersten Bücher zum Thema »Unternehmenskultur« weitgehend auf dem richtigen Weg waren, auch wenn sie in einigen wichtigen Fragen falsche Antworten gaben – was bei Pionierarbeiten nichts Ungewöhnliches ist. Unsere Studien führten im einzelnen zu folgenden Ergebnissen:

① *Die Unternehmenskultur kann sich nachhaltig auf den langfristigen Unternehmenserfolg auswirken.* Wir stellten fest, daß Unternehmen, deren Kulturen allen Hauptbeteiligten (Kunden, Aktionären und Mitarbeitern) und einer aktiven Führung durch die Manager einen hohen Stellenwert beimaßen, auf allen Ebenen weitaus bessere Ergebnisse erzielten als Unternehmen, die diese kulturellen Werte nicht besaßen. Über einen Zeitraum von elf Jahren steigerten erstere ihren Umsatzerlös durchschnittlich um 682 Prozent, letztere hingegen nur um 166 Prozent; erstere erhöhten die Zahl ihrer Mitarbeiter um 282, letztere nur um 36 Prozent; die Aktienkurse der ersteren stiegen um 901 Prozent, die der letzteren um 74 Prozent, und der Jahresüberschuß der ersteren erhöhte sich um 756 Prozent, der der letzteren um 1 Prozent.

② *Die Unternehmenskultur wird im kommenden Jahrzehnt voraussichtlich in noch stärkerem Maße als bisher über den Erfolg oder Mißerfolg von Unternehmen entscheiden.* Leistungshemmende Kulturen wirken sich aus mehreren Gründen negativ auf die Ertragslage von Unternehmen aus, vor allem weil sie diese daran hindern, dringend notwendige strategische oder taktische Veränderungen durchzuführen. In einer Welt des immer rascheren Wandels läßt sich vorhersehen, daß nicht anpassungsfähige Kulturen sich im kommenden Jahrzehnt noch negativer auf die Ertragslage von Unternehmen auswirken werden.

③ *Unternehmenskulturen, die eine gute langfristige Ertragslage verhindern, sind gar nicht selten; sie entstehen leicht, selbst in Unternehmen mit vielen vernünftigen und klugen Mitarbeitern.* Kulturen, die unangemessene Verhaltensweisen fördern und die Umstellung auf zweckmäßigere Strategien verhindern, bilden sich in der Regel langsam und schleichend über einen Zeitraum von mehreren Jahren heraus, meist in der Phase, in der Unternehmen gute Ergebnisse erzielen. Sind diese Kulturen erst einmal entstanden, kann es sehr schwer sein, sie zu verändern, weil sie von den Betroffenen oft gar nicht wahrgenommen werden, weil sie die vorhandene Machtstruktur in einem Unternehmen zementieren und aus vielen anderen Gründen mehr.

④ *Auch wenn Unternehmenskulturen schwer zu verändern sind, so können sie doch erfolgsfördernder gestaltet werden.* Derartige Veränderungen sind komplex, brauchen Zeit und erfordern Führung (Leadership), was etwas ganz anderes ist als bloß hervorragendes Management. Dieser Führung muß eine realistische Einschätzung des Erfolgssteigerungspotentials verschiedener Kulturtypen zugrunde liegen – etwas, das gegenwärtig sowohl in der Geschäftswelt als auch in der Literatur über Unternehmenskultur kaum zu finden ist.

Welche Typen von Unternehmenskultur verbessern den langfristigen Unternehmenserfolg? Mit dieser Grundfrage beschäftigen wir uns als nächstes.

Anmerkungen

1 Die erste bekannte Publikation, die den Begriff »Kultur« in ihrem Titel führt, ist Edward B. Tylor: Primitive Culture: Researches into the Development of Mythology, Philosophy, Religion, Art, and Custom, 2 Bde., New York 1887
2 Franz Boas: »The Central Eskimo«, Bureau of Ethnology Annual Report No. 6, S. 399–664, Washington, D. C., 1884; Bronislaw Malinowski: Argonauts of the Western Pacific: An Account of Native Enterprise and Adventure in the Archipelagoes of Melanesian New Guinea, London 1922 (dt. in: Schriften in vier Bänden, Frankfurt a. M. 1979); A. R. Radcliffe-Brown: »The Mother's Brother in South Africa«, South African Journal of Science 21 (1924), S. 542–555; Ruth Benedict: Patterns of Culture, Boston 1934 (dt. Urformen der Kultur, Hamburg 1960)
3 Das Wort »Kultur« wird in der Alltagssprache und in der wissenschaftlichen Literatur in vielen verschiedenen Bedeutungen verwendet. Die Definition, die wir verwenden und die in Schaubild 1.1 angeführt ist, stimmt weitgehend überein mit der Definition, die Edgar Schein in Organizational Culture and Leadership, San Francisco 1985, vorschlägt.
4 Siehe Kotter: A Force for Change, Kap. 3
5 Siehe zum Beispiel John P. Kotter/Leonard Schlesinger/Vijay Sathe: Organization: Text, Cases, and Readings on the Management of Organization Design and Change, 2. Aufl., Homewood 1986
6 Meryl Louis ist die Autorin, die das am deutlichsten herausgestellt hat. Siehe ihren Aufsatz: »Sourcing Workplace Cultures: Why, When, and How«, in: Kilmann/Saxton/Serpa (Hrsg.): Gaining Control of the Corporate Culture, San Francisco 1986, S. 126–136
7 In Organizational Culture and Leadership geht Schein sehr gründlich auf diesen Punkt ein. Siehe auch Gordon Donaldson/Jay Lorsch:

Decision Making at the Top, New York 1983; und Alan L. Wilkins/ Kerry J. Patterson: »You Can't Get There from Here: What Will Make Cultural Change Projects Fail«, in: Kilmann/Saxton/Serpa (Hrsg.): Gaining Control of the Corporate Culture, S. 262–291

8 Alle frühen Werke über Unternehmenskultur weisen darauf hin. Siehe die Diskussion in Donaldson/Lorsch: Decision Making at the Top

9 Siehe Kotter: A Force for Change

10 Siehe Tom Peters/R. H. Waterman: In Search of Excellence, New York 1982 (dt. Auf der Suche nach Spitzenleistungen, Landsberg 1983); und Schein: Organizational Culture and Leadership

11 Siehe Vijay Sathes Ausführungen zu diesem Thema in: Culture and Related Corporate Realities, Homewood 1985, und darin den Artikel von John Van Manenn: »People Processing: Strategies of Organizational Socialisation«, S. 223–243

12 Siehe William Ouchi: Theory Z, Reading 1981; Peters/Waterman: In Search of Excellence; Richard T. Pascale/Anthony G. Athos: The Art of Japanese Management, New York 1981 (dt. Geheimnis und Kunst des japanischen Managements, München 1982); Terrence E. Deal/ Allan A. Kennedy: Corporate Cultures, Reading 1982 (dt. Unternehmenserfolg durch Unternehmenskultur, Bonn 1987)

13 Siehe Peters/Waterman: In Search of Excellence; Schein: Organizational Culture and Leadership

14 Siehe Deal/Kennedy: Corporate Cultures; Schein: Organizational Culture and Leadership

15 Siehe Deal/Kennedy: Corporate Cultures

16 Siehe Donaldson/Lorsch: Decision Making at the Top

17 Siehe Schein: Organizational Culture and Leadership

18 Siehe Donaldson/Lorsch: Decision Making at the Top; Schein: Organizational Culture and Leadership

19 Siehe Schein: Organizational Culture and Leadership; Sathe: Culture and Related Corporate Realities

20 Siehe Sathe: Culture and Related Corporate Realities

21 Siehe Fritz J. Roethlisberger/William J. Dickson: Management and the Worker: An Account of a Research Program Conducted by the Western Electric Company, Hawthorne Works, Chicago, Cambridge 1939

22 Der Begriff »Unternehmens«- oder »Organisationskultur« kommt in James G. Marchs Handbook of Organizations, Chicago 1965, nicht vor, auch nicht in Peter Druckers Buch Management: Tasks, Responsibilities, Practices, New York 1974. Selbst der Begriff »Kultur« kommt

in der betriebswirtschaftlichen Literatur nur selten vor, auch wenn einige der Vorstellungen, die wir heute mit diesem Begriff verbinden, unter dem Titel »Normen und Werte in Kleingruppen« entwickelt wurden. Ein klassisches Beispiel ist George Homans: The Human Group, New York 1950 (dt. Theorie der sozialen Gruppe, Köln 1960). Die erste wissenschaftliche Arbeit, die sich ausschließlich der Unternehmenskultur widmete, erschien 1979. Siehe Andrew Pettigrew: On Studying Organizational Culture, Administrative Science Quarterly 24 (1979), S. 570–581

23 Dazu zählen Anthony Athos (der in Harvard und bei McKinsey arbeitete), Stanley Davis (Harvard, MAC), Terrence Deal (Harvard), Allan Kennedy (McKinsey), Jay Lorsch (Harvard, MAC), Joanne Martin (Stanford, Harvard), William Ouchi (Stanford), Richard Pascale (Stanford, Harvard), Tom Peters (McKinsey, Stanford) und Edgar Schein (MIT, MAC). Es ist wahrscheinlich kein Zufall, daß die am stärksten eingebundenen Organisationen – McKinsey und die Harvard Business School – beide über starke Kulturen verfügen.

24 Wir denken vor allem an Arbeiten von Ouchi und Pascale.

25 Arbeiten von Peters, Waterman, Deal, Kennedy, Donaldson und Lorsch.

26 Wie zum Beispiel Stanley M. Davis: Managing Corporate Culture, Cambridge 1984; und Donaldson/Lorsch: Decision Making at the Top

27 In einer 1989 im Wall Street Journal veröffentlichten Umfrage waren 80 Prozent der befragten hochrangigen Personalmanager der Ansicht, die Kulturen ihrer Unternehmen müßten verändert werden, und die meisten fügten hinzu, daß sie sich gegenwärtig darum bemühten.

28 Time, 24. Juli 1989, S. 35

29 Siehe zum Beispiel Kilmann/Saxton/Serpa (Hrsg.): Gaining Control of Corporate Culture

30 Joanne Martin ist vermutlich die intelligenteste Kritikerin der populären Bücher über Unternehmenskultur und simplifizierende Erfolgstheorien. Siehe Caren Siehl/Joanne Martin: Organizational Culture: A Key to Financial Performance?, in: Benjamin Schneider (Hrsg.): Organizational Climate and Culture, San Francisco 1990, S. 241–281

31 Siehe Alan Wilkins: Developing Corporate Character, San Francisco 1989

32 Siehe zum Beispiel Thomas Fitzgerald: Can Change in Organizational Culture Really Be Managed?, Organizational Dynamics 17, Nr. 2 (Herbst 1988), S. 4

33 Wir verpflichteten uns außerdem, eine breite Palette von Methoden anzuwenden, nicht nur »weiche« oder »harte« Ansätze. Vgl. die Erörterung dieser Probleme durch Denise Rousseau in: Assessing Organizational Culture: The Case for Multiple Methods, in: Schneider (Hrsg.): Organizational Climate and Culture, S. 153–192

II.
Die Frage des Erfolgs: Welche Unternehmens- kulturen verbessern den langfristigen Unternehmenserfolg?

2. Starke Kulturen

Fast alle Bücher zum Thema Unternehmenskultur behaupten oder unterstellen einen Zusammenhang zwischen der Kultur und dem langfristigen Unternehmenserfolg. Obgleich diese Theorien nur selten sehr ausführlich sind und endlos variieren, fallen sie im wesentlichen in drei Kategorien.

Die eleganteste dieser Kultur-Erfolgs-Theorien und die am häufigsten vertretene postuliert, daß »starke« Kulturen hervorragende Ergebnisse hervorbringen.[1] In einer starken Unternehmenskultur zeichnen sich fast alle Manager durch eine Reihe gemeinsamer, relativ konsistenter Werte und Verhaltensregeln aus. Neu eingestellte Mitarbeiter übernehmen diese Werte sehr rasch. In einer solchen Kultur wird eine neue Führungskraft, die die Normen des Unternehmens verletzt, sowohl von den ihr unterstellten Mitarbeitern als auch von ihren Vorgesetzten korrigiert. Unternehmen mit starken Kulturen wird von Außenstehenden oftmals ein bestimmter »Stil« zugeschrieben – so spricht man etwa von der »typischen Methode« von Procter & Gamble oder Johnson & Johnson. Sie stellen einige ihrer gemeinsamen Werte häufig in einer »Unternehmensphilosophie« oder »Unternehmensmission« zusammen und ermuntern alle ihre Manager nachdrücklich, diesem Programm zu folgen. Zudem ändern sich der Stil und die Werte einer starken Kultur aufgrund ihrer tiefen Verwurzelung meist nur wenig, wenn ein neuer CEO (Chief Executive Officer) das Ruder übernimmt.

Der Zusammenhang zwischen kultureller Stärke und Erfolg gründet auf drei Faktoren, von denen der erste eine einheitliche Zielausrichtung ist. In einem Unternehmen mit starker Kultur arbeiten alle Mitarbeiter auf dasselbe Ziel hin. Das ist keine geringe Leistung in einer Welt zunehmender Spezialisierung und Zersplitterung. Der CEO eines mittelgroßen Unternehmens drückte dies einmal auf folgende Weise aus: »Ich kann mir nicht vorstellen, heutzutage ein Unternehmen mit einer schwachen oder gar keiner Kultur zu leiten; die Mitarbeiter würden doch in hundert verschiedene Richtungen ausschwärmen.«

Starke Kulturen sollen den Geschäftserfolg auch deshalb fördern, weil sie angeblich bei den Mitarbeitern eine ungewöhnlich hohe Motivation erzeugen. Mitunter wird behauptet, gemeinsame Werte und Verhaltensweisen erhöhten die Arbeitsmoral der Mitarbeiter, dieses Gefühl der Verpflichtung oder Loyalität erhöhe dann die Leistungsmotivation. Manchmal wird auch die Ansicht vertreten, daß bestimmte Praktiken, die angeblich unter Firmen mit starken Kulturen weit verbreitet sind, die Arbeit als solche lohnenswert machten. Die Beteiligung von Mitarbeitern an Entscheidungen und die Anerkennung ihrer Beiträge sind zwei häufige Beispiele.

Ab und zu wird behauptet, daß starke Kulturen sich auch deshalb positiv auf den Erfolg auswirkten, weil sie die erforderliche Strukturierung und die notwendigen Kontrollen bereitstellten, ohne daß sie auf eine erdrückende formale Bürokratie angewiesen seien, die Motivation und Innovationsfähigkeit hemmen könne.

Terrence Deal und Allan Kennedy verweisen auf Tandem Computers als ein typisches Beispiel für ein Unternehmen mit starker Kultur.[2] Es wurde »auf einem wohlgeordneten Fundus von Managementprinzipien und -praktiken« errichtet. Das Unternehmen »hat kein formales Organisationsschema und nur wenige formelle Regeln«, und doch »stehen sich die Angestellten nicht gegenseitig auf den Füßen herum, sondern ziehen am gleichen Strang« wegen »ungeschriebener Gesetze und gemeinsamem Verständnis«. Der Fortbestand dieser Kultur ist dadurch gesichert, daß die Führungsspitze sehr viel Zeit darauf verwendet, »die Managementphilosophie des Unternehmens in Seminaren zu verinnerlichen und weiterzugeben«, weil kulturkonsistente Leistungen »regelmäßig am Schwarzen Brett gewürdigt werden, unter der Rubrik ›unsere neuesten Größen‹«, und weil bestimmte Rituale, wie etwa die jeden Freitag nachmittag stattfindenden »Bierfeste«, diese Kultur symbolisieren. All dies vermittelt den Mitarbeitern das Gefühl, einem exklusiven Club anzugehören. Die meisten entwickeln einen großen Respekt vor und eine hohe Loyalität zu diesem Club – ein Gefühl, das sich häufig in der Bereitschaft zu harter, produktiver Arbeit niederschlägt.[3] Obgleich in einer ganz anderen Branche tätig, besitzt die in Milwaukee ansässige Lebensversicherung Northwestern Mutual angeblich eine genauso starke Unternehmenskultur wie Tandem. Das Unternehmen richtet in jedem Sommer ein dreitägiges Treffen für seine Agenten und die Mitarbeiter der Hauptverwaltung aus, in dessen Mittelpunkt eine sorgfältig ausgearbeitete (fast nach Broadwaymanier aufgezogene) Show mit dem CEO und weiteren Führungskräften in der Hauptrolle steht. Diese Show enthält immer einen unterhaltsamen Sketch, der auf nicht sehr subtile Weise die Grundwerte des Unternehmens herausstellt. Außerdem werden im Rahmen der Show Mitarbeiter ausgezeichnet, die diese Werte erfolgreich umgesetzt haben.

Das bekannteste Unternehmen mit einer starken Kultur ist wahrscheinlich IBM. Schon Mitte der dreißiger Jahre standen die Mitarbeiter von IBM im Ruf, loyal und hoch motiviert zu sein. Es gab ein erstaunliches Maß an Einmütigkeit in der Frage, wie man das Unternehmen führen solle. Diese Philosophie basierte vor allem auf: erstens der Achtung der Würde und Rechte jeder Person im Unternehmen, zweitens dem Bemühen um den besten Kundendienst von allen Unternehmen auf der Welt und drittens dem Streben nach hervorragender Erfüllung aller Aufgaben. Tom Watson senior soll es gewesen sein, der diese Kultur entscheidend prägte. 1962 stellte sich sein Sohn und Nachfolger als Chairman von IBM, Tom Watson junior, in einer Rede an der Columbia University nachdrücklich hinter das Konzept einer starken Kultur. Er sagte:»Die relativen Leistungen eines Unternehmens hängen sehr viel stärker von seiner grundlegenden Philosophie, Einstellung und Motivation ab als von seinen technologischen oder ökonomischen Ressourcen, der Organisationsstruktur, den Innovationen oder der Zeitplanung. Alle diese Faktoren wirken sich erheblich auf den Erfolg aus. Noch wichtiger aber ist meiner

Meinung nach, wie stark die Mitarbeiter die Grundregeln des Unternehmens akzeptieren und wie gewissenhaft sie sie ausführen.«[4]

Diese Sichtweise wird offenbar in gewissen Kreisen weitgehend geteilt.[5] Wir haben Dutzende von Führungskräften befragt, die voll und ganz hinter dieser Auffassung standen – manche aufgrund flüchtiger Lektüre der Bücher über Unternehmenskultur aus den achtziger Jahren, vor allem *The Art of Japanese Management* von Pascale/Athos und *Corporate Cultures* von Deal/Kennedy.[6] Andere schließen sich dieser Auffassung offenbar deshalb an, weil es relativ leicht ist, in der Wirtschaftspresse konkrete Beispiele zu finden, die die Theorie bestätigen – zum Beispiel Wal-Mart, wo eine starke Kultur, die unter anderem die Genügsamkeit des Firmengründers, harte Arbeit und Kundenorientierung betont, offensichtlich spektakuläre Ergebnisse gezeitigt hat. Die Theorie steht sogar bei manchen Wissenschaftlern hoch im Kurs. Eine betriebswirtschaftliche Dissertation verstieg sich 1988 gar zu der Behauptung:»Da die gegenwärtige Literatur hinreichende Beweise für die Annahme vorgelegt hat, daß starke Kulturen sich positiv auf den Unternehmenserfolg auswirken, geht diese Untersuchung darüber hinaus.«[7]

Diese Perspektive ist aus mindestens drei Gründen von Bedeutung: Erstens war sie vermutlich der erste ernsthafte Versuch, einen Zusammenhang zwischen Unternehmenskultur und langfristigem Unternehmenserfolg herzustellen; zweitens unterstreicht sie die Wirkung einer starken Kultur auf Zielausrichtung, Motivation und Kontrolle; und drittens hat sie große Beachtung gefunden.

Doch trotz ihrer Popularität hat diese Theorie auch Fragen provoziert. Eine hat mit der Richtung der Kausalität zu tun. Die Theorie behauptet, starke Kulturen bewirkten großen Unternehmenserfolg, doch auch das Umgekehrte kommt vor: Große Erfolge können die Ausbildung starker Kulturen fördern.[8] Könnte dies nicht jeden Zusammenhang zwischen kultureller Stärke und Unternehmenserfolg überwiegend oder ganz erklären?

Eine weitere Frage betrifft die Richtung, in die der »kulturelle

Lotse« die Mitarbeiter führt.[9] Führt er sie in die richtige Richtung, kann eine starke Kultur den Erfolg eines Unternehmens begünstigen. Doch was ist, wenn alle Leute Hand in Hand in die falsche Richtung laufen?[10] Sogar Pascale und Athos weisen darauf hin, daß man in diesem Fall in eine Situation geraten kann, die dem Dritten Reich ähnelt.[11] Peters und Waterman formulieren es so: »Die einer Gehirnwäsche unterzogenen Mitglieder einer extremistischen politischen Gruppierung sind in ihren Grundüberzeugungen nicht konformistischer als die Mitarbeiter mancher ›exzellenten‹ Unternehmen!«[12]

Manche Verfechter dieser Theorie geben das zweite Problem zu, doch sie entgegnen, daß starke Kulturen nur sehr selten Amok laufen. Sie glauben offenbar, daß die Vorteile einer starken Kultur schwerer wiegen als die Risiken, vor allem in einer Welt zunehmender Wettbewerbsintensität, in der Spitzenleistungen nicht leichtfallen. Außerdem, so fragen sie, was ist die Alternative? Eine erdrückende Bürokratie ist gewiß keine bessere Methode, die Aktivitäten unter Kontrolle zu halten. Offenbar sind nur ungewöhnlich starke Führungspersönlichkeiten imstande, jene Art von Zusammenhalt und Motivation zu erzeugen, die eine starke Kultur auszeichnen.[13] Und doch sind mit energischen Führern noch mehr Risiken verbunden. Denn ein Führer kann ein Unternehmen nicht nur in die falsche Richtung schicken, er oder sie kann auch ausscheiden, ohne einen Nachfolger zu hinterlassen. Das daraus entstehende Machtvakuum könnte verheerende Folgen haben.

Die Überprüfung der Ideen, die der Theorie von der starken Kultur zugrunde liegen, ist schwer, weil sich die Grundbegriffe kaum messen lassen und die Sammlung relevanter Daten nur selten leichtfällt. Daher sind unsere eigenen Bemühungen um die Prüfung der Gültigkeit dieser ersten Theorie keineswegs methodisch perfekt. Dennoch glauben wir, daß die Ergebnisse unserer Untersuchungen interessant und aufschlußreich sind.
Wir gingen folgendermaßen vor: Zunächst wählten wir 207 Unternehmen aus 22 verschiedenen US-amerikanischen Branchen

aus.[14] Dabei ging es uns ausschließlich darum, eine große, heterogene Stichprobe von Unternehmen zu erhalten. Zu den Branchen gehörten Autoindustrie, Banken, Bekleidung/Textilien, Chemikalien, Computer und Büroausstattung, Druckereien/Verlage, Einzelhandel/Lebensmittel und Arzneimittel, Einzelhandel/Non-foods und Arzneimittel, Erdölverarbeitung und -vertrieb, Fluggesellschaften, Forstprodukte/Papier, Getränke, Gummi, Körperpflege/Kosmetik, Lebensmittel/abgepackte Lebensmittel, Lebensversicherungen, Luft- und Raumfahrt, Pharmaprodukte/Arzneimittel, Sparbanken (Savings and Loan), Textilien, Telekommunikation. Zu den Unternehmen gehörten bekannte Namen wie Dow Chemical, Coca-Cola und Ford, aber auch relativ unbekannte Namen wie Paccar, Kellwood, Calfed und Manhattan (siehe Schaubild A.1 im Anhang, das eine vollständige Liste der Unternehmen enthält).

Auf der Grundlage der (in Schaubild A.2 dargestellten) Umfrage berechneten wir für fast alle diese Unternehmen »Kulturstärke«-Indizes (eine vollständige Liste dieser Indizes findet sich in Schaubild A.4; ein kurzer Auszug daraus ist in Schaubild 2.1 zu sehen). Anschließend berechneten wir für den Zeitraum von 1977 bis 1988 für möglichst viele Unternehmen Kennzahlen des wirtschaftlichen Erfolgs.[15] Da der Unternehmenserfolg nicht von einem Index allein voll erfaßt wird, berechneten wir drei verschiedene Kennzahlen: erstens das durchschnittliche jährliche Wachstum des Jahresüberschusses (siehe Schaubild A.5), zweitens die durchschnittliche jährliche Kapitalrendite (Return on Investment, ROI; Schaubild A.6) und drittens den durchschnittlichen jährlichen Anstieg des Aktienkurses (Schaubild A.7). Die erste dieser Kennzahlen ist wahrscheinlich die am wenigsten aussagekräftige, weil sie für Bilanzmanipulationen am anfälligsten ist und durch Fusions- und Akquisitionsaktivitäten verzerrt werden kann. Wir haben sie dennoch einbezogen, weil Manager nach wie vor das Wachstum des Jahresüberschusses als einen grundlegenden Index des Unternehmenserfolgs betrachten. Die zweite Kennzahl, der durchschnittliche jährliche ROI, ist weniger anfällig für derartige Verzerrungen. Und der dritte Index, der auf dem durch-

Schaubild 2.1: Einige der Kulturstärke-Indizes, die wir für unsere erste Studie berechneten

1 = sehr starke Unternehmenskultur, etwa 1976–1986

5 = sehr schwache Unternehmenskultur, etwa 1976–1986

Procter & Gamble	1,18
IBM	1,34
Time, Inc.	1,91
Quaker Oats	2,21
Mobil	2,52
Gillette	2,64
New York Life	2,81
Monsanto	2,92
Chase Manhattan	3,09
Baxter Travenol	3,30
Federated Department Stores	3,56
USX	3,77
Pitney Bowes	3,93
Eastern (Airlines)	4,30

(Die Ermittlung dieser Indizes wird in Schaubild A.2 im Anhang erläutert.)

schnittlichen jährlichen Anstieg des Aktienkurses basiert, hat den Vorzug, eine externe Kennzahl zu sein.

Schließlich untersuchten wir die Korrelation zwischen Erfolgs- und Kulturstärke-Indizes. Das gleiche taten wir mit einer zweiten Zahlenreihe, indem wir die ursprünglichen Indizes so korrigierten, daß sie die relative kulturelle Stärke und den relativen Erfolg innerhalb der Branchen anzeigten. In beiden Fällen waren die Ergebnisse nahezu identisch.

Schaubild 2.2 zeigt in einer grafischen Darstellung die (unbereinigten) Indizes der Kulturstärke und der Marktwertzunahme. Es lohnt sich, dieses Schaubild etwas genauer unter die Lupe zu nehmen (die beiden anderen Erfolgskennzahlen sind in Schaubild A.8 graphisch dargestellt). Auf den ersten Blick scheint Schau-

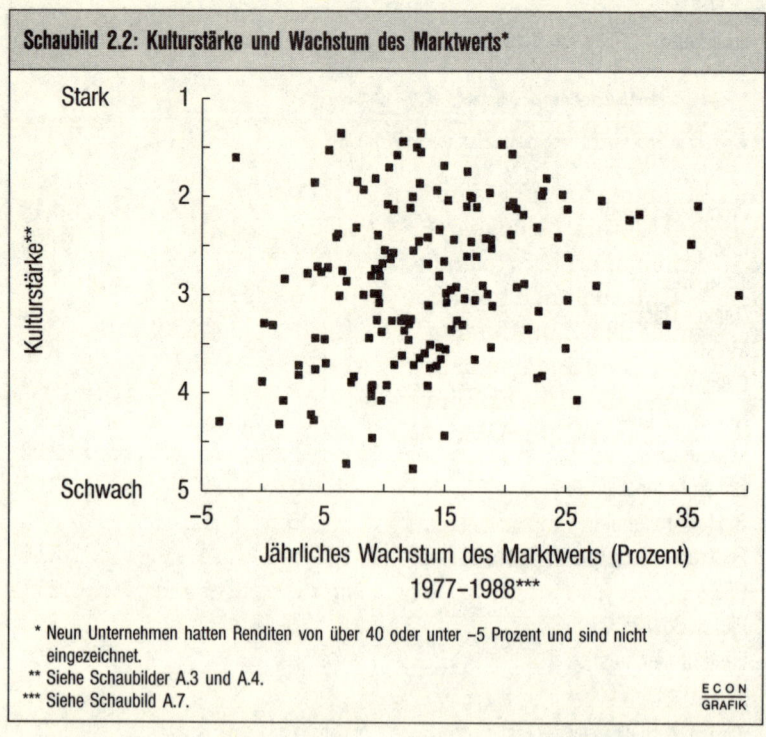

Schaubild 2.2: Kulturstärke und Wachstum des Marktwerts*

Stark / Schwach — Kulturstärke**

Jährliches Wachstum des Marktwerts (Prozent)
1977–1988***

* Neun Unternehmen hatten Renditen von über 40 oder unter −5 Prozent und sind nicht eingezeichnet.
** Siehe Schaubilder A.3 und A.4.
*** Siehe Schaubild A.7.

ECON
GRAFIK

bild 2.2 eine zufällige Verteilung von Punkten zu zeigen. Doch das ist falsch. Es gibt eine positive Korrelation zwischen der Unternehmenskultur und dem langfristigen Unternehmenserfolg, doch ist diese, wie das Diagramm deutlich zeigt, nicht sehr stark.[16] Offenbar kann eine starke Kultur durchaus mit geringem Unternehmenserfolg und eine schwache Kultur mit einer guten Erfolgsbilanz einhergehen. Keine der beiden Möglichkeiten läßt sich mit der Theorie der starken Kultur erklären.

Unter Berücksichtigung der Grenzen unserer Methode folgern wir aus dieser Studie, daß eine schwach positive Korrelation zwischen der Stärke der Unternehmenskultur und dem langfristigen Unternehmenserfolg besteht. Die Behauptung »Starke Kulturen schaffen hervorragende Ergebnisse« scheint schlicht falsch zu sein.

Um die Grenzen dieser Theorie zu verstehen, erschien es uns sinnvoll, jene Unternehmen eingehender zu untersuchen, die hohe Kultur- und niedrige Erfolgswerte aufwiesen – das heißt Unternehmen, deren Erfahrungen dieser Theorie am deutlichsten widersprachen. Die Unternehmen in unserer Studie, auf die diese Beschreibung zutrifft, sind: H. F. Ahmanson, Citicorp, Coors, General Motors, Goodyear, K Mart, Kroger, J. C. Penney, Procter & Gamble und Sears (siehe Schaubild 2.3). Diese Unternehmen zeichnen sich alle durch zwei wesentliche Merkmale aus. Zum einen sind sie relativ bekannt für ihre starken Kulturen. Zum anderen haben manche Beobachter in den achtziger Jahren alle diese Kulturen wegen ihrer negativen Wirkung auf den jeweiligen Unternehmenserfolg kritisiert.

Schaubild 2.3: Unternehmen mit relativ starken Kulturen undrelativ schlechter Erfolgsbilanz, etwa 1977–1988

Unternehmen	Index der Kulturstärke	Erfolgsindex auf Basis der jährlichen Zunahme des Jahresüberschusses*	Durchschnittliche jährliche Kapitalrendite (%)	Durchschnittlicher jährlicher Anstieg des Aktienkurses (%)
	1 = stark 5 = sehr schwach	gutes** Ergebnis = 27–170	gutes** Ergebnis = 13–40	gutes** Ergebnis = 17–47
H. F. Ahmanson	1,68	12,4	4,49	12,80
Citicorp	1,52	18,2	4,98	10,30
Coors	1,67	9,2	7,69	4,20
General Motors	1,80	9,2	10,59	3,27
Goodyear	1,75	17,0	6,72	8,21
K Mart	1,86	15,6	9,19	8,72
Kroger	2,21	22,0	8,10	6,09
J. C. Penney	1,95	16,0	8,90	10,65
Procter & Gamble	1,18	16,4	13,00	6,42
Sears	2,23	14,8	7,19	5,87

* Diese Kenzahl wird in Schaubild A.5 erklärt.
** Gutes Ergebnis = oberstes Quartil aller Werte.

General Motors ist vielleicht das deutlichste Beispiel. Kritiker haben die Gewohnheit des Unternehmens beanstandet, engstirnigen Finanzmanagern Schlüsselentscheidungen in den Bereichen Entwicklung, Produktion und Marketing zu überlassen. Sie behaupteten, das konfliktgeladene Klima zwischen Arbeitgeber und Arbeitnehmern bei GM habe das Unternehmen eine Menge Geld gekostet. Ihrer Meinung nach bewirkte die dominante Ausrichtung auf Größenvorteile, daß das Unternehmen andere wichtige Faktoren außer acht gelassen habe. Und sie wiesen auch darauf hin, daß die dem Verhalten der Führung zugrunde liegende Annahme, die Welt sei relativ stabil und voraussagbar, eine pure Illusion sei.[17]

Ähnliche Kritik wurde an Sears geübt. Die traditionellen Grundsätze des Unternehmens haben angeblich dazu geführt, daß sich unter dem Deckmantel der »Dezentralisierung« innerhalb des Unternehmens autonome »Erbhöfe« herausbildeten, die sich gegen nötige Änderungen sträubten. Managern des Unternehmens wurde eine Tendenz zur Abkapselung nach außen nachgesagt, die mitunter dazu führte, daß sie die Wettbewerbslage und veränderte Konsumentenpräferenzen falsch einschätzten. Diese und andere Aspekte der Kultur von Sears hätten die Erfolgsbilanz des Unternehmens in den letzten zwanzig bis dreißig Jahren erheblich beeinträchtigt.[18]

Ebenso waren die konservativen und nepotistischen Züge der Unternehmenskultur von Coors ein Hauptgrund dafür, daß die Zeitschrift *Financial World* das Unternehmen 1987 in seine Liste »Die 10 schlechtgeführtesten Unternehmen in Amerika« aufnahm.[19] Zentralismus und bürokratisches Verhalten als kulturelle Merkmale von Goodyear wurden von dessen eigenem neuen CEO als ein Hauptgrund für die enttäuschende Erfolgsbilanz des Unternehmens genannt.[20] Das hoch analytische, methodische und risikoscheue Verhalten, das die Kultur von Procter & Gamble auszeichnet, wurde sowohl von Außenstehenden als auch von leitenden Angestellten des Unternehmens selbst bemängelt.[21] Die Hauptschwäche von K Mart im Vergleich zu seinem Wettbewerber Wal-Mart wurde im Fehlen einer starken Kundenorientierung gesehen.[22] Und die Arroganz als kulturelles Merkmal von Citicorp wurde als Ursache für eine Reihe ungünstiger Geschäfte und die Verstimmung mancher Kunden genannt.[23] Diese Fallbeispiele deuten darauf hin, daß ein Kritikpunkt an der Theorie der starken Kultur – daß nämlich der »kulturelle Lotse« ein Unternehmen ebensogut in den Ruin wie zum Erfolg führen kann – zutreffen könnte. Starke Kulturen können offensichtlich sowohl dysfunktionale wie starke funktionale Elemente beinhalten. Sie können selbst vernünftige, bedachtsame Mitarbeiter in die Irre führen. Extrembeispiele dafür sind wahrscheinlich sehr selten, doch die in Schaubild 2.3 aufgeführten Daten zeigen, daß schwach ausgeprägte Beispiele für dieses Phänomen keineswegs selten sind.

Wie kann so etwas passieren? Die Firmenliste in Schaubild 2.3 kann uns vielleicht die Antwort liefern. Fast alle diese Unternehmen waren irgendwann in der Vergangenheit einmal ungewöhnlich erfolgreich. Citicorp ist ein typisches Beispiel. Um die Jahrhundertwende stieg sie von der zwölftgrößten Geschäftsbank New Yorks zur größten und stärksten Bank der USA auf. Obschon sie wie fast alle Banken unter der Wirtschaftskrise in den dreißiger Jahren zu leiden hatte, erhöhte sich die Summe ihrer Aktiva zwischen 1949 und 1970 nahezu auf das Fünffache. Im gleichen Zeitraum stiegen ihre Gewinne um 700 Prozent.[24] Der Erfolg von Sears war so unglaublich, daß das Unternehmen zu Beginn der sechziger Jahre über fünfmal größer war als der nächstfolgende Wettbewerber. Coors stieg in nur vierzehn Jahren von Rang 14 auf Rang 4 der größten US-amerikanischen Brauereien auf. General Motors war so erfolgreich, daß es zum größten Unternehmen der Welt wurde. Goodyear überflügelte all seine Rivalen und wurde zum größten Gummi- und Reifenhersteller der Welt. K Mart erhöhte seinen Jahresüberschuß zwischen 1968 und 1978 um über 600 Prozent. Kroger ließ starke konkurrierende Supermarktketten weit hinter sich. H. F. Ahmanson stieg zur größten Sparbank auf. Procter & Gamble wurde zum führenden amerikanischen Hersteller abgepackter Waren.

In Kapitel 6 werden wir ausführlicher auf die Verknüpfung von

Erfolg und Kultur eingehen, die künftige Leistungsfähigkeit untergraben kann. An dieser Stelle soll eine Bemerkung genügen. Wie Kritiker zur Theorie der starken Kultur angemerkt haben, gilt eben nicht nur, daß eine starke Kultur sich positiv auf die Erfolgsbilanz auswirkt – wie es diese Theorie postuliert –, sondern auch umgekehrt, daß eine gute langfristige Erfolgsbilanz eine starke Kultur erzeugt oder verstärkt. Je größer aber der Erfolg ist, um so leichter entwickelt eine starke Kultur eine gewisse Arroganz, Abkapselung nach außen, eine Tendenz zu Klüngelei und Bürokratismus. In einer Welt zunehmenden Wettbewerbsdrucks und raschen Wandels untergräbt eine derartige Kultur zweifellos den Unternehmenserfolg. Sie kann die Führungsspitze blind machen für die Notwendigkeit neuer Unternehmensstrategien. Und sie kann dazu führen, daß Änderungen der Strategie, selbst wenn sie versucht werden, schwer oder gar nicht umgesetzt werden können.

Diese Studie wirft zwei weitere Fragen auf: Weshalb sind manche Unternehmen mit schwachen Kulturen wirtschaftlich erfolgreich? Und warum wird die Theorie der starken Kultur von so vielen intelligenten Leuten akzeptiert, wenn sie falsch ist?
Schaubild 2.4 führt die Unternehmen auf, die für die Beantwortung der ersten Frage von Bedeutung sind. Vier der 207 Unternehmen in unserer ursprünglichen Stichprobe wiesen niedrige Kulturstärke, aber sehr gute Erfolgswerte auf: McGraw-Hill, Smith-Kline, General Cinema und Pitney Bowes. Die schwachen Unternehmenskulturen sind offenbar in allen vier Fällen das Ergebnis vieler und/oder großer Akquisitionen, die die Unternehmen unmittelbar vor oder während des Zeitraums 1977 bis 1988 tätigten. Die guten Erfolgswerte hängen anscheinend mit monopolistischen Marktstellungen zusammen. So kaufte zum Beispiel McGraw-Hill 1966 Standard & Poors, 1972 vier Fernsehsender, 1976 die Datapro Research Corporation, 1979 DRI und zu Beginn der achtziger Jahre eine Reihe kleinerer Firmen, deren Kulturen sich alle von der Kultur des Stammhauses McGraw-Hill (Bücher, Zeitschriften) unterschieden und die alle über sehr starke (daher

Schaubild 2.4: Unternehmen mit schwachen Kulturen und gutem Unternehmenserfolg, etwa 1977–1988

Unternehmen	Index der Kulturstärke 1 = stark 5 = sehr schwach	Erfolgsindex auf Basis der jährlichen Zunahme des Jahresüberschusses* gutes** Ergebnis = 27–170	Durchschnittliche jährliche Kapitalrendite (%) gutes** Ergebnis = 13–40	Durchschnittlicher jährlicher Anstieg des Aktienkurses (%) gutes** Ergebnis = 17–47
McGraw-Hill	3,38	26,4	19,76	18,57
SmithKline	3,59	48,8	24,76	13,46
General Cinema	3,67	37,3	11,98	22,80
Pitney Bowes	3,93	48,2	14,40	25,68

* Diese Kennzahl wird in Schaubild A.5 erklärt.
** Gutes Ergebnis = oberstes Quartil aller Werte.

sehr gewinnträchtige) Marktpositionen verfügten. Offenbar gelang es nicht, die unterschiedlichen Kulturen der übernommenen Gesellschaften zu einer neuen Unternehmenskultur zusammenzuschmieden. Dennoch verzeichneten die Unternehmen aufgrund ihrer monopolistischen Marktstellungen und der relativen Unabhängigkeit, die ihnen die schwache Unternehmenskultur von McGraw-Hill einräumte, auch weiterhin gute Ergebnisse.

Es ist natürlich möglich, daß Unternehmenskulturen zwangsläufig in dem Maße schwächer werden, wie Unternehmen im Lauf der Zeit durch Akquisitionen und interne Diversifikation neue Betätigungsfelder erschließen; unsere Ergebnisse stützen diese Vermutung jedoch nicht. Als wir Diversifikationskennzahlen für alle unsere Firmen ermittelten und diese mit unseren Kulturstärke-Indizes korrelierten, erhielten wir einen negativen, allerdings sehr geringen Korrelationskoeffizienten.[25] Die Vielfalt der Geschäftsbereiche erklärt offenbar nur einen geringen Teil der Streuung in unseren Kulturstärke-Indizes.

Schaubild 2.5 versucht, eine Antwort auf die Frage zu geben, weshalb so viele Wissenschaftler von der Richtigkeit der Theorie

41

der starken Kultur überzeugt sind. Forscher, die diese Firmen kennen, die alle hohe Kulturstärke-Indizes und hohe Indizes des langfristigen Erfolgs aufweisen, machen sich bei der Erklärung des guten wirtschaftlichen Abschneidens dieser Unternehmen die Plausibilität dieser Theorie zunutze. Sie sagen, der langfristige Erfolg von ConAgra basiere weitgehend auf dem ungewöhnlichen Gespür seiner Manager für gleichgerichtetes Handeln. Sie machen weiterhin geltend, daß das hohe Motivationsniveau bei Wal-Mart, das der Führungsspitze und der Unternehmenskultur zu verdanken sei, zweifellos den Unternehmenserfolg gefördert habe. Kurz: Sie sagen, die Theorie der starken Kultur sei zutreffend – wenigstens für diese Unternehmen.

Schaubild 2.5: Unternehmen mit starken Kulturen und gutem Unternehmenserfolg, etwa 1977–1988

Unternehmen	Index der Kulturstärke 1 = stark 5 = sehr schwach	Erfolgsindex auf Basis der jährlichen Zunahme des Jahresüberschusses* gutes** Ergebnis = 27–170	Durchschnittliche jährliche Kapitalrendite (%) gutes** Ergebnis = 13–40	Durchschnittlicher jährlicher Anstieg des Aktienkurses (%) gutes** Ergebnis = 17–47
Albertsons	1,86	34,1	12,64	27,82
Anheuser-Buch	1,63	43,7	12,43	23,30
ConAgra	1,91	103,1	13,34	35,65
Cooper Tire	2,00	43,0	10,83	30,88
Digital	1,93	50,2	12,96	20,65
Dow Jones	1,83	33,6	26,64	17,07
Gannett	1,91	34,0	16,04	16,65
Hewlett-Packard	1,93	40,2	16,35	17,50
New York Times	1,76	36,5	14,51	22,98
Rubbermaid	1,80	35,7	16,97	22,90
VF	1,79	39,8	19,05	24,57
Wal-Mart	1,12	139,0	18,70	46,67

* Diese Kennzahl wird in Schaubild A.5 erklärt.
** Gutes Ergebnis = oberstes Quartil aller Werte.

Und in einem gewissen Sinne stimmt das auch. Das Problematische an dieser Sichtweise (die wir Theorie I nennen wollen) besteht nicht darin, daß ihre Grundannahmen falsch sind. Im Gegenteil: Die Vorstellung von der potentiellen Stärke einer solidarischen, motivierten Gruppe ist sehr einsichtig. Diese Annahmen treffen heutzutage auf sehr viele Unternehmen zu und werden in absehbarer Zukunft eher noch an Bedeutung gewinnen. Problematisch an der Theorie der starken Kultur ist vielmehr, wie wir sehen werden, ihre Unvollständigkeit. In ihrer eleganten Einfachheit übersieht sie zuviel – viel zuviel.

Anmerkungen

1 Offenbar hat Geert Hofstede in seinem Buch Culture's Consequences, Beverly Hills 1980, S. 394, als erster diese Theorie vertreten, auch wenn sie bereits implizit in Leadership in Administration, New York 1957, von Philip Selznick enthalten war.

2 Corporate Cultures, S. 8–13

3 Ebenda, S. 9. Deal und Kennedy berichten, daß die Umschlaghäufigkeit von Tandem ein Drittel des nationalen Durchschnitts in der Computerbranche beträgt.

4 A Business and Its Beliefs, McKinsey Foundation Lecture, New York 1963

5 Zum Beispiel: Fortune veröffentlichte eine Umfrage unter 305 CEOs, die,»von wenigen Ausnahmen abgesehen, der Ansicht sind, daß starke Werte von großer Bedeutung für den Erfolg ihrer Unternehmen seien« (17. Oktober 1983, S. 66).

6 In einem Vortrag zum Thema Unternehmenskultur faßte Warren Bennis seine Meinung über diese Bücher in dem Satz zusammen: »Eine starke Kultur ist offenbar eine treibende Kraft hinter erfolgreichen Unternehmen.« Diese Aussage findet sich in: Corporate Culture and Change, A Conference Board Report, New York 1986, S. 63

7 Margaret H. Beyer: The Role of Corporate Cultures in the Management of High-Performing Banks, Newark 1988, S. 4

8 Vgl. die Erörterung dieses Punkts durch Ed Schein in: Organizational Culture and Leadership

9 Siehe Kilmann/Saxton/Serpa (Hrsg.): Gaining Control of the Corporate Culture, S. 4

10 Richard Boyatzis zum Beispiel erörtert die Frage, wie es dazu kommen kann: In einer starken Kultur entsteht ein »Mythos« über die Fähigkeiten erfolgreicher Manager, und Beförderungsentscheidungen werden auf der Grundlage dieses Mythos – auch wenn er falsch ist – gefällt. Diese Manager führen die Mitarbeiter dann in die falsche Richtung. Siehe die ersten beiden Kapitel von The Competent Manager, New York 1982

11 The Art of Japanese Management, S. 197

12 In Search of Excellence, S. 103

13 Vgl. die Erörterung dieses Punkts in Kotter: A Force for Change

14 Wir verwendeten Branchenklassifikationen aus Fortune und Business Week. Wir beschränkten uns in der ersten Studie aus Gründen des einfacheren Zugangs auf den US-Markt.

15 Indem wir einen Kulturstärke-Index für die »ausgehenden siebziger und beginnenden achtziger Jahre« und einen Erfolgsindex für die Jahre 1977 bis 1988 verwendeten, kalkulierten wir die Möglichkeit eines ein- bis dreijährigen Verzögerungseffekts ein. Siehe Daniel Denison: Corporate Culture and Organizational Effectiveness, New York 1990

16 Die Korrelationskoeffizienten betragen +0,26 (Kulturstärke und Marktwertwachstum), +0,46 (Kulturstärke und Wachstum des Jahresüberschusses) und +0,31 (Kulturstärke und mittlere Kapitalrendite [ROI]). Die branchenbereinigten Koeffizienten sind praktisch gleich groß: +0,26, +0,42 und 0,30. Diese Korrelationen sind zwar nach den meisten sozialwissenschaftlichen Standards nicht gering, doch liegt ihnen eine Ein-Faktor-Theorie zugrunde (die die strenge Determination eines Faktors durch einen anderen postuliert).

17 Siehe Maryann Keller: Rude Awakening, New York 1989

18 Siehe Donald R. Katz: The Big Store, New York 1987

19 Siehe »The 10 Worst-Managed Companies in America«, Financial World, 6. Oktober 1987, S. 30–40

20 Siehe Jonathan Hicks: »For Goodyear Chief, the Heat is On«, The New York Times, 21. Januar 1989, S. 37

21 Siehe A Force for Change, Kap. 7; Andrew Tanzer: »They Didn't Listen to Anybody«, Forbes, 15. Dezember 1986, S. 168 f.

22 The Wall Street Journal, 22. September 1989, Section B, S. 1

23 Siehe Robert Hutchinson: Off the Books, New York 1986

24 Siehe Harold van B. Cleveland/Thomas F. Huertas: Citibank 1812–1970, Cambridge 1985

25 Wir verwendeten die Diversifikationskennzahlen der Compustat-Datenbank. Der Korrelationskoeffizient betrug –0,152.

3. Strategisch angemessene Kulturen

Eine zweite Theorie über den Zusammenhang zwischen Kultur und Erfolg knüpft direkt an einen Hauptkritikpunkt an der ersten Theorie an. Theorie II stellt ausdrücklich fest, daß Kulturen die Mitarbeiter auf ein bestimmtes Ziel einschwören und motivieren müssen, wenn sie den Unternehmenserfolg verbessern sollen. Der zentrale Begriff dieser Theorie ist »Angemessenheit«.

Theorie II postuliert, daß der Inhalt einer Kultur in bezug auf gemeinsame Werte und Verhaltensweisen ebenso wichtig, wenn nicht wichtiger ist als ihre Stärke. Weiterhin behauptet sie, es gebe keinen generell guten Kulturinhalt und keine typische »Gewinner«-Kultur, die für alle Unternehmen gelte. Vielmehr ist eine Kultur nach Theorie II nur dann gut, wenn sie ihrem Kontext angemessen ist, gleich, ob man unter Kontext die objektiven Bedingungen in der Branche eines Unternehmens, das von der Strategie eines Unternehmens spezifizierte Branchensegment oder die Geschäftsstrategie selbst versteht. Nach dieser Ansicht erbringen nur kontextuell oder strategisch angemessene Kulturen herausragende Erfolge. Je besser die Angemessenheit, um so größer der Erfolg; je schlechter die Angemessenheit, um so schlechter der Erfolg.[1]

Aus Theorie II läßt sich ableiten, daß eine Kultur, die durch rasche Entscheidungsfindung und unbürokratisches Verhalten gekennzeichnet ist, die Erfolgsbilanz im wettbewerbsintensiven Geschäftsumfeld einer Beratungsfirma für Fusionen und Akquisitionen erhöhen wird, während sie die Erfolgsbilanz eines traditionellen Lebensversicherers verschlechtern kann. Ebenso kann eine Kultur, in der die Manager großen Wert auf Spitzentechnologie legen, für einen Computerhersteller von Vorteil sein, während sie für ein Symphonieorchester ungeeignet wäre. Eine Kultur, die intuitive Entscheidungsfindung fördert, kann für ein Kleinunternehmen in Ordnung sein, während sie einem Großunternehmen abträglich wäre. Eine Kultur, in der man stabile hierarchische Strukturen mit großen Unterschieden schätzt, kann einem sich langsam verändernden Umfeld angemessen sein, während sie für eine in raschem Wandel begriffene, hart umkämpfte Branche völlig ungeeignet wäre.

Obgleich diese Theorie keine genaueren Angaben darüber macht, was unter »guter Angemessenheit« zu verstehen ist, besitzt sie doch eine gewisse Plausibilität. Die Vorstellung, daß ein kleines High-Tech-Unternehmen eine andere Kultur braucht als eine Großbank, klingt recht überzeugend. Eine Studie liefert sogar begrenzte empirische Beweise für diese Ansicht.[2]

Man findet unschwer Beispiele, die mit dieser Sichtweise in Einklang stehen. Die VF Corporation ist vielleicht ein typischer Fall. Früher unter dem Namen Vanity Fair bekannt, hatte dieses Bekleidungsunternehmen jahrelang im stark umkämpften Markt für Konfektionskleidung – Unterwäsche, sportliche Hemden, Jeans – großen Erfolg. Dies gelang mit einer Strategie, die auf extrem kostengünstige Produkte des einfachen Bedarfs abstellte. Wer das Unternehmen kennt, räumt ein, daß seine Kultur dabei eine wesentliche Rolle gespielt hat. In dieser Kultur legten die Manager großen Wert auf Disziplin, Qualität und eine umsichtige Finanzpolitik; außerdem zeichneten sie sich durch eine hohe Fertigungs- und Technikorientierung aus und kontrollierten die Lagerbestände genauestens. Obgleich man sich kaum vorstellen kann, daß eine derartige Kultur für ein Werbeunternehmen oder auch einen Hersteller hochmodischer Kleidungsartikel geeignet ist, paßte sie sehr gut zu dem geschäftlichen Umfeld von VF, und der langfristige Erfolg war beeindruckend: So stieg beispielsweise der Jahresüberschuß zwischen 1978 und 1984 um mehr als 400 Prozent.

Ein bekannteres Beispiel ist Swissair, eine internationale Fluggesellschaft mit einer Kultur, in der die Manager Kundendienst, Pünktlichkeit, einen modernen Flugzeugpark, konservative Finanzpolitik und ein Gefühl der Verbundenheit unter den Mitarbeitern, ähnlich dem traditionell engen Zusammenhalt in der Schweizer Familie, in den Vordergrund stellen. In einer Branche, die unter Überkapazitäten leidet, ist die Erfüllung der Kundenbedürfnisse für den langfristigen Unternehmenserfolg unerläßlich. Und die Kultur von Swissair hat einen großen Beitrag dazu geleistet.

Auch wenn sich diese Kultur in mehreren Aspekten von der bei VF unterscheidet, paßt sie doch sehr gut zur Strategie von Swissair, sich auf den internationalen Langstreckenverkehr und das Kundensegment »Geschäftsreisende« zu spezialisieren. Aufgrund dieser Kultur erzielte Swissair in den turbulenten achtziger Jahren gleichbleibend gute Ergebnisse.

Die Kultur eines erfolgreichen neugegründeten High-Tech-Unternehmens unterscheidet sich sowohl von der VF- als auch von der Swissair-Kultur. Sie zeichnet sich durch minimale Bürokratie, relative Gleichberechtigung der Mitarbeiter, ein Umfeld, das Kreativität und Begabung liebt, und eine ungewöhnliche Offenheit in der internen Kommunikation aus. Eine derartige Kultur würde wahrscheinlich einem Hersteller von Konfektionskleidung oder einer internationalen Fluggesellschaft nicht dabei helfen, hervorragende Ergebnisse zu erzielen, aber sie paßt gut zu den Innovationsstrategien, mit denen kleine Technologiefirmen etablierte und besser finanzierte Wettbewerber oft ausstechen.

Theorie II scheint mit den Erfahrungen vieler weiterer Unternehmen in Einklang zu stehen. Sie korrigiert einen fundamentalen Fehler der Theorie der starken Kultur (Theorie I). Dennoch hat auch sie ihre Kritiker, die auf ihre scheinbare Statik hinweisen. Sie fragen: Was geschieht, wenn sich die Rahmenbedingungen einer Branche ändern?

In dieser Hinsicht sind Untersuchungen von Gordon Donaldson und Jay Lorsch sehr aufschlußreich.[3] Sie analysierten ein Dutzend bekannter US-Großunternehmen und kamen dabei unter anderem zu folgenden Ergebnissen: 1. Starke Gründerpersönlichkeiten spielen bei der Bildung von Unternehmenskulturen, die intern konsistent sind und sich an die objektiven Umfeldbedingungen anpassen, eine besonders wichtige Rolle;[4] 2. diese Kulturen helfen den Managern, mit dem Zwang zu ständigen komplexen Entscheidungen zurechtzukommen, indem sie den Entscheidungsprozeß erleichtern, konsistenter machen und besser auf die Branchensituation abstimmen; 3. wenn sich das Umfeld nicht radikal ändert, kann ein Unternehmen jahrzehntelang mit geringfügigen Änderungen seiner Unternehmenskultur überleben; 4. ändert sich die Branche jedoch in einer wichtigen Hinsicht, kann sich die Kultur nicht schnell genug wandeln, um eine erhebliche Verschlechterung des Unternehmenserfolgs zu verhindern. In den von Donaldson und Lorsch untersuchten Fällen stellten die Manager ihre Kulturen erst dann in Frage, wenn wirtschaftliche Ereignisse die Existenz des Unternehmens gefährdeten, und selbst dann war ein neuer CEO erforderlich, um langsam (und mit vielen Fehlstarts) Konsens über eine neue Kultur zu erzielen.[5] Daraus folgt, daß die Übereinstimmung zwischen Kultur und Umfeld zwar mit dem kurzfristigen Unternehmenserfolg verbunden ist, daß es aber kein bestimmtes kulturelles Rezept gibt, das den langfristigen Erfolg gewährleistet, *vor allem* nicht in Bereichen, wo Wandel an der Tagesordnung ist.

Ein Teil der Finanzwelt stimmt dieser Schlußfolgerung uneingeschränkt zu.[6] Ihr Modell der Beziehung zwischen Kultur und Erfolg steht in diametralem Gegensatz zu Theorie I. Sie gehen von einer *negativen* Korrelation zwischen kultureller Stärke und langfristigem Unternehmenserfolg aus, weil Kulturen (ihrer Meinung nach) Unternehmen daran hindern, den Einsatz ihrer Aktiva an sich wandelnde Bedingungen anzupassen. Das ist eines der Argumente, das auch von Firmenaufkäufern und ihren Kapitalgebern vertreten wird.

Verfechter von Theorie II räumen ein, daß diese Kritik berechtigt ist, doch lehnen sie entschieden die Sichtweise der »Übernahmehaie« ab. Sie sind davon überzeugt, daß man Kulturen – wenn auch vielleicht mit einiger Mühe – von innen verändern kann und daß intelligente Manager gewiß genau das tun werden, um eine strategisch angemessene Übereinstimmung zwischen Kultur und Umfeld aufrechtzuerhalten.

Schaubild 3.1: Die Unternehmen in der zweiten Studie

Branche	Gruppe 1			Gruppe 2		
	Unternehmen	Firmensitz	Umsatz 1989 (Mrd. $)	Unternehmen	Firmensitz	Umsatz 1989 (Mrd. $)
1. Banken	Bankers Trust	New York	7,26	Citicorp	New York	37,97
2. Computer und Büroausstattung	Hewlett-Packard	Santa Clara	11,90	Xerox	Stamford, Conn.	16,81
3. Einzelhandel/ Lebensmittel und Arzneimittel	Albertsons	Boise	7,42	Winn-Dixie	Jacksonville, Fla.	9,15
4. Einzelhandel/ Non-food und Arzneimittel	Dayton Hudson	Minneapolis	13,64	J. C. Penney	Dallas	13,41
	Wal-Mart	Bentonville, Ark.	25,81			
5. Erdöl	Shell	Houston	21,81	Texaco	White Plains, N. Y.	32,42
6. Fluggesellschaften	American	Dallas	10,48	Northwest	Minneapolis	6,55
7. Getränke	Anheuser-Busch	St. Louis	9,48	Coors	Golden, Col.	1,76
	PepsiCo	Purchase, N. Y.	15,24			
8. Lebensmittel/ abgepackte Waren	ConAgra	Omaha	11,34	Archer Daniels Midland	Decatur, Ill.	7,93
9. Sparbanken	Golden West	Oakland	1,9	H. F. Ahmanson	Los Angeles	4,38
10. Textilien	Springs Industries	Fort Mill, S. C.	1,91	Fieldcrest Cannon	Eden, N. C.	1,36

Schaubild 3.2: Erfolgsunterschiede zwischen Unternehmen in der zweiten Studie

	Index der jährlichen Zunahme des Jahresüberschusses*	Jährlicher ROI (%)	Jährlicher Anstieg des Aktienkurses (%)
Die leistungsstärkeren Unternehmen			
American Airlines	23,5	4,69	23,69
Bankers Trust	45,3	9,84	20,43
Anheuser-Busch	43,7	12,43	23,30
PepsiCo	22,2	12,95	14,10
Hewlett-Packard	40,2	16,35	17,50
ConAgra	103,1	13,34	35,65
Shell	20,7	10,13	14,96
Albertsons	34,1	12,64	27,82
Dayton Hudson	32,1	10,09	17,35
Wal-Mart	139,0	18,70	46,67
Golden West	39,2	5,37	24,97
Springs Industries	24,0	7,02	15,53
Mean Scores	47,26	11,13	23,50
Die leistungsschwächeren Unternehmen			
Northwest Airlines	10,3	5,24	10,65
Citicorp	18,2	4,98	10,30
Coors	9,2	7,69	4,20
Xerox	13,1	8,86	4,35
Archer Daniels Midland	27,7	9,78	18,58
Texaco	9,9	5,36	4,70
Winn-Dixie	16,4	16,40	5,24
J. C. Penney	16,0	8,90	10,65
H. F. Ahmanson	12,4	4,49	12,80
Fieldcrest Cannon	8,3	5,64	6,40
Mean Scores	14,15	7,73	8,79

* Diese Kennzahl wird in Schaubild A.5 im Anhang erläutert.

Um diese zweite Theorie über den Zusammenhang zwischen Kultur und Erfolg zu überprüfen, wählten wir aus unseren ursprünglich 207 Unternehmen eine Gruppe von 22 aus, die wir einer eingehenderen Analyse unterzogen.[7] Dazu gehörten: H. F. Ahmanson, Albertsons, American Airlines, Anheuser-Busch, Archer Daniels Midland, Bankers Trust, Citicorp, ConAgra, Coors, Dayton Hudson, Fieldcrest Cannon, Golden West, Hewlett-Packard, Northwest Airlines, J. C. Penney, PepsiCo, Shell, Springs, Texaco, Wal-Mart, Winn-Dixie und Xerox. Wie Schaubild 3.1 zeigt, stammen diese Unternehmen aus zehn verschiedenen Branchen. Alle hatten relativ starke Kulturen, doch zwölf der Unternehmen wiesen für den Zeitraum zwischen 1977 und 1988 erheblich bessere Ergebnisse auf als die Vergleichsgruppe der übrigen zehn. (Weitere Informationen über diese Unternehmen können Sie den Schaubildern A.9 und A.10 entnehmen.)

Keines dieser »leistungsschwächeren« Unternehmen hatte wirklich schlechte Ergebnisse vorzuweisen; einige schnitten sogar sehr gut ab. Aber ihre Ergebnisse blieben klar hinter denen der »leistungsstärkeren« Unternehmen ihrer jeweiligen Branche zurück. Die Jahresüberschüsse der leistungsstärkeren Unternehmen stiegen im Durchschnitt dreimal so stark wie die der leistungsschwächeren. Die Aktienkurse der ersten Gruppe stiegen zwischen 1977 und 1988 um 400 bis 500 Prozent, die der zweiten Gruppe hingegen nur um 100 Prozent. Der ROI der ersten Gruppe betrug durchschnittlich 11,13 Prozent, der der zweiten Gruppe 7,73 Prozent.

Wir sammelten – vor allem aus Artikeln in der Wirtschaftspresse – öffentlich zugängliche Informationen über den Inhalt der Kulturen aller 22 Unternehmen. Bevor wir dann die meisten dieser Unternehmen aufsuchten, befragten wir eine ausgewählte Gruppe von 75 erfahrenen und renommierten Branchenkennern,[8] die eines, zwei oder in manchen Fällen drei dieser Unternehmen aufmerksam analysiert hatten. Wir stellten den Experten eine Reihe von Fragen über die Kultur der Unternehmen, die uns interessierten und auf die sie sich spezialisiert hatten (der Fragebogen ist in Schaubild A.11 wiedergegeben). Die durch diese

Befragungen gewonnenen Informationen ermöglichten uns, die Übereinstimmung zwischen Kultur und Umfeld bei den zwölf leistungsstärkeren Unternehmen mit derjenigen bei den zehn leistungsschwächeren Firmen zu vergleichen.

Um zu überprüfen, ob die von uns gesammelten Daten über den Inhalt der Kultur überhaupt relevant waren, fragten wir jeden Interviewpartner, ob sich die Kulturen tatsächlich in irgendeiner Weise auf den Erfolg der Unternehmen in unserer Stichprobe ausgewirkt hätten, mit denen sie oder er sich schwerpunktmäßig beschäftigte. Konkret fragten wir, ob sich die Kultur eines Unternehmens »positiv«, »negativ«, »positiv und negativ« oder »wenig oder gar nicht« auf den Unternehmenserfolg ausgewirkt habe (siehe Schaubild 3.3).

Von Finanzanalysten behauptet man im allgemeinen, sie ließen »weiche« Daten außer Betracht. Um so erstaunlicher sind daher die Ergebnisse, die in Schaubild 3.3 wiedergegeben sind. Die überwältigende Mehrzahl der Analysten war nämlich der Ansicht, daß die zwölf leistungsstärkeren Unternehmen von ihren Kulturen profitiert hätten. Und in den meisten Fällen glaubten sie umgekehrt auch, daß die leistungsschwächeren Unternehmen durch ihre Kulturen beeinträchtigt würden. Das war die nahezu einhellige Meinung über die Unternehmen mit den niedrigsten absoluten Erfolgswerten. Unglaublicherweise sagte nur einer der 75 Befragten, daß sich die Kultur eines Unternehmens seiner Meinung nach nur gering oder gar nicht auf dessen Erfolgsbilanz auswirke.

Da alle Unternehmen relativ gleich starke Kulturen besaßen, könnten die Daten in Schaubild 3.3 darauf hindeuten, daß die Erfolgsunterschiede auf unterschiedliche Kulturinhalte zurückzuführen sind, wie es Theorie II postuliert. Um diese Hypothese zu überprüfen, fragten wir jeden Interviewpartner: »Wie gut ist die Kultur bei einem Unternehmen, das er oder sie analysierte, an den Markt, die Wettbewerbssituation, das technologische Umfeld und sonstige Rahmenbedingungen angepaßt, die Ende der siebziger und Anfang der achtziger Jahre auf das Unternehmen einwirkten?«

Die Analysten, die sich auf Kaufhäuser spezialisiert hatten, be-

Schaubild 3.3: Die Auswirkung der Unternehmenskultur auf den langfristigen Unternehmenserfolg*

	Die zwölf leistungs-stärkeren Unternehmen	Die zehn leistungs-schwächeren Unternehmen
Die Kultur hat sich positiv auf den Erfolg ausgewirkt	43 Antworten	5 Antworten
Die Kultur hat sich negativ auf den Erfolg ausgewirkt	1	29
Die Kultur hat sich positiv und negativ auf den Erfolg ausgewirkt	6	10
Die Kultur hat sich wenig oder gar nicht auf den Erfolg ausgewirkt	1	0
Nicht sicher	3	4

* Basierend auf Befragungen von Finanzanalysten und genauer aufgeschlüsselt in Schaubild A.9 im Anhang.

antworteten diese Frage folgendermaßen. Als erstes, sagten sie, die Übereinstimmung zwischen Kultur und Umfeld wäre während des Beobachtungszeitraums (1977 bis 1988) bei Wal-Mart viel besser gewesen als bei J. C. Penney. Als wir fragten, was ihrer Meinung nach der Grund dafür wäre, antworteten sie, beide Unternehmen wären in amerikanischen Kleinstädten entstanden. Sam Walton, der Gründer von Wal-Mart, arbeitete sogar ein paar Jahre lang für Penney. In ihrer Anfangszeit legten beide Firmen großen Wert auf die Zufriedenheit der Kunden, Unternehmertum und eine gute Behandlung der Mitarbeiter. Ende der siebziger Jahre jedoch waren die Kulturen und Umfelder der beiden Unternehmen grundlegend verschieden. Die Manager von Wal-Mart versuchten, fähige Mitarbeiter zu gewinnen und zu harter Arbeit zu motivieren, waren wie versessen auf ständige Verbesserungen, widmeten sich vor allem jenen Kunden, die für ihr Geld Qualität erwarteten, und spornten ihre Mitarbeiter an, sich mehr wie Kaufleute statt wie Verkäufer zu verhalten. Auch sollen die Manager von Wal-Mart die Genügsamkeit des Firmengründers, Produktivität durch intelligenten Einsatz von Technik und echte Fürsorge für die Mitarbeiter betont haben. Damals waren die Penney-Läden in wettbewerbsintensivere, städtische Gebiete vorgedrungen, ohne daß ihre Kultur auch nur annähernd an diese neue Situation angepaßt gewesen wäre. Die Manager legten noch immer Wert auf eine fürsorgliche Behandlung der Mitarbeiter und auf ein qualitativ hochwertiges Warenangebot – wenn auch lange nicht mehr so hohen Wert wie früher. Aber sie förderten auch große und teure Bürokratien (»Man braucht kompetente Stabsgruppen«, sagen Penney-Manager) und legten Leistungsmaßstäbe an, die manche mittelmäßig genannt haben (»Wir setzen unsere Mitarbeiter nicht unter Druck«). Trotz all der neuen Technik, die Einzelhändlern angeboten wurde, sollen die Manager nicht sonderlich technologieorientiert gewesen sein. (»Man kann der Faszination für Technik erliegen und darüber den Einzelhandel vergessen.«) Und sie setzten fast ausschließlich auf betriebsinterne Beförderungen (»Interne Beförderung ist gut für die Motivation von Mitarbeitern«), die nach Ansicht unserer befragten Analysten den Wandel des Unternehmens nicht gerade erleichterte.

Beim Vergleich der übrigen leistungsstarken und -schwachen Unternehmen wurden ähnliche Geschichten erzählt. Bei jeder einzelnen solchen Gegenüberstellung bescheinigten die Befragten einem der beiden Unternehmen eine bessere Anpassung an sein Umfeld – insbesondere an die Wettbewerbslage in seinen Schlüsselmärkten. Das bedeutet, daß die Werte und Praktiken dieses Unternehmens im Vergleich zu den alternativen Angeboten der Konkurrenten besser auf die Kundenbedürfnisse, die Situation auf den Arbeitsmärkten und die Lage an den Finanzmärkten zugeschnitten waren. In Fällen, wo Unternehmen Sparten in zwei oder mehreren verschiedenen Branchen hatten (zum Beispiel Xerox und Hewlett-Packard), wiesen die Analysten oft darauf hin, daß eines der beiden Unternehmen auch auf der Ebene der Spartenkulturen besser an sein Umfeld angepaßt war. Und das besser angepaßte Unternehmen erzielte durchweg die besseren Ergebnisse. Auch wenn diese Meinungsäußerungen nichts bewei-

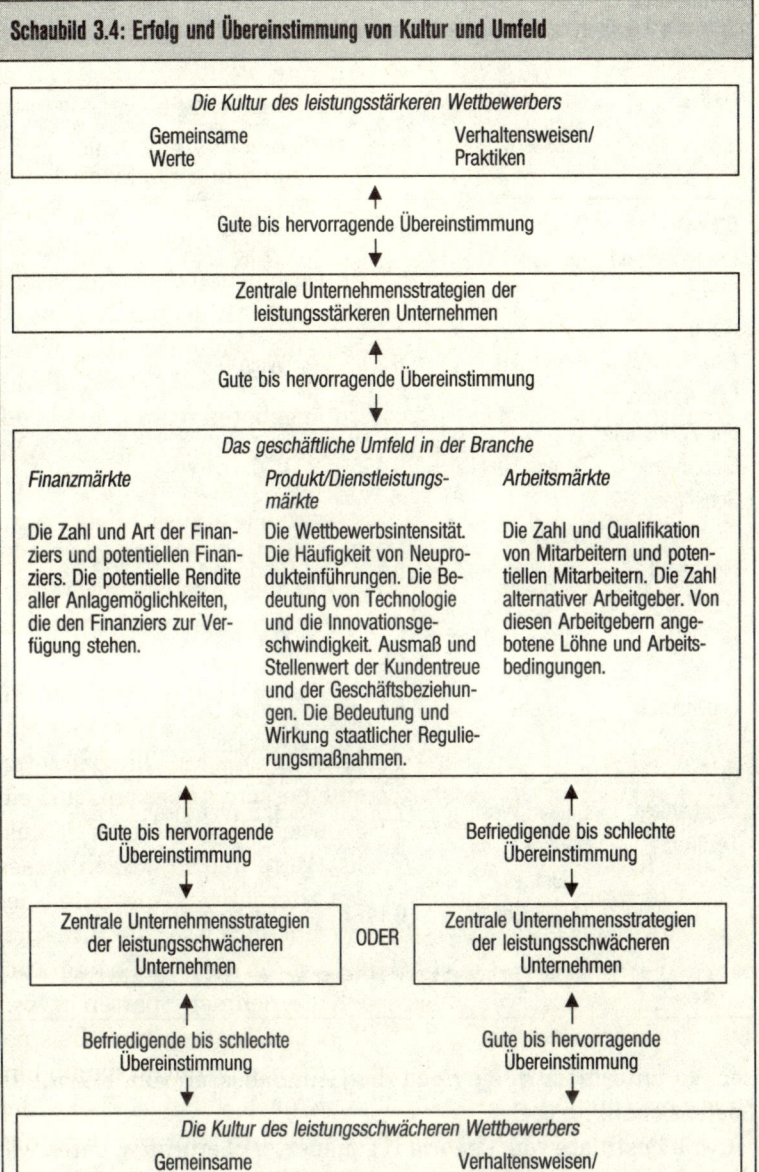

Schaubild 3.4: Erfolg und Übereinstimmung von Kultur und Umfeld

Die Kultur des leistungsstärkeren Wettbewerbers

Gemeinsame
Werte

Verhaltensweisen/
Praktiken

↑
Gute bis hervorragende Übereinstimmung
↓

Zentrale Unternehmensstrategien der
leistungsstärkeren Unternehmen

Gute bis hervorragende Übereinstimmung
↓

Das geschäftliche Umfeld in der Branche

Finanzmärkte

Die Zahl und Art der Finanziers und potentiellen Finanziers. Die potentielle Rendite
aller Anlagemöglichkeiten,
die den Finanziers zur Verfügung stehen.

*Produkt/Dienstleistungs-
märkte*

Die Wettbewerbsintensität.
Die Häufigkeit von Neupro-
dukteinführungen. Die Be-
deutung von Technologie
und die Innovationsge-
schwindigkeit. Ausmaß und
Stellenwert der Kundentreue
und der Geschäftsbeziehun-
gen. Die Bedeutung und
Wirkung staatlicher Regulie-
rungsmaßnahmen.

Arbeitsmärkte

Die Zahl und Qualifikation
von Mitarbeitern und potentiellen Mitarbeitern. Die Zahl
alternativer Arbeitgeber. Von
diesen Arbeitgebern ange-
botene Löhne und Arbeits-
bedingungen.

↑
Gute bis hervorragende
Übereinstimmung
↓

↑
Befriedigende bis schlechte
Übereinstimmung
↓

Zentrale Unternehmensstrategien
der leistungsschwächeren
Unternehmen

ODER

Zentrale Unternehmensstrategien
der leistungsschwächeren
Unternehmen

↑
Befriedigende bis schlechte
Übereinstimmung
↓

↑
Gute bis hervorragende
Übereinstimmung
↓

Die Kultur des leistungsschwächeren Wettbewerbers

Gemeinsame
Werte

Verhaltensweisen/
Praktiken

55

Schaubild 3.5: Übereinstimmung von Kultur und Umfeld, etwa 1977–1988*

Branche	Die 12 leistungs- stärkeren Unternehmen	Übereinstimmung Kultur–Umfeld (7 = hoch, 1 = niedrig)	Die 10 leistungs- schwächeren Unternehmen	Übereinstimmung Kultur–Umfeld (7 = hoch, 1 = niedrig)
Banken	Bankers Trust	6,5	Citicorp	3,0
Computer und Büroaus- stattung	Hewlett- Packard	5,7	Xerox	3,8
Einzelhandel/ Lebensmittel und Arzneimittel	Albertsons	6,2	Winn-Dixie	3,0
Einzelhandel/ Sonstiges	Dayton Hudson	4,4	J. C. Penney	4,1
	Wal-Mart	6,8		
Fluggesell- schaften	American	6,2	Northwest	3,7
Getränke	Anheuser-Busch	6,4	Coors	2,2
	PepsiCo	5,5		
Lebensmittel	ConAgra	6,4	Archer Daniels Midland	6,2
Öl	Shell	6,5	Texaco	2,6
Sparbanken	Golden West	7,0	H. F. Ahmanson	5,0
Textilien	Springs Industries	5,3	Fieldcrest Cannon	3,6
	Durchschnitt	6,1	*Durchschnitt*	3,7

* Basierend auf Interviews mit Finanzanalysten unter Verwendung des Leitfadens in Schaubild A.11 im Anhang.

sen, so untermauern sie doch die Grundaussage von Theorie II (siehe Schaubild 3.4).

Um die Postulate von Theorie II genauer zu überprüfen, baten wir die Analysten, ihre Antworten auf die Frage nach der Übereinstimmung zwischen Kultur und Umfeld zu quantifizieren. Wir legten ihnen eine Skala vor, auf der 7 gleichbedeutend war mit einer »hervorragenden« und 1 gleichbedeutend mit einer »miserablen« Übereinstimmung. Die Antworten sind in Schaubild 3.5 zusammengefaßt.

Bei den leistungsstärkeren Unternehmen war die beschriebene Übereinstimmung von Kultur und Umfeld signifikant höher als bei den übrigen Unternehmen. Auf einer Skala von sieben Punkten erhielten die leistungsstärkeren Unternehmen durchschnittlich 6,1 Punkte, während der Mittelwert für die leistungsschwächeren Unternehmen 3,7 betrug. Außerdem erzielte keines der zehn leistungsschwächeren Unternehmen einen Punktwert, der über dem des (der) leistungsstärkeren Unternehmen(s) in seiner Branche lag. Tatsächlich erzielte nur ein leistungsschwächeres Unternehmen einen Punktwert, der, absolut gesehen, relativ hoch war und zugleich dem Wert seiner leistungsstärkeren Rivalen ziemlich nahe kam. Dieses Unternehmen war Archer Daniels Midland – das erfolgreichste in der Gruppe der leistungsschwächeren. Diese Ergebnisse stehen zweifellos in Einklang mit der Theorie von der Überlegenheit strategisch angemessener Kulturen.

Wir überprüften in drei Schritten die Gültigkeit der Ergebnisse in Schaubild 3.5. Zunächst suchten wir persönlich 13 der 22 Unternehmen auf. Dann erörterten wir mit gegenwärtigen und früheren Managern von vier der übrigen neun Unternehmen eine Reihe von Fragen, deren Antworten nicht vorgegeben waren (Liste in Schaubild A.12).[9] Schließlich zeigten wir die in Schaubild 3.5 angeführten Daten einigen hundert hochrangigen Führungskräften, die zwar nicht für diese Unternehmen arbeiteten, aber mit zwei oder mehreren von ihnen vertraut waren. Ihre Einschätzung unterschied sich nur geringfügig von den Beurteilungen unserer 75 Finanzanalysten.

Bei der Auswertung der Daten aus unseren Interviews suchten wir auch nach Hinweisen, die die Hauptkritik an Theorie II bestätigten – daß nämlich eine hohe Kultur-Umfeld-Kongruenz durch einen Wandel des Umfelds zunichte gemacht und dadurch der langfristige Unternehmenserfolg beeinträchtigt werden kann. Solche Hinweise waren leicht zu finden. Alle leistungsschwächeren Unternehmen in unserer Stichprobe hatten angeblich zu einem früheren Zeitpunkt eine wesentlich bessere Übereinstimmung zwischen Kultur und Umfeld aufgewiesen. Diese Übereinstimmung hatte sich nach und nach aufgelöst – oftmals infolge von Veränderungen, denen sich das Unternehmen nicht angepaßt hatte.

Northwest Airlines ist ein besonders anschauliches Beispiel. Vor der Deregulierung der US-Luftfahrt im Jahre 1979 paßte ihre auf Kostensenkung abzielende, finanzorientierte Strategie und Kultur recht gut in eine stark regulierte Branche. Nach der Deregulierung führte der schlechte Kundendienst bei verschärften Wettbewerbsbedingungen zu einer Verschlechterung der Erfolgsbilanz. Die traditionell engen Arbeitgeber-Arbeitnehmer-Beziehungen bei Northwest erschwerten die Durchsetzung einer neuen Kundendienststrategie. Schließlich sah das finanzorientierte Management in einer größeren Firmenübernahme (Republic Airlines im Jahre 1986) die einzig tragfähige Lösung. Doch diese Maßnahme führte für ein paar Jahre zu einer weiteren Verschlechterung der Ergebnisse, weil ein gewaltiger interner Kraftakt finanziert werden mußte, um die beiden Organisationen und vor allem die gewerkschaftlichen Führungspositionen zu vereinigen. Die Folge davon war, daß eine Fluggesellschaft, die zwischen 1973 und 1980 fast 430 Millionen Dollar verdient hatte, in den folgenden sieben Jahren nur noch einen halb so großen Gewinn verbuchen konnte.

Die Übereinstimmung zwischen Kultur und Umfeld veränderte sich in den anderen Fällen gewöhnlich sehr viel langsamer. Als die Manager von Coors beschlossen, ihr geschäftliches Betätigungsfeld über die Stammregion in den Rocky Mountains hinaus auszudehnen, stießen sie auf geographische Regionen mit anderen Subkulturen, auf Märkte, in denen das Unternehmen keinen etablierten Ruf besaß – und auf einen härteren Wettbewerb. Doch ihre antiquierten Vorstellungen änderten sich nur langsam, vor allem im Hinblick auf Werbung (»Ein gutes Produkt verkauft sich von selbst«), Gewerkschaften (»nutzlos«) und Kredite (»Nimm Geld auf, und die Bank wird versuchen, dein Unternehmen zu führen«). Infolgedessen nahm die Übereinstimmung zwischen Kultur und Umfeld ständig ab. Wie schon Donaldson und Lorsch in ihrer Untersuchung festgestellt hatten, ließen sich diese Inkongruenzen nicht rasch und leicht beseitigen. Das Ergebnis: Die Erfolgsbilanz verschlechterte sich dramatisch; der ROI sank von 12,9 Prozent im Jahre 1977 auf 4,5 Prozent 1988.

Bei den leistungsschwächeren Unternehmen sind diese durch verschärften Wettbewerbsdruck ausgelösten Kultur-Umfeld-Inkongruenzen durchgängig anzutreffen. Im Fall von Citicorp kam die verschärfte Konkurrenz von Finanzinstituten des Nichtbankensektors, durch die Deregulierung des Bankwesens und die internationale Expansion ausländischer Banken. Bei Xerox kamen die Wettbewerber aus Japan. Im Fall von Winn-Dixie drangen andere Lebensmittelketten in die traditionelle Hochburg des Unternehmens, die südöstlichen US-Bundesstaaten, ein. Für J. C. Penney ging der verschärfte Wettbewerb von Discountern und Fachgeschäften aus. Doch unabhängig von den konkreten Ursachen im Einzelfall führte in allen diesen Fällen der verschärfte Wettbewerb zu einer Änderung des geschäftlichen Umfelds, der sich die Kulturen dieser Unternehmen nicht hinreichend anpassen konnten. Die Folge war, daß sich die Übereinstimmung zwischen Kultur und Umfeld verschlechterte und der Erfolg nachließ (siehe Schaubild 3.6).

Doch weshalb ließen die Manager dieser zehn Unternehmen dies geschehen? Niemand kann mit Recht behaupten, sie seien unfähig oder uninformiert gewesen. Xerox und Citicorp zum Beispiel stellten Mitarbeiter ein, die entweder die besten amerikanischen Universitäten absolviert hatten oder aus den erfolgreichsten Unternehmen kamen. Managern bei vielen dieser Unternehmen war von Unternehmensberatern gesagt worden, daß erhebliche Veränderungen erforderlich seien. Und doch haben sie diese erforderlichen Veränderungen nicht durchgeführt. Auch wenn wir die vollständige Erörterung dieser Frage auf Kapitel 6 verschieben, können wir doch schon jetzt zwei Feststellungen treffen: Erstens

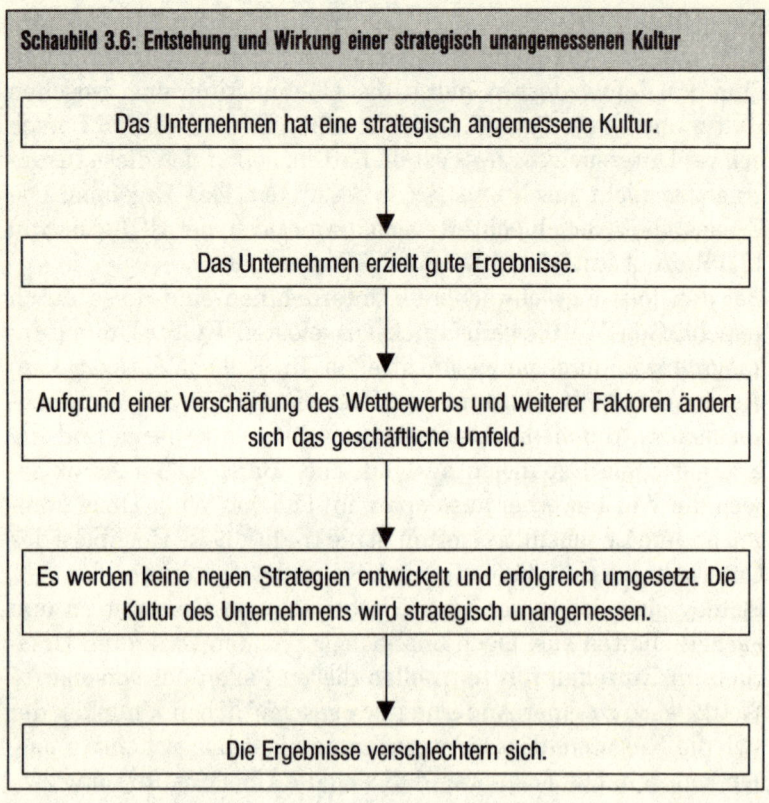

Schaubild 3.6: Entstehung und Wirkung einer strategisch unangemessenen Kultur

> Das Unternehmen hat eine strategisch angemessene Kultur.

> Das Unternehmen erzielt gute Ergebnisse.

> Aufgrund einer Verschärfung des Wettbewerbs und weiterer Faktoren ändert sich das geschäftliche Umfeld.

> Es werden keine neuen Strategien entwickelt und erfolgreich umgesetzt. Die Kultur des Unternehmens wird strategisch unangemessen.

> Die Ergebnisse verschlechtern sich.

kann eine Kultur Menschen – auch sehr intelligente, erfahrene und erfolgreiche Führungskräfte – für Tatsachen, die nicht mit ihren Annahmen in Einklang stehen, blind machen, und zweitens kann eine festverwurzelte Kultur die Umsetzung neuer, andersartiger Strategien sehr erschweren.

Die angeführten Beispiele könnten einen zu dem Schluß verleiten, eine grundlegende Veränderung der Unternehmenskultur sei unmöglich – möglicherweise bestehe eine negative Korrelation zwischen der Stärke einer Kultur und dem langfristigen Unternehmenserfolg. Doch die Entwicklungsgeschichten der zwölf leistungsstärkeren Unternehmen liefern keinerlei Anhaltspunkte für eine derartige Interpretation.[10] Sie alle hatten starke Kulturen: Auf einer Skala von 1 (stark) bis 5 (sehr schwach) wurde ihre kulturelle Stärke im Durchschnitt mit 1,8 bewertet. Die Situation aller dieser Unternehmen veränderte sich während des Untersuchungszeitraums. Albertsons zum Beispiel wuchs gewaltig, stieß bei seiner geographischen Ausdehnung auf neue Konkurrenten und sah sich einer Reihe neuer technologischer Möglichkeiten gegenüber. Hewlett-Packard machte einen tiefgreifenden Umgestaltungsprozeß durch, in dessen Verlauf sich der Schwerpunkt des Produktionsprogramms von Werkzeugen auf Computer verlagerte. American Airlines sah sich dem gleichen deregulierten Umfeld gegenüber wie Northwest. Dayton Hudson verkaufte eine bedeutende Zahl seiner Läden. Golden West litt unter einer zweistelligen Inflationsrate und Deregulierungsmaßnahmen, die sich erheblich auf die Sparbanken auswirkten. Anheuser-Busch mußte mit der neuen starken Konkurrenz von Miller fertig werden. Und doch erzielten alle diese Unternehmen hervorragende Ergebnisse. Während des Untersuchungszeitraums von elf Jahren steigerten sie ihren Jahresüberschuß jährlich um durchschnittlich 18 Prozent. Ihr Marktwert stieg pro Jahr um über 20 Prozent. All dies deutet klar darauf hin, daß sie sich ungeachtet ihrer relativ starken Kulturen erfolgreich an den Wandel anpaßten. Weder Theorie II noch die Hypothese, daß starke Kulturen den Erfolg beeinträchtigen, können erklären, weshalb diese zwölf Unternehmen sich anpaßten, die zehn leistungsschwachen hingegen nicht.

Dennoch enthält Theorie II einen wahren Kern. Ihr Grundbegriff »Übereinstimmung« ist durchaus von Nutzen – vor allem zur Erklärung der Unterschiede zwischen kurz- und mittelfristigem Erfolg. Dieses Konzept hat zugleich weitreichende Folgen für Unternehmen, die in mehreren Branchen tätig sind. Es besagt, daß eine einheitliche Kultur nicht ausreicht, vielmehr jeder Geschäftsbereich eine auf die spezifischen Erfordernisse seiner Branche zugeschnittene Kultur benötigt.

Doch obgleich Theorie II den Zusammenhang zwischen Kultur und Erfolg genausogut oder sogar besser erklären kann als Theorie I, ist auch sie nicht auf alle Fälle in unserer Studie anwendbar. Sie hat vor allem keine Erklärung für den unterschiedlichen Anpassungserfolg und damit für die Unterschiede in den langfristigen Ergebnissen. Hierzu müssen wir eine weitere Theorie heranziehen.

Anmerkungen

1 Fast jeder, der über dieses Thema schreibt, befürwortet die »Kongruenz«-Theorie, doch nur wenige machen sie zum Angelpunkt ihrer Erklärungen. Schein, Lorsch und Davis haben diesem Modell offenbar am stärksten zugeneigt. Man könnte durchaus die Ansicht vertreten, daß dieser ganze Ansatz auf eine frühe Arbeit von Lorsch (siehe Paul Lawrence/Jay Lorsch: Organization and Environment, Boston 1967) oder sogar ein noch früheres Werk von Tom Burns/G. M. Stalker (The Management of Innovation, London 1961) zurückgeht.
2 Siehe George G. Gordon: The Relationship of Corporate Culture to Industry Sector and Corporate Performance, in: Kilmann/Saxton/Serpa (Hrsg.): Gaining Control of the Corporate Culture, S. 103–125
3 Veröffentlicht in: Decision Making at the Top
4 Sie sprechen von einem »System gemeinsamer Überzeugungen« statt von Kultur
5 Decision Making at the Top, S. 151
6 Ergebnis aus unseren Befragungen
7 Um das Problem falscher positiver Ergebnisse durch fehlende Vergleichsuntersuchungen (das heißt vergleichbarer guter und schlechter Fälle) und/oder durch eine ungewöhnliche Branchenauswahl (zum Beispiel zu viele High-Tech-Unternehmen) in früheren Kulturstudien zu vermeiden, stellten wir unsere Stichprobe nach den folgenden Kriterien zusammen: 1. Es sollte ein breites Spektrum von Branchen vertreten sein; 2. die Kulturstärke-Indizes aller Unternehmen sollten ähnlich groß sein; 3. die eine Hälfte der Unternehmen sollte weitaus bessere Erfolgswerte aufweisen als die andere; 4. die leistungsstärkeren und leistungsschwächeren Unternehmen sollten hinsichtlich der Branchen und, wenn möglich, weiterer potentiell relevanter Aspekte vergleichbar sein; 5. alle Unternehmen sollten »normal« sein oder doch wenigstens in einem potentiell relevanten Aspekt nicht übermäßig von der Norm abweichen – keine Gründer, die noch immer als CEOs fungierten, keine ungewöhnlich großen oder kleinen Unternehmen. Im allgemeinen gelang es uns, diese Kriterien einzuhalten, auch wenn die Vergleichspaare in einigen wenigen Fällen keineswegs perfekt waren (zum Beispiel Hewlett-Packard gegenüber Xerox).

8 Wenn möglich, befragten wir Analysten, die die Zeitschrift Institutional Investor zu den Besten auf ihrem Gebiet erklärt hatte.

9 Wir besuchten Albertsons, American Airlines, Anheuser-Busch, Bankers Trust, ConAgra, Coors, Dayton Hudson, Golden West, Hewlett-Packard, J. C. Penney, Shell, Springs und Texaco. Wir befragten auch Manager von Citicorp, Northwest, PepsiCo und Xerox, als sich Gelegenheiten dazu boten.

10 Die Ablehnung der Theorie einer negativen Korrelation wird auch durch die Daten in den Schaubildern 2.1 und A.8 gestützt.

4. Anpassungsfähige Kulturen

In der Literatur über Unternehmenskultur wird eine dritte Theorie vertreten, die direkt das Anpassungsproblem thematisiert. Die Grundaussage dieser Theorie III ist sehr einfach: Nur Kulturen, die Organisationen dabei helfen, Umfeldveränderungen zu antizipieren und sich daran anzupassen, werden über längere Zeitperioden hervorragende Erfolge garantieren.

Vertreter dieser Theorie analysieren oftmals nicht sehr anpassungsfähige Kulturen, um so herauszufinden, wie eine anpassungsfähige Kultur aussehen sollte. Sie beobachten, daß nicht anpassungsfähige Kulturen in der Regel sehr bürokratisch sind. Die Mitarbeiter sind reaktiv, risikoscheu und nicht sehr kreativ. Der Informationsfluß innerhalb des Unternehmens ist nicht schnell und leicht. Ein weitverbreitetes Kontrolldenken dämpft Motivation und Begeisterung. Daher – so folgern sie – müßten anpassungsfähige Kulturen deutlich andere Merkmale aufweisen.[1]

Ralph Kilmann beschreibt eine solche Kultur folgendermaßen: »Eine anpassungsfähige Kultur erfordert eine risikofreudige, vertrauensvolle und zielgerichtete Herangehensweise an das Leben des Unternehmens und des einzelnen Mitarbeiters. Die Mitglieder helfen sich gegenseitig beim Aufspüren sämtlicher Probleme und der Umsetzung praktikabler Lösungen. Es gibt ein Gefühl gegenseitigen Vertrauens: Die Mitgleider sind fest davon überzeugt, alle auftretenden Probleme und Chancen erfolgreich managen zu können. Sie sind hoch motiviert und bereit, alles zu tun, was zur Realisierung des Unternehmenserfolgs erforderlich ist. Die Mitglieder sind offen für Veränderung und Innovation.«[2] Rosabeth Kanter argumentiert, eine solche Kultur fördere Unternehmertum, welches einer Firma die Anpassung an ein sich wandelndes Umfeld erleichtern könne, indem es die Ermittlung und Ausnutzung neuer Chancen ermögliche.[3] Kotter vertritt einen ähnlichen Standpunkt, mit dem einen Unterschied, daß er der Führung (Leadership) einen höheren Stellenwert beimißt als dem Unternehmertum.[4] Er behauptet, die wichtigste Funktion von Führung bestehe darin, Veränderungen zu bewirken, und wenn eine Kultur diese Aktivität auf allen hierarchischen Ebenen fördere, erzeuge sie ein hohes Maß von Risikobereitschaft, Initiative, Kommunikation und Motivation.

Die meisten Vertreter von Theorie III würden auf die Digital Equipment Corporation verweisen als Beispiel für ein Unternehmen mit einer Kultur, die Innovation, Risikobereitschaft, offene Diskussion, Unternehmertum und Führung auf zahlreichen hierarchischen Ebenen fördert. Sie würden argumentieren, diese Kultur habe dem Unternehmen geholfen, sich erfolgreicher an die sich rasch wandelnde Computerbranche anzupassen als Unternehmen wie Burroughs oder Honeywell, deren Kulturen Risikobereitschaft und Unternehmertum hemmten. Die überlegene Anpassungsfähigkeit ist ihrer Meinung nach der Hauptgrund dafür, daß Digital in den letzten zwanzig Jahren weitaus bessere Ergebnisse erzielt hat als viele andere Unternehmen.

Auch 3M ist ein bevorzugtes Beispiel der Verfechter von Theorie III, vielleicht weil man dort bewußter als in vielen anderen Unternehmen eine Kultur zu fördern sucht, die sich an Veränderungen des Umfelds anpassen kann. Die Manager von 3M bemühen sich mittlerweile schon seit einigen Jahren, einen gewissen Mindestprozentsatz des Umsatzes mit relativ neuen Produkten zu erwirtschaften. Es gehört zu den kulturellen Grundsätzen des Unternehmens, Mittel für erfolgversprechende Entwicklungsvorschläge bereitzustellen, und zwar auch dann, wenn diese von nachrangigen Mitarbeitern kommen. 3M ist stolz auf seine Bereitschaft, neue Vorschläge unvoreingenommen zu prüfen und gegebenenfalls vertretbare Risiken einzugehen. Dadurch erschließt man sich wichtige neue Geschäftsbereiche.

Unternehmen wie Digital und 3M scheinen Theorie III zu bestätigen. Doch gegen die populärsten Versionen dieser Theorie erheben sich ebenfalls kritische Stimmen. Sie weisen darauf hin, daß Theorie III im Unterschied zu Theorie II nicht erklären könne, wieso ein Unternehmen ohne eine risikofreudige oder unternehmerische Kultur über einen längeren Zeitraum gute Ergebnisse erzielen könne (weil die Kultur mit dem Umfeld übereinstimmt und dieses Umfeld konstant bleibt). Noch ärgerlicher aber ist nach Meinung der Kritiker, daß diese Theorie zentrale Fragen zu übersehen scheint: Risikobereitschaft wozu? Anpassung woran? Innovation wofür? Die am weitesten verbreitete Version dieser Theorie schweigt sich darüber aus oder beantwortet diese Fragen nur auf eine sehr vage und abstrakte Weise (zum Beispiel: um Probleme zu lösen). Viele Vertreter von Theorie III halten diese Fragen (scheinbar) für unwichtig. Sie scheinen anzunehmen, daß eine Unternehmenskultur so lange anpassungsfähig ist und gute wirtschaftliche Ergebnisse bewirkt, wie sie Wandel propagiert und nicht durch unverhohlene Intrigenpolitik geprägt ist.

Kritiker dieser Sichtweise machen geltend, daß diese Argumentation nicht stringent sei und aus dem gleichen Grund wie Theorie I versage: Keine der beiden Theorien gebe an, daß es auf die konkrete *Richtung* ankomme, in die eine starke Kultur die Mitarbeiter ausrichte oder in die eine veränderungsbereite Kultur die Mitarbeiter weise. Sie argumentieren, eine Kultur, die großen Wert auf Veränderungsbereitschaft oder Flexibilität lege, könne eine sehr geringe Anpassungsfähigkeit besitzen, weil sie – sogar intelligente und nicht intrigante – Mitarbeiter dazu ermuntern könne, alles beziehungsweise das Falsche zu ändern. Ebenso könne eine Kultur, die besonderen Wert auf Führung lege, eine Führung in die falsche Richtung erzeugen.

Tom Peters ist der bekannteste Wissenschaftler, der eine Version von Theorie III vorgelegt hat, die sich mit diesem Problem befaßt. Er verurteilt anscheinend ausdrücklich die traditionellen betriebswirtschftlichen Modelle und deren ausschließliche Konzentration auf Aktionäre und fordert statt dessen »Kundennähe«. Er behauptet, daß eine Kultur, die den Kunden einen hohen Stellenwert einräume und Veränderungen begünstige, die eine bessere Befriedigung der Kundenbedürfnisse erlaubten, die Anpassungsfähigkeit eines Unternehmens erhöhe.[5] Kotter bietet eine Variante dieser These an.[6] Er unterstreicht die Bedeutung sämtlicher Bezugsgruppen eines Unternehmens, vor allem der Kunden, Aktionäre und Mitarbeiter. Kotter begründet nirgends ausdrücklich, weshalb die Manager eines Unternehmens sich um alle wichtigen Bezugsgruppen kümmern sollten; die implizite Begründung dafür lautet jedoch folgendermaßen: Nur wenn sich die Manager um die legitimen Interessen der Aktionäre kümmern, bemühen sie sich darum, langfristig gute wirtschaftliche Ergebnisse zu erzielen, und in einer wettbewerbsintensiven Branche ist dies nur möglich, wenn sie sich um ihre Kunden kümmern, und in einem umkämpften Arbeitsmarkt ist dies nur möglich, wenn sie sich um diejenigen kümmern, die die Kunden bedienen – die Mitarbeiter. Kurz: Kotter behauptet, das relevante Umfeld, an das sich das Management anpassen müsse, bestehe aus den wichtigsten Bezugsgruppen eines Unternehmens. Daher würde Kotter argumentieren, daß sogar eine Firma mit hohem unternehmerischen Engagement (wie Digital) sich nur dann erfolgreich an Veränderungen anpassen wird, wenn ihre Manager sich intensiv um alle wichtigen Bezugsgruppen kümmerten.

Genausowenig wie Theorie I und Theorie II ist irgendeine dieser Versionen von Theorie III jemals ausführlich überprüft worden. Bis jetzt.

Als wir mit Finanzanalysten über unsere Stichprobe von 22 Unternehmen sprachen, stellten wir auch einige Fragen, die sich auf die Kernaussage von Theorie III bezogen. Wieder erwiesen sich die Ergebnisse als sehr aufschlußreich.

Als wir fragten:

»Welchen Stellenwert mißt die Kultur (eines bestimmten Unternehmens) exzellenter Führung durch die Manager bei?«, erhielten wir die in Schaubild 4.1 zusammengefaßten Antworten. Auf einer Skala von 1 (mißt Führung keinen Wert bei) bis 7 (mißt Führung hohen Wert bei) erzielten die leistungsstärkeren Unternehmen einen Mittelwert von 6,0. Kein einziges von ihnen erhielt einen Wert unter 4,8, und alle außer zweien erreichten mehr als

5,5 Punkte. Die leistungsschwächeren Unternehmen schnitten sehr viel schlechter ab. Ihr Mittelwert betrug 3,9, wobei nur zwei von ihnen mehr als 4,8 Punkte erreichten. Außerdem erzielte keines der leistungsschwächeren Unternehmen in diesem Bereich einen höheren Punktwert als sein(e) Konkurrent(en) in der leistungsstärkeren Gruppe. Nur zwei erreichten annähernd den Punktwert ihres leistungsstärkeren Konkurrenten (Citicorp und H. F. Ahmanson), und beide Unternehmen überflügelten leistungsmäßig die meisten übrigen Mitglieder ihrer Gruppe. Die Mehrzahl der leistungsschwächeren Unternehmen wies signifikant niedrigere Punktwerte auf als ihr(e) Konkurrent(en) aus der Vergleichsgruppe – 6,0 bei American gegenüber 3,4 bei Northwest, 6,6 bei PepsiCo gegenüber 2,5 bei Coors und so weiter.

Gefragt, wie sich die Kulturen der leistungsstärkeren Unternehmen auf deren wirtschaftliche Ergebnisse ausgewirkt hätten, verwiesen unsere Gesprächspartner häufig auf Merkmale wie Führung, Unternehmertum, überlegte Risikobereitschaft, freimütige Diskussionen, Innovativität und Flexibilität. Sie sahen darin kulturelle Merkmale, die den Unternehmen dabei halfen, in einem sich wandelnden geschäftlichen Umfeld gute Ergebnisse zu erzielen. Mit anderen Worten: Sie vermuteten einen kausalen Zusammenhang zwischen Kulturen, die der Führung und den anderen obengenannten Merkmalen einen großen Stellenwert beimessen, und überdurchschnittlichem Erfolg – eine Beurteilung, die ganz und gar mit Theorie III in Einklang steht.

Den leistungsschwächeren Unternehmen hingegen schrieben sie negativere Merkmale zu wie »bürokratisch« oder »stellt kurzfristige Ergebnisse in den Vordergrund«. Und diese Merkmale beeinträchtigten in ihren Augen den Erfolg in einem sich wandelnden geschäftlichen Umfeld.

Was den Zweck oder die Richtung dieser Führung angeht, so zeichneten sich die zwölf leistungsstärkeren Unternehmen nach Ansicht der Befragten durch stark kundenorientierte Kulturen aus. Auf einer Skala von 1 (niedrig) bis 7 (hoch) erzielten die leistungsstärkeren Unternehmen einen Durchschnitt von 6,0; der

Schaubild 4.1: Der kulturelle Stellenwert hervorragender Führung*

Die leistungsstärkeren Unternehmen	Legt großen Wert auf hervorragende Führung (7 = uneingeschränkt ja, 1 = entschieden nein)	Die leistungsschwächeren Unternehmen	Legt großen Wert auf hervorragende Führung (7 = uneingeschränkt ja, 1 = entschieden nein)
American Airlines	6,0	Northwest Airlines	3,4
Bankers Trust	5,8	Citicorp	5,5
Anheuser-Busch	5,0	Coors	2,5
PepsiCo	6,6		
Hewlett-Packard	4,8	Xerox	3,8
ConAgra	6,8	Archer Daniels Midland	4,8
Shell	6,2	Texaco	3,0
Albertsons	6,6	Winn-Dixie	3,2
Dayton Hudson	6,0	J. C. Penney	4,2
Wal-Mart	6,8		
Golden West	5,6	H. F. Ahmanson	5,2
Springs Industries	5,7	Fieldcrest Cannon	3,1
Durchschnitt	6,0	*Durchschnitt*	3,9

* Basierend auf Befragungen von Finanzanalysten unter Verwendung des in Schaubild A.11 des Anhangs wiedergegebenen Fragebogens.

niedrigste Punktwert in dieser Gruppe betrug 4,8. Die leistungsschwächeren Unternehmen erhielten weitaus schlechtere Bewertungen. Ihr Durchschnitt lag etwa bei 4,6; nur zwei dieser Unternehmen erzielten mehr als 5,0 Punkte, und drei blieben unter 3,7 (siehe Schaubild 4.2).

Den leistungsstärkeren Unternehmen wurde auch eine hohe Aktionärsorientierung zugeschrieben. Sie erreichten in diesem Bereich einen Durchschnitt von 5,7; nur zwei erhielten weniger als 5,0 Punkte. Die leistungsschwächeren Unternehmen hingegen schnitten auch hier schlecht ab – sie erzielten im Durchschnitt 3,9 Punkte, wobei nur ein Unternehmen mehr als 5,0 Punkte erreichte.

Schaubild 4.2: Der kulturelle Stellenwert von Kunden, Aktionären und Mitarbeitern*
(Skala: 7 = sehr hoch; 1 = sehr niedrig)

Die leistungs-stärkeren Unternehmen	Kunden-orien-tierung	Aktio-närs-orien-tierung	Mit-arbeiter-orien-tierung	Die leistungs-schwächeren Unternehmen	Kunden-orien-tierung	Aktio-närs-orien-tierung	Mit-arbeiter-orien-tierung
American Airlines	6,4	4,6	5,8	Northwest	3,6	4,9	2,8
Bankers Trust	4,8	6,2	5,0	Citicorp	5,0	3,3	3,0
Anheuser-Busch	6,4	5,0	5,0	Coors	3,6	1,5	4,2
PepsiCo	5,0	6,0	5,4				
Hewlett-Packard	6,6	5,0	6,8	Xerox	5,0	3,8	5,3
ConAgra	6,2	7,0	6,6	Archer Daniels			
Shell	6,5	4,5	5,0	Midland	5,6	6,0	5,2
Albertsons	6,8	6,4	5,6	Texaco	3,4	2,8	2,8
Dayton Hudson	5,5	5,0	4,8	Winn-Dixie	4,0	4,0	4,0
Wal-Mart	7,0	6,8	7,0	J. C. Penney	4,0	5,0	4,8
Golden West	5,2	6,8	5,8	H. F. Ahmanson	6,3	4,6	4,2
Springs Industries	6,0	5,0	6,7	Fieldcrest Cannon	5,4	2,6	4,2
Durchschnitt	6,0	5,7	5,8	*Durchschnitt*	4,6	3,9	4,1

* Basierend auf Interviews mit Finanzanalysten unter Verwendung des Leitfadens in Schaubild A.11 im Anhang.

Das gleiche Bild zeigt sich bei der Mitarbeiterorientierung. Die leistungsstärkeren Unternehmen erzielten durchschnittlich 5,8 Punkte. Die niedrigste in dieser Gruppe vergebene Punktzahl betrug 4,8. Der Durchschnitt der leistungsschwächeren Unternehmen belief sich auf 4,1, wobei nur zwei dieser Unternehmen mehr als 4,8 Punkte erreichten.

In zwei Fällen (Citicorp und H. F. Ahmanson) übertrafen leistungsschwächere Unternehmen ihre leistungsstärkeren Konkurrenten im Bereich Kundenorientierung (ein offenkundiger Widerspruch zu Peters' Version von Theorie III). In zwei Fällen (Northwest und J. C. Penney) schnitten leistungsschwächere Unternehmen im Bereich Aktionärsorientierung genauso gut oder besser ab als ihre leistungsstärkeren Konkurrenten (ein offenkundiger Widerspruch zu traditionellen betriebswirtschaftlichen Modellen). Und in einem Fall (J. C. Penney) erreichte das leistungsschwächere Unternehmen im Bereich Mitarbeiterorientierung die gleiche Punktzahl wie sein Konkurrent. *In keinem Fall jedoch erreichte ein leistungsschwächeres Unternehmen eine höhere Gesamtpunktzahl.* Anders ausgedrückt: Die Ausrichtung auf *alle* Hauptbezugsgruppen eines Unternehmens unterscheidet die leistungsstärkeren von den übrigen.

Dies wirft eine weitere Frage auf: Wenn die Manager der leistungsschwächeren Unternehmen weder ihren Kunden noch ihren Aktionären noch ihren Mitarbeitern einen hohen Stellenwert einräumen – wer oder was liegt ihnen dann am Herzen? Darauf antworteten die von uns Befragten am häufigsten: »Sie selbst.«

Auch wenn man die Punktzahlen des Bereichs »Führungsorientierung« (in Schaubild 4.1) zu den Punktzahlen des Bereichs »Bezugsgruppenorientierung« (in Schaubild 4.2) addiert, übertrifft keines der leistungsschwächeren Unternehmen seine leistungsstärkeren Konkurrenten. Ja keines der leistungsschwächeren Unternehmen erreicht auch nur annähernd die Punktzahl seines Konkurrenten. Und diejenigen mit den geringsten Abständen zu ihren leistungsstärkeren Konkurrenten sind durchweg die erfolgreichsten Unternehmen der schwächeren Gruppe.

Unter Berücksichtigung der Grenzen unserer Methode lassen diese Daten nur einen Schluß zu: In Unternehmen mit anpassungsfähigen Kulturen besteht das kulturelle Ideal darin, daß Manager auf allen hierarchischen Ebenen Führungsverantwortung (Leadership) übernehmen, um gegebenenfalls Veränderungen bei Strategien und Taktiken einzuleiten, die gleichermaßen den legitimen Interessen von Aktionären, Kunden und Mitarbeitern gerecht werden. In nichtanpassungsfähigen Kulturen verhalten sich Manager meist vorsichtig und taktisch geschickt, um sich, ihr Produkt oder ihre unmittelbaren Arbeitsgruppen zu schützen oder zu fördern (siehe Schaubild 4.3).

Um diese Schlußfolgerungen zu verifizieren und um die Bewertungen und Meinungen der von uns Befragten zu überprüfen,

	Anpassungsfähige Kulturen	Nichtanpassungsfähige Kulturen
Grundwerte	Die meisten Manager messen Kunden, Aktionären und Mitarbeitern einen hohen Stellenwert bei. Sie legen auch großen Wert auf Personen und Verfahren, die nützliche Veränderungen erzeugen können (zum Beispiel Führung in beiden Richtungen der Managementhierarchie).	Die meisten Manager denken vor allem an sich, ihre unmittelbare Arbeitsgruppe oder ein Produkt (eine Technologie), das mit dieser Arbeitsgruppe verknüpft ist. Sie messen einem geordneten und risikomindernden Managementprozeß einen viel höheren Stellenwert bei als Führungsinitiativen.
Übliche Verhaltensweisen	Die Manager bringen allen Bezugsgruppen, vor allem den Kunden, große Aufmerksamkeit entgegen und nehmen gegebenenfalls Veränderungen vor, um deren legitimen Interessen zu dienen, auch wenn dies mit gewissen Risiken verbunden ist.	Die Manager neigen zu einzelgängerischem, taktischem und bürokratischem Verhalten. Daher ändern sie ihre Strategien nur langsam, um sich an den Wandel ihres geschäftlichen Umfeldes anzupassen oder von ihm zu profitieren.

unterzogen wir 17 der 22 Unternehmen einer eingehenderen Analyse. Dabei statteten wir 13 dieser Unternehmen einen formellen Besuch ab und befragten Mitarbeiter und Führungskräfte (unser Leitfaden für die Befragung ist in Schaubild A.12 wiedergegeben). Zudem befragten wir – auf weniger formelle Weise – Manager von vier der anderen Unternehmen, sofern sich uns die Gelegenheit dazu bot.[7]

Generell fanden wir unter den leistungsstärkeren Unternehmen viel mehr Anhaltspunkte für wandlungsfähige Kulturen als unter den leistungsschwächeren. Der Hauptmotor des Wandels variierte jedoch. In den meisten Fällen war es die Führung auf allen hierarchischen Ebenen. Mitunter war es auch eine starke Führung an der Spitze, Risikobereitschaft, Unternehmertum, Innovativität oder Flexibilität. Was immer die Antriebskräfte sein mochten – eines war sehr klar: Die leistungsstärkeren Unternehmen waren einfach rundum aktiver als die leistungsschwächeren. Mitunter war dies sehr eindrucksvoll, zum Beispiel als ein Personalmanager eines Geschäftsbereichs von ConAgra voller Stolz einen von ihm erarbeiteten unternehmerischen Plan beschrieb, Managern bei der Verlagerung der Hauptverwaltung in eine andere Stadt Umzugsdienstleistungen anzubieten. Sein Vorschlag sah die Gründung einer Projektgruppe innerhalb von ConAgra vor, die diese Dienstleistungen erbringen und dabei bestimmte Vorteile einer betriebsinternen Gruppe ausnutzen sollte, die zum Beispiel hochwertige Dienstleistungen erheblich kostengünstiger anbieten konnte als eine externe Spedition.

Bie den leistungsstärkeren Unternehmen fanden wir auch erheblich mehr Hinweise auf ein Wertesystem, das allen ihren jeweiligen Hauptbezugsgruppen zugleich einen hohen Wert zumaß. Unterschiede bestanden lediglich in der Frage, welche Bezugsgruppe im Vordergrund stand: bei ConAgra und Golden West die Aktionäre, bei Albertsons und Anheuser-Busch die Kunden, bei Hewlett-Packard und Springs Industries die Mitarbeiter. Doch keine Gruppe wurde einfach übergangen, und Gerechtigkeit wurde gegenüber jedermann von allen angestrebt – eine Selbstverpflichtung, die häufig als Betonung von »Integrität« oder »das Richtige tun« beschrieben wurde.

Auch hier fanden sich eindrucksvolle Beispiele. Albertsons verfügte über ein »Glaubensbekenntnis«, in dem die Verantwortung des Unternehmens gegenüber Kunden, Mitarbeitern, der Gemeinde, den Aktionären und der Gesellschaft festgelegt ist. Bei ConAgra war ein ähnliches »Credo« in 10 Zentimeter großen Buchstaben auf einer Wand nahe den Büros der Geschäftsleitung geschrieben. Bei Dayton Hudson fanden wir vergleichbare Grundsätze in einer »Unternehmensphilosophie«. Bei Anheuser-Busch waren die Verpflichtungen gegenüber den Bezugsgruppen in der

»Unternehmensmission« niedergelegt. Die allererste Zeile des Jahresberichts 1989 von Springs Industries lautet: »Wir gehen gut vorbereitet in die neunziger Jahre, um den Interessen unserer Kunden, Mitarbeiter und Aktionäre zu dienen.« Der Jahresbericht 1988 von PepsiCo beginnt mit einer ähnlichen Erklärung. Und American Airlines hat sich in seiner »Unternehmensvision« zu einer starken Ausrichtung auf all ihre Bezugsgruppen bekannt. Auch wenn einige wenige der leistungsschwächeren Unternehmen ähnliche Programme besaßen, so waren diese in der Regel eher jüngeren Datums und führten weniger Bezugsgruppen an. Sie wirkten oftmals künstlich – so als seien sie das Produkt einer einzigen Person oder einer einzigen Konferenz und als spiegelten sie nicht die tatsächlichen Prioritäten der Manager wider. Die Manager in den leistungsschwächeren Unternehmen schienen sich mehr für ihre eigene Karriere, ihr Ansehen oder bestimmte Produkte und Technologien zu interessieren.

Erneut ließen sich bei den leistungsstärkeren Unternehmen viel leichter Beweise ihrer Anpassungsfähigkeit beziehungsweise sinnvoller Veränderungen finden – vor allem in Bereichen, wo das geschäftliche Umfeld am turbulentesten war. Obwohl Albertsons zum Beispiel nicht von Technikern gegründet worden war und im höheren Management auch nur wenige Techniker beschäftigte, hatte sich das Unternehmen hervorragend an den Wandel der Computertechnologie angepaßt – ein Schluß, der nicht nur durch die modernen Kassensysteme in den Supermärkten untermauert wurde, sondern auch durch den wöchentlichen Computerausdruck, den wir fast alle leitenden Angestellten tatsächlich *benutzen* sahen. Bei Winn-Dixie sah die Situation anders aus. Bei ConAgra benutzten die Führungskräfte regelmäßig (und öfter als bei Archer Daniels Midland) die in ihren Büros aufgestellten Personalcomputer.

Die erfolgreiche Anpassung an den Wandel der Computertechnologie war in der Erfolgsgeschichte von American Airlines lediglich ein Aspekt. Mit dem dramatischen Wandel ihrer Branche konfrontiert, nahm American zu Beginn der achtziger Jahre buchstäblich Hunderte von Veränderungen vor: Das Unternehmen

senkte Kosten, gründete Hubs (Luftdrehkreuze), veränderte Flug-
routen, formulierte Arbeitsverträge um, legte eine ganze Flotte
von Boeing 707 still, führte Vielfliegerprogramme ein, automati-
sierte Verfahrensabläufe und legte Funktionsbereiche und Be-
triebsstätten zusammen (alles sehr viel sinnvollere Veränderungen
als die, die im gleichen Zeitraum bei Northwest vorgenommen
wurden). Um die Wettbewerber auszustechen, die Produkte für
segmentierte Kundengruppen anzubieten begannen, erhöhten
die Manager von Anheuser-Busch die Zahl der verschiedenen
Biersorten, die sie in den achtziger Jahren verkauften, auf mehr
als das Dreifache (man stellte sich meist rascher und erfolgreicher
um als der Konkurrent Coors).

Es erwies sich als schwieriger, hier eindeutige Beweise für die
Kausalität zu finden: *Aus* einer Kultur, die Führung fördert und
allen Bezugsgruppen einen hohen Stellenwert beimißt, *folgt* eine
hohe Anpassungsfähigkeit. Doch gibt es zweifellos Beweise dafür,
sie sind nur nicht so leicht erkennbar. Das Unternehmen Hewlett-
Packard, auf das wir im nächsten Kapitel ausführlich eingehen, ist
vielleicht das deutlichste Beispiel. Im allgemeinen aber scheint
der Zusammenhang folgender zu sein: Wenn Manager ihren
wichtigsten Bezugsgruppen einen hohen Stellenwert einräumen,
dann widmen sie ihnen große Aufmerksamkeit. Ändert sich nun
etwas im Umfeld des Unternehmens - etwa die Wettbewerbsintensität -, dann erkennen die Manager diesen Trend sehr schnell.
Sind sie zudem von der Bedeutung guter Führung auf allen hierarchischen Ebenen überzeugt, setzen sie diese Führung ein, um ihre
Kosten zu verringern, ihre Produkte zu verbessern oder das zu tun,
was sonst in der gegebenen Situation angemessen ist. Wenn
Veränderungen an den Strategien und Praktiken eines Unternehmens - seien diese auch in der Kultur verwurzelt - erforderlich
sind, um sie an neue Umfeldbedingungen anzupassen, dann werden diese Initiativen so lange fortgesetzt, bis die kulturellen Veränderungen eingetreten sind. Auf diese Weise tragen die Manager
dazu bei, die Übereinstimmung zwischen Kultur und Umfeld
aufrechtzuerhalten (siehe Schaubild 4.4).

Wenn Manager sich nicht um alle drei Hauptbezugsgruppen und

Schaubild 4.4: Wie anpassungsfähige Kulturen funktionieren

Der Kontext

Verschärfter Wettbewerb um Kunden, Arbeitskräfte oder Investoren (oder andere Umfeldveränderungen, die die Fähigkeit eines Unternehmens beeinträchtigen, den Interessen dieser Gruppen gerecht zu werden)

Erfolg erfordert einen oder mehrere der folgenden Punkte:
- Kostensenkungen
- Entwicklung hochwertigerer oder innovativerer Produkte/Dienstleistungen
- Attraktivere Gestaltung von Löhnen/Gehältern und Arbeitsbedingungen
- Erhöhung der Dividenden oder sonstiger Renditeformen für Finanziers

↑

Trotz Umfeldveränderungen
weiterhin sehr gute Übereinstimmung

↓

Die Kultur

Gemeinsame Werte

Hoher Stellenwert von Bezugsgruppen und guter Führung auf allen hierarchischen Ebenen

Vorherrschende Verhaltensweisen/Praktiken

Da sich die Manager auf externe Bezugsgruppen und deren Bedürfnisse konzentrieren, erkennen sie rasch Veränderungen der Wettbewerbslage. Da sie der Führung einen hohen Wert beimessen, sind sie bereit und imstande, neue Strategien zu entwickeln, um weiterhin Kunden, Aktionäre und Mitarbeiter zufriedenzustellen, und diese Strategien umzusetzen, auch wenn dazu Änderungen kulturell verwurzelter Verhaltensweisen erforderlich sind.

um Führungsinitiativen auf allen hierarchischen Ebenen bemühen, führt dies anscheinend immer zu Fehlanpassungen. Das ist vielleicht am offenkundigsten, wenn es an einer starken Kundenorientierung und/oder Führung fehlt. Aber es gilt auch für ein Unternehmen mit starker Kundenorientierung, aber geringem Interesse an Mitarbeitern und Aktionären. In derartigen Fällen geben sich die Manager große Mühe, die sich wandelnden Bedürfnisse der Kunden zu befriedigen, auch wenn das mit einer erheblichen Verminderung der Gewinnspannen und mit längeren Arbeitszeiten für die Mitarbeiter einhergeht. Mitunter funktioniert diese Strategie eine Zeitlang ganz gut, aber irgendwann ist nicht mehr genügend Kapital vorhanden, um in dringend erforderliche neue Produkte oder Dienstleistungen zu investieren. Außerdem verbreitet sich unter den Mitarbeitern das Gefühl, ausgebeutet zu werden, so daß die Arbeitsmotivation nachläßt. Die Folge ist, daß es solchen Unternehmen zunehmend schwerer fällt, die sich wandelnden Ansprüche der Kunden zu befriedigen.

Diese Studie wirft eine wichtige Frage auf: Wie haben unsere zwölf leistungsstärkeren Unternehmen ihre relativ anpassungsfähigen Kulturen entwickelt und aufrechterhalten? Eine detaillierte Beantwortung dieser Frage geht über den Rahmen unserer Forschungen hinaus, doch bei unseren Besuchen der leistungsstärkeren Unternehmen stellten wir gewisse Gemeinsamkeiten fest, die uns ein gewisses Verständnis dieses Problems lieferten.

Die anpassungsfähigen Kulturen dieser Unternehmen verdanken ihre Entstehung anscheinend alle einer kleinen Zahl von Personen, oftmals auch nur einer Person: Adolphus Busch bei Anheuser-Busch, C. R Smith bei American Airlines, Sam Walton bei Wal-Mart, Marion and Herb Sandler bei Golden West, Charlie Sanford bei Bankers Trust, Don Kendall (und möglicherweise Andy Pearson) bei PepsiCo, Bill Hewlett und Dave Packard bei Hewlett-Packard, Mike Harper bei ConAgra, Joe Albertson bei Albertsons, den Daytons bei Dayton Hudson und Elliot Springs bei Springs Industries. Diese Personen und ihre Führungsteams entwickelten Strategien, die mit dem geschäftlichen Umfeld, in dem sie tätig waren, in Einklang standen, die erfolgreich waren und daher zum festen Bestandteil ihrer Unternehmenskulturen wurden.

Doch das gleiche gilt für die meisten, wenn nicht alle der leistungsschwächeren Unternehmen. Was die beiden Gruppen unterscheidet, ist dies: Bei den leistungsstärkeren Unternehmen brachten die Unternehmensgründer ihre Manager dazu, eine zeitlose Philosophie oder einen Wertekanon mitzutragen, der die Befriedigung der Bezugsgruppenbedürfnisse und Führung oder einen anderen Motor des Wandels betonte – Werte, die Zyniker mit »Mutterschaft« vergleichen würden, die jedoch sehr wirkungsvoll sein können, wenn man sich daran hält. Diese Persönlichkeiten und ihre Nachfolger verewigten dann den anpassungsfähigen Teil ihrer Kulturen – den Werte-Philosophie-Teil, der sich auf Bezugsgruppen und Führung bezog –, weil sie daran arbeiteten.

In den meisten Fällen war diese Erhaltung der Kultur ein bewußter und überlegter Akt. Warren McCann, der CEO von Albertsons, bezeichnet sich selbst als den »Hüter der Unternehmenskultur«. John Young, der CEO von Hewlett-Packard, sagte uns, daß er eine wichtige Rolle bei der »Bewahrung der Grundwerte des Unternehmens« spiele. Und Ken Macke, der CEO von Dayton Hudson, erzählte uns, er verbrächte 40 Prozent seiner Zeit damit, andere auszubilden, und die Kultur nähme auf dem Lehrplan eine Schlüsselstellung ein.

Die Führungskräfte der leistungsstärkeren Unternehmen unterstützten die Bewahrung anpassungsfördernder Werte, indem sie darüber redeten und schrieben. August Busch, der gegenwärtige CEO von Anheuser-Busch, nimmt sich die Zeit, Reden vor Mitarbeitergruppen zu halten, in deren Verlauf jeder der 32 000 Arbeitskräfte Fragen stellen kann, und dies mindestens einmal pro Jahr. Viele ehemalige oder gegenwärtige CEOs der zwölf leistungsstärkeren Unternehmen haben gemeinsam mit ihren Managern Grundwertekataloge erarbeitet, veröffentlicht und in ihren Untenehmen verbreitet. Die meisten haben sich auch symbolischer Kommunikationsmittel bedient: So hat etwa der CEO Walter Elisha eine Serie großer Skulpturen in Auftrag gegeben, die die Grundwerte von Springs Industries veranschaulichen sollen. Bob

Crandall und seine Mitarbeiter bei American Airlines haben bei der Gestaltung der Eingangshalle der neuen Hauptverwaltung in Dallas ähnliche Ziele verfolgt. Die Architektur schreit es förmlich heraus: »Wir legen großen Wert auf guten Kundendienst (in der Eingangshalle befindet sich ein Flugschalter), wir halten unsere Kosten niedrig (statt einer Empfangsdame gibt es ein Telefon), und wir streben nach Globalisierung« (an der Wand befindet sich eine riesige Weltkarte markiert mit den Städten, die gegenwärtig von American angeflogen werden).

Diesen Leuten ist es gelungen, die Anpassungsfähigkeit ihrer Kulturen zu erhalten, indem sie ihr Verhalten an diesen Werten ausrichteten. Die meisten von ihnen, etwa die CEOs Mike Harper von ConAgra oder Marion Sandler von Golden West, sind die lebendige Verkörperung der Grundwerte ihrer Unternehmen. Selbst in Krisensituationen sind sie nur selten in die kulturzerstörende Falle getappt, das eine zu sagen, aber etwas anderes zu tun.

Diese Führungskräfte haben Mitarbeiter eingestellt und befördert, deren Wertvorstellungen mit den Grundwerten der jeweiligen Kulturen in Einklang stehen. Sie haben keine blinde Anpassung an ihre persönlichen Philosophien verlangt; im Gegenteil, viele haben bewußt die personelle Vielfalt auf den verschiedenen Führungsebenen gefördert. Wenn jedoch ein Mitarbeiter eindeutig gegen einen kulturellen Grundwert verstieß (zum Beispiel die Führungsstrategie nicht unterstützte), dann verhängten sie schwerwiegende Sanktionen gegen diese Person, und zwar auch dann, wenn er oder sie nach quantitativen Maßstäben gute Leistungen erbrachte.[8]

Als die Unternehmen größer wurden und formelle Systeme einführten, sorgten diese Führungskräfte dafür, daß die Systeme anpassungsfördernde Werte verstärkten. Sie machten meistens schnell ein vorgeschlagenes Vergütungssystem oder ein Leistungsbewertungsverfahren ausfindig, das mit der Grundphilosophie des Unternehmens nicht vereinbar war. Sie achteten vor allem darauf, daß es nicht zu ungewollten Veränderungen des kulturellen Kerns kam, gleichgültig, was die Ursache dafür sein mochte. Auf diese Weise unterbanden oder revidierten sie Trends zu schleichender Selbstgefälligkeit oder Isolation, die leicht mit großem Erfolg einhergehen.

Obleich sich ihre Unternehmen in stetem Wandel befanden – da ständig neue (potentiell egoistische) Mitarbeiter eingestellt und befördert wurden –, führten alle diese Bemühungen dazu, daß der anpassungsfähige Kern ihrer jeweiligen Kulturen erhalten blieb. Und auf diese Weise förderte ihre Führung in kultureller Hinsicht den langfristigen Unternehmenserfolg (siehe Schaubild 4.5).

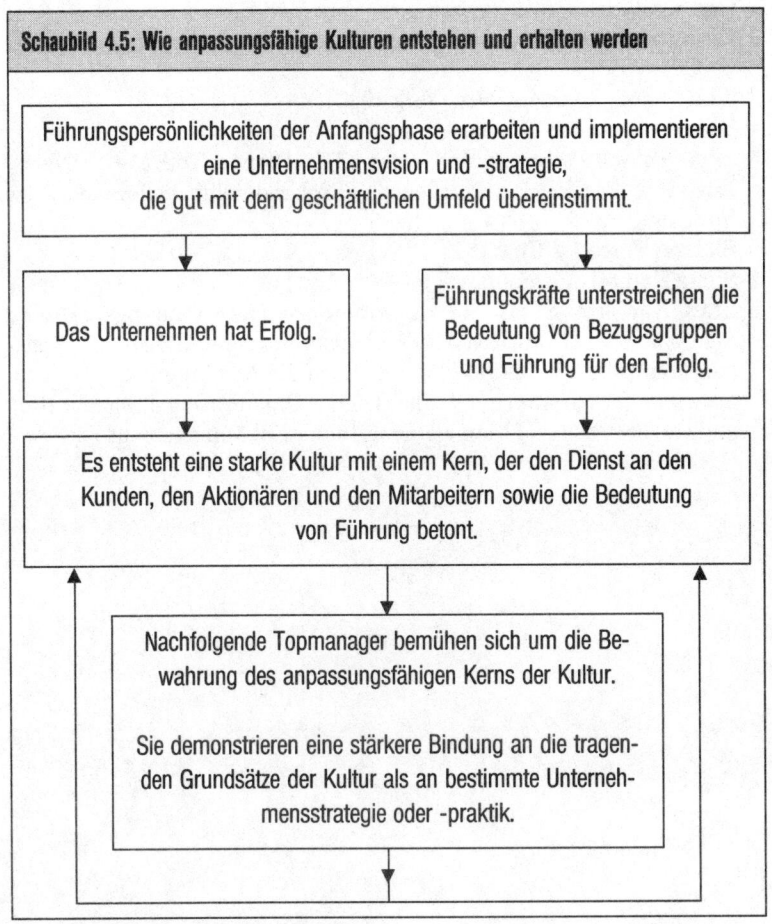

Schaubild 4.5: Wie anpassungsfähige Kulturen entstehen und erhalten werden

Führungspersönlichkeiten der Anfangsphase erarbeiten und implementieren eine Unternehmensvision und -strategie, die gut mit dem geschäftlichen Umfeld übereinstimmt.

Das Unternehmen hat Erfolg.

Führungskräfte unterstreichen die Bedeutung von Bezugsgruppen und Führung für den Erfolg.

Es entsteht eine starke Kultur mit einem Kern, der den Dienst an den Kunden, den Aktionären und den Mitarbeitern sowie die Bedeutung von Führung betont.

Nachfolgende Topmanager bemühen sich um die Bewahrung des anpassungsfähigen Kerns der Kultur.

Sie demonstrieren eine stärkere Bindung an die tragenden Grundsätze der Kultur als an bestimmte Unternehmensstrategie oder -praktik.

Anmerkungen

1 Dieser Ansatz ist aus vielen verschiedenen Vorläufermodellen her-
   vorgegangen. Theorie III ist eng verknüpft mit der Literatur über
   »Organisationsentwicklung« (zum Beispiel Richard Beckhard: Organization Development, Reading 1969; Michaels Beer: Organization
   Change and Development, Glenview 1980). Sie steht auch in engem
   Zusammenhang zu Arbeiten, die an der University of Michigan entstanden sind (siehe Rensis Likert: The Human Organization, New
   York 1967; aus jüngerer Zeit: Daniel Denison: Corporate Culture and
   Organizational Effectiveness, New York 1990).
2 Kilmann/Saxton/Serpa: Gaining Control of the Corporate Culture,
   S. 356
3 The Change Masters, New York 1983
4 Siehe A Force for Change
5 Siehe Peters/Waterman: In Search of Excellence; Tom Peters/Nancy
   Austin: A Passion for Excellence, The Leadership Difference, New
   York 1985
6 Siehe A Force for Change
7 Siehe Kapitel 3, Anmerkung 9
8 Statt Konformität zu fördern, ermuntern diese Führungskräfte zu
   dem, was Schein »kreativen Individualismus« genannt hat – die Befolgung zentraler Werte und Normen, doch die Ablehnung darüber hin-
   ausgehender Regelungen. Siehe Schein: Organizational Socialization
   and the Profession of Management, Industrial Management Review 9
   (1968), S. 1–15

5. Der Fall Hewlett-Packard

Obgleich keine der drei Theorien über den Zusammenhang zwischen Unternehmenskultur und Unternehmenserfolg gänzlich befriedigt, so liefern doch alle wertvolle Aufschlüsse über die Gründe, weshalb manche Firmen bessere Ergebnisse erzielen als andere. Das Modell der starken Kulturen (Theorie I) macht die Rolle deutlich, die Normen und Werte bei der Ausrichtung, Motivation und Kontrolle einer Gruppe von Personen spielen können – Aufgaben, die in Großunternehmen außerordentlich schwierig sein können. Das Modell der strategisch angemessenen Kulturen (Theorie II) betont die Bedeutung von Praktiken, die auf die konkreten Bedingungen, unter denen eine Kultur arbeitet, zugeschnitten sind. Das Anpassungsmodell (Theorie III) unterstreicht die besonderen Werte und Verhaltensweisen, die einem Unternehmen und seiner Kultur dabei helfen können, sich an Wandel anzupassen.

Obwohl diese Theorien meist als Alternativen diskutiert werden, stehen sie an sich nicht im Widerspruch zueinander. Tatsächlich deuten unsere Untersuchungen darauf hin, daß ein Modell, das alle drei Theorien kombiniert, leistungsfähiger ist als irgendeine von ihnen allein.

Dieser neue Ansatz ist in Schaubild 5.1 dargestellt. Er besagt, daß eine Unternehmenskultur den langfristigen Unternehmenserfolg verbessert, wenn die Manager ihren Kunden, Aktionären und Mitarbeitern sowie Führung und anderen Verfahren, die Wandel bewirken können, einen hohen Stellenwert einräumen. Ausgehend von diesem Wertesystem, werden Manager ihren Bezugsgruppen große Beachtung schenken und dann Strategien erarbeiten und umsetzen, die deren Bedürfnissen gerecht werden. Zufriedene Mitarbeiter werden dazu angehalten und ermuntert,

Gemeinsame Wertebasis der Manager

Fast alle Manager kümmern sich intensiv um die Bezugsgruppen des Unternehmens – Kunden, Mitarbeiter, Aktionäre, Lieferanten und so weiter. Außerdem messen sie Führung (Leadership) oder anderen Verfahren, die Wandel bewirken können, einen hohen Stellenwert bei.

Verhaltensnormen der Manager

Manager verfolgen Praktiken, die einer vernünftigen, auf das geschäftliche Umfeld (zum Beispiel auf Bedürfnisse und Erwartungen der Hauptbezugsgruppen) zugeschnittenen Strategie entsprechen. Wenn nötig, übernehmen sie Führungsverantwortung, um neue Strategien und Praktiken zu entwickeln und umzusetzen, die eine gute Umfeldanpassung gewährleisten. Außerdem suchen, schulen und befördern sie Personen, die sich ähnlich verhalten wie sie und (was vielleicht wichtiger ist) ihre Grundwerte teilen.

Produkte (und Dienstleistungen) herzustellen, die die Kunden wirklich wollen, und dabei umsichtig mit den finanziellen Ressourcen umzugehen. Diese Maßnahmen fördern das Wachstum des Unternehmens und erhöhen zugleich die Gewinnspannen oder halten sie auf hohem Niveau. Die hohen Gewinnspannen wiederum erhöhen den Jahresüberschuß, den Marktwert sowie die Kapitalrendite (ROI).

Die Werte einer solchen Kultur mögen manchem alltäglich erscheinen, doch sind sie heutzutage keineswegs die Regel. In den meisten Unternehmen kümmern sich die Manager nicht gleich intensiv um die Belange von Kunden *und* Aktionären *und* Mitarbeitern.[1] Vielleicht messen sie einer oder auch zweien ihrer Bezugsgruppen einen hohen Stellenwert bei, nicht aber allen dreien. Noch wahrscheinlicher aber ist, daß man ihnen beigebracht hat, sich stärker um ihr eigenes Arbeitsgebiet (Buchhaltung, Technik und so weiter), um ihre Abteilung, um bestimmte Produkte oder einfach um sich selbst zu kümmern. Auch halten die meisten Manager heutzutage nichts von echter Führung auf den verschiedenen hierarchischen Ebenen eines Unternehmens. Vielen von ihnen wurde sogar beigebracht, daß Führungsinitiativen auf mehreren Ebenen unweigerlich ins Chaos führen.

Hewlett-Packard ist ein gutes Beispiel für ein Unternehmen, das diese neue Theorie verkörpert. Nach Einschätzung der von uns befragten Analysten war das Anpassungsvermögen der Kultur von HP typisch für unsere zwölf leistungsstärkeren Unternehmen. Addiert man die Punktwerte auf der Bezugsgruppen- und Führungsskala, nimmt HP in der Zwölfergruppe den sechsten Rang ein. Dieses Anpassungsvermögen wurde in den siebziger und achtziger Jahren einer schweren Prüfung unterzogen. In diesem Zeitraum veränderte sich die Lage von HP ganz erheblich, was zu einer ganzen Reihe von erfolgsmindernden Inkongruenzen (beziehungsweise potentiellen Inkongruenzen) zwischen der Unternehmenskultur und dem Umfeld der Firma führte. Doch trotz der Stärke seiner Kultur (die auf einer Skala von 1 = hoch bis 5 = niedrig mit 1,9 bewertet wurde) gelang es HP, sich so gut anzupassen, daß sein Erfolg weiterhin sehr gut bis hervorragend blieb. Der Schlüssel zu dieser erfolgreichen Anpassung liegt in der Grundphilosophie und den Grundwerten von HP.

Hewlett-Packard wurde 1939 als Personengesellschaft von zwei Elektroingenieuren der Stanford University – Bill Hewlett und Dave Packard – gegründet, die von einer gemieteten Garage im kalifornischen Palo Alto aus arbeiteten.[2] Ihr erstes Produkt war ein Tonfrequenzgenerator, der eine höhere Leistung zu einem niedrigeren Preis erbrachte als Konkurrenzprodukte. Nachfolgende Produkte entsprachen der gleichen Strategie: hochwertige, innovative elektronische Geräte für wissenschaftliche und technische Märkte. 1942, HP hatte sechzig Mitarbeiter, errichtete man ein Verwaltungsgebäude mit einer Fläche von knapp 1000 Quadratmetern. 1943 erreichten die Umsatzerlöse fast die Millionen-

Dollar-Grenze. 1947 wurde aufgrund des raschen Wachstums ein zweiter Neubau erforderlich, und am Ende des Jahrzehnts führte das Unternehmen jährlich zwanzig neue Produkte ein. 1955 überstieg der Umsatz die 15-Millionen-Dollar-Grenze und 1960 die von 60 Millionen.

In den ersten Jahren erarbeiteten Hewlett, Packard und ihre Mitarbeiter eine Unternehmensphilosophie und einen Geschäftsstil, der später als »der HP-Stil« bekannt wurde. Aus vielfältigen Gründen wurde diese Philosophie in eine sehr starke und wirkungsmächtige Kultur eingebettet: einmal weil Hewlett und Packard von Anfang an manche Grundwerte teilten, aber auch weil sie gleichgesinnte Mitarbeiter einstellten und beförderten, weil ihr Geschäftserfolg ihre Unternehmensstrategien und ihren Geschäftsstil bestätigte und weil sie ihren Mitarbeitern mit Nachdruck Schlüsselaspekte des HP-Stils vermittelten, wie dies zum Beispiel 1957 mit ihrer Verlautbarung der »Unternehmensziele« geschah.

Wie die meisten starken Kulturen war auch dieser »HP-Stil« vielschichtig und nicht leicht zu beschreiben. Was die Grundwerte anlangt, so betonte er den ehrlichen und gerechten Einsatz für die Interessen aller Bezugsgruppen des Unternehmens. Der HP-Stil bedeutete, daß das Unternehmen seinen Erfolg mit seinen Mitarbeitern teilte, deren individuelle Leistungen anerkannte, ihnen Möglichkeiten zur Verbesserung ihrer Qualifikationen und Fertigkeiten anbot und ihnen stets Vertrauen und Achtung entgegenbrachte. Der HP-Stil bedeutete, daß das Unternehmen seinen Kunden hochwertigste – meistens einzigartige oder technisch überlegene – Produkte und Dienstleistungen anbot und ernsthaft an erfolgreichen Lösungen für Kundenprobleme arbeitete. Der HP-Stil besagte des weiteren, daß man den Interessen der Anteilseigner des Unternehmens dadurch dienen wollte, daß man der Gewinnerzielung hohe Priorität einräumte und sich nicht in Geschäftsfeldern engagierte, wo man keinen nachhaltigen Gewinn erzielen konnte. Auf die Gesellschaft im allgemeinen bezogen, bedeutete der HP-Stil, daß man ein »wertvolles Mitglied der Gesellschaft« sein wollte.

Die Grundwerte von HP forderten außerdem ein selbstfinanziertes Wachstum (also ohne langfristige Verschuldung), Initiative, Kreativität und Manager, die im ganzen Unternehmen Enthusiasmus und Zusammenarbeit verbreiteten.

Zu den spezifischeren Praktiken des HP-Stils gehörten das Management by Wandering Around (Führung durch laufende Inspektionen vor Ort), informelles kollegiales Verhalten, eine Form des Management by Objectives, die Vermeidung von Entlassungen, Innovationen in kleinen Schritten, die Minimierung von Akquisitionen und der Verzicht auf den »Einkauf« von Marktanteilen. Der HP-Stil verpflichtete die Manager zudem, eine Großraumbürostruktur, voll integrierte und autonome Betriebseinheiten, ein Minimum an Bürokratie und ein angenehmes Arbeitsumfeld zu schaffen.

Diese Werte und Praktiken brachten die Mitarbeiter dazu, sich so zu verhalten, wie es dem geschäftlichen Umfeld von HP entsprach, und motivierten sie dadurch zu hervorragenden Leistungen. Die halfen dem Unternehmen dann, noch mehr Mitarbeiter anzuziehen, einen größer werdenden Kreis von Kunden zufriedenzustellen, viel Geld zu verdienen und zu expandieren.

Die Leistung von HP in den fünfziger und sechziger Jahren war nach sämtlichen aussagekräftigen Maßstäben hervorragend. So stieg der Jahresüberschuß in diesem Zeitraum um das 107fache. Der Marktwert des Unternehmens erhöhte sich zwischen 1957 und 1967 um das 5,6fache. Der ROI betrug im Durchschnitt über 15 Prozent. Obgleich viele Faktoren zu diesem Ergebnis beitrugen, waren Bill Hewlett und Dave Packard überzeugt, daß die Kultur von HP der wichtigste Faktor von allen war. Die höheren Führungskräfte stimmten dem zu; viele schätzten die Kultur und waren der Ansicht, sie sollte um jeden Preis erhalten werden. Und sich niemals ändern.

Das geschäftliche Umfeld, in dem Hewlett-Packard tätig war, veränderte sich ständig. Doch in den siebziger und achtziger Jahren kam es zu Veränderungen, die tiefgreifender waren als jemals zuvor in der Firmengeschichte. Das Unternehmen verlagerte seinen strategischen Schwerpunkt von elektronischen Geräten auf Computer, auf die 1990 zwei Drittel des Umsatzes entfielen. An die Stelle von unabhängigen Einzelprodukten traten modulare Systeme mit vernetzten Komponenten. Das Unternehmen begab sich in einen viel härter umkämpften Markt. Dabei wurde ein mittelgroßes Unternehmen zu einem großen Konzern, der 1989 einen Umsatz von nahezu 12 Milliarden Dollar machte. Noch dazu zogen sich die Unternehmensgründer in den Board of Directors zurück und übergaben das Ruder an ein neues Führungsteam. Jede Veränderung ging mit ein paar kulturellen Umgestaltungen einher. Für sich allein betrachtet, schienen die meisten dieser Umgestaltungen nicht bedeutsam zu sein. Zusammengenommen aber führten sie zu einem tiefgreifenden Wandel, vor allem wenn man die allgemeine Tendenz einer starken Kultur bedenkt, sich Veränderungen zu widersetzen.

Im Geschäftsbereich Computer entstand eine neue Subkultur, die kleinen, selbständigen Untereinheiten keinen hohen Stellenwert beimaß. In dieser Subkultur wurde die Strategie auf höheren Ebenen festgelegt. Manche Geschäftsfunktionen wurden nicht in die Sparten eingegliedert. Draufgängerische Unternehmertypen standen weniger hoch im Kurs. Verwaltungsfunktionen wurden mitunter sehr viel stärker zusammengelegt. Das Marketing gewann an Gewicht, vor allem gegenüber der Forschung und Entwicklung. Es wurden andere Vertriebskanäle benutzt als der traditionelle Verkaufsaußendienst von HP. In den Augen mancher Beobachter war HP allein aufgrund dieser Veränderungen 1990 ein ganz anderes Unternehmen als 1975. Doch diese mit dem Computergeschäft verbundenen Veränderungen machten lediglich einen Teil des Gesamtbilds aus.

Infolge des sich verschärfenden Wettbewerbs wurde in den meisten Teilen des Unternehmens ein noch höherer Qualitätsstandard die Norm. Es entstand eine Vielzahl weniger paternalistischer (»von der Wiege bis zur Bahre bei HP«) Beschäftigungsmodelle: 1986 bot HP erstmals eine Vorruhestandsregelung an, und 1989, nach der Übernahme von Apollo Computer, verringerte man dort dreimal den Personalbestand.

Je mehr das Unternehmen wuchs, um so mehr tolerierte die Kultur von HP Spezialisierung. Die Risikobereitschaft sank; es wurde selten, daß man sich »richtig auf den Hosenboden setzte«. Eine Zeitlang wurde das Unternehmen bürokratisch, mit viel weniger Management by Walking Around und dem intensiven Einsatz von Ausschüssen. 1990 wurde dieser Trend umgekehrt. Als die Firmengründer abtraten, bildete sich ein »professioneller Führungsstil« heraus, der zwar etwas weniger auffällig und wirksam war, dafür aber mehr auf Entscheidungsfindung im Konsens basierte.

Nur wenige dieser Veränderungen kamen leicht zustande. In der Regel wurde die bloße Möglichkeit einer alternativen Vorgehensweise mit Protesten quittiert wie: »Nein, das entspricht nicht dem HP-Stil.« In manchen Fällen waren die Auseinandersetzungen heftig. Selbst heutzutage sind viele höhere Mitarbeiter über die eingetretenen Veränderungen noch immer nicht glücklich.

Man könnte argumentieren – wie es langjährige Kundendienstmitarbeiter tun –, daß diese Veränderungen nicht alle zum Besten waren. Doch ist die neue Kultur ganz überwiegend die logische Antwort auf ein Umfeld mit neuen Bedingungen (siehe Schaubild 5.2). Sie mag nicht völlig mit dem aktuellen geschäftlichen Umfeld von HP in Einklang stehen – so die Meinung der von uns befragten Analysten –, aber sie paßt zweifellos recht gut zur neuen Situation und ist in dieser Hinsicht der alten Kultur überlegen.

Warum aber hat sich die alte Kultur dem Wandel nicht stärker widersetzt? Wieso haben nicht jene Kräfte die Oberhand gewonnen, die sich gegen die Abschaffung der alten Praktiken von HP aussprachen? Als wir dem Finanzvorstand von HP, George Newman, diese Fragen stellten, anwortete er:

»Meiner Ansicht nach hing dies vor allem mit den Zielsetzungen zusammen, die Hewlett und Packard vor vielen Jahren zum Fundament der Kultur machten. Diese Zielsetzungen waren nicht sonderlich präzise. Vielmehr enthielten sie eine mehr allgemeine Philosophie über die Voraussetzungen des Erfolgs – eine zeitlose Philosophie, die die Bedeutung von Gewinn, zufriedenen Kunden, einem guten Arbeitsumfeld für die Mitarbeiter und so weiter

Schaubild 5.2: Wandel bei Hewlett-Packard

Das geschäftliche Umfeld von HP	*Die Kultur von HP*
Umstellung von überwiegend elektronischen Geräten auf überwiegend Computerprodukte (mit begleitenden Veränderungen bei Größe und Integration der Produkte, Zahl der Konkurrenten, Art der Kunden etc.). Entwicklung von einem mittleren zu einem großen Unternehmen. Austausch unternehmerischer Topmanager gegen ein »professionelleres« Management. Allgemeiner Trend zu einem härteren, wettbewerbsintensiveren geschäftlichen Umfeld.	Allgemeine Verhaltensweisen ● Es entstehen weniger kleine und selbständige Untereinheiten. ● Strategie wird auf höheren Ebenen festgelegt. ● Andere Vertriebskanäle als der traditionelle Verkaufsaußendienst von HP. ● Verstärkte Qualitätsanstrengungen (zur Befriedigung von Kundenbedürfnissen). ● Weniger paternalistische Beschäftigungspolitik. ● Einvernehmlichere Entscheidungsfindung an der Unternehmensspitze. ● Einsatz spezialisierterer und bürokratischerer Strukturen. *Gemeinsame Werte* ● Draufgängerische Unternehmertypen sind weniger gefragt. ● Allgemein weniger Veränderungen als bei den verhaltensbezogenen Aspekten der Kultur.

darlegt. Ich glaube, daß unsere gemeinsame Bindung an diese Prinzipien dazu beigetragen hat, daß wir uns sehr viel erfolgreicher an eine sich wandelnde Welt angepaßt haben als Firmen, deren Grundwertekatalog Forderungen wie ›ein AA-Bond-Rating aufrechterhalten‹ enthält.

Ich glaube, diese Verpflichtung trägt auch dazu bei, daß unsere Kultur die Mitarbeiter ermuntert, am Ball zu bleiben. Sie trägt dazu bei, daß wir von Zeit zu Zeit etwas grundlegend Neues entwickeln, und verhindert so, daß wir uns allzusehr in ausgefahrenen Gleisen bewegen.«[3]

Ned Barnholt, General Manager der Gruppe Elektronische Instrumente bei HP, beantwortet die gleichen Fragen folgendermaßen:

»Unsere Kultur hat unter anderem Innovation und Unternehmertum in den Vordergrund gestellt, und das hat zweifellos dazu beigetragen, daß wir uns viele Jahre hindurch unsere Anpassungsfähigkeit erhalten haben. Unsere Kultur forderte auch eine starke Nähe zu den Kunden, um deren Bedürfnisse adäquat befriedigen zu können; auch das hat unsere Anpassungsfähigkeit verstärkt. Lassen Sie mich Ihnen ein Beisiel geben. Die ursprüngliche Kultur von HP war eine Kultur der internen Beförderungen. Wir änderten diese Praxis ein wenig, als wir ins Computergeschäft einstiegen. Weshalb? Um im Computergeschäft Erfolg zu haben (und unsere Grundsätze verlangen, daß wir uns nicht in Geschäftszweigen engagieren, wo wir keinen Erfolg haben und hohe Gewinne einstreichen können) und die Bedürfnisse der Kunden zu befriedigen, brauchen wir Mitarbeiter, die mit dieser Branche und den Kunden dieser Branche vertraut sind. Da wir bei HP jedoch nicht über genügend qualifizierte Manager verfügten, mußten wir uns außerhalb des Unternehmens nach fähigen Leuten umsehen. Auch wenn nicht jeder über diese Entscheidung glücklich war, so erkannten doch die meisten von uns, daß sie die einzig richtige war.«[4]

Als Reaktion auf einige der internen Auseinandersetzungen um kulturelle Veränderungen bei HP forderte der CEO John Young 1987 die Einrichtung einer Projektgruppe zur Überprüfung des HP-Stils. Die Projektgruppe befragte Manager und Mitarbeiter. Sie erarbeitete schließlich Materialien, die den Managern helfen sollten, mit Mitarbeitern, vor allem mit Neulingen, über den HP-Stil zu sprechen. Diese Materialien differenzieren zwischen drei Aspekten der Kultur: den Grundwerten des Unternehmens, den

Unternehmenszielen sowie den Strategien und Verfahrensweisen. Projektleiterin Lisa Shupp erklärt:

»Es erschien uns sinnvoll, einen Unterschied zu machen zwischen jenen Aspekten der Kultur, die grundlegender und änderungsresistenter sind, und den Aspekten, die weniger grundlegend und somit änderungsanfälliger sind. Wenn man sich unsere Firmengeschichte anschaut, stellt man fest, daß sich unsere Grundwerte im Verlauf der Zeit kaum geändert haben. Auch unsere Unternehmensziele haben sich pro Jahrzehnt nur geringfügig verändert. Schaut man sich hingegen die konkreten Strategien und Praktiken an, findet man ganz erhebliche Veränderungen. Diese kommen nicht unbedingt mühelos zustande, doch wenn die Umstände es erfordern, werden sie durchgeführt.«[5]

CEO John Young macht die Bedeutung des Projekts von 1987 noch plastischer:

»Wir verstrickten uns zunehmend in langwierige Diskussionen über Dinge, die manche als wichtig für unsere Kultur, den HP-Stil, erachteten. Erst als wir uns zusammensetzten, um unsere Grundwerte ausfindig zu machen, stellte sich heraus, daß zum Beispiel das Firmenpicknick nur ein Mittel zur Verstärkung der Grundwerte war, die ebensogut oder besser auf andere Weise gefördert werden konnten. Dieses Projekt hat dazu beigetragen, die Luft zu reinigen, so daß wir die erforderlichen Veränderungen an den Strategien und Praktiken vornehmen konnten, solange diese noch die Grundwerte des Unternehmens widerspiegelten.«[6]

Was diese Führungskräfte sagen, ist folgendes: Als sich wichtige Aspekte des geschäftlichen Umfeldes von HP änderten, änderten sich auch Teile der Kultur von HP, um eine Mindestübereinstimmung aufrechtzuerhalten. Diese Änderungen verdanken sich den grundlegenderen (stabileren und unspezifischeren) Aspekten der Kultur. Dieser Kernbestand von Werten und Verhaltensweisen veranlaßt die Mitarbeiter dazu, die zentralen Bezugsgruppen des Unternehmens im Auge zu behalten, und fördert jene Art von Initiative und Führung, die Wandel bewirken kann. Dies führt dazu, daß bei einer Veränderung der Bedürfnisse der Bezugsgruppen (Kunden, Mitarbeiter, Eigentümer und andere) oder beim

Eintritt eines Ereignisses, das die Fähigkeit des Unternehmens beeinträchtigt, diese Bedürfnisse weiterhin zu befriedigen, Führungsinitiativen zur Anpassung der Strategien und Praktiken an die neuen Umfeldgegebenheiten in Gang gesetzt werden. Gehen diese Initiativen von mittleren oder unteren hierarchischen Ebenen des Untenehmens aus, werden sie meist von höherrangigen Managern unterstützt, weil diese die Werte teilen, die die Initiativen ursprünglich auslösten. Da sich eine Kultur nicht leicht verändern läßt und nicht alle HP-Manager Aktionären und guter Führung einen genauso hohen Stellenwert beimessen wie Kunden und Mitarbeitern, sind Anpassungen schmerzlich. In der Regel werden sie dennoch vorgenommen.

Unter dem Strich hat Hewlett-Packard langfristig gute Ergebnisse erzielt. Auch kurzfristig hat das Unternehmen meist gut abgeschnitten, wenn auch nicht immer. Kultureller Wandel erfordert immer eine gewisse Zeit. Während dieser Anpassungsperioden hat ein gewisses Maß an Inkongruenz zwischen Kultur und Umfeld den Erfolg des Unternehmens beeinträchtigt. Wenn die neue, in diesem Kapitel vorgestellte Theorie richtig ist, wird HP auch weiterhin gute Ergebnisse erzielen – es sei denn, die anpassungsfördernden Grundwerte und Verhaltensweisen werden geschwächt oder das geschäftliche Umfeld verändert sich noch rascher, ohne daß der adaptive Kern der Kultur entsprechend stärker wird.

Das allgemeine Muster, das man am Beispiel von Hewlett-Packard feststellen kann, läßt sich auch bei allen übrigen leistungsstärkeren Unternehmen in unserer Studie nachweisen. Fragt man Manager von Dayton Hudson, ob sich ihre Unternehmenskultur in den letzten zehn Jahren verändert habe, antworten die meisten ja, wenn auch nicht sehr stark. Fragt man, welche Aspekte der Kultur unverändert geblieben seien, führen sie ganz grundlegende Werte an, die auf die Gründer-Familie der Daytons zurückgehen: gesellschaftliches Engagement, Kunden- und Mitarbeiterorientierung, Verpflichtung zu gleichbleibend guten Erträgen und zu Innovationen nach dem Leitfaden des »Trendmanagements«.

Fragt man sie, was sich in den letzten zehn Jahren verändert habe, kommen sie auf konkretere Praktiken zu sprechen: daß der Formalismus zurückgegangen sei und der offene Meinungsaustausch zugenommen habe, daß nicht mehr der Managementprozeß, sondern wesentliche Geschäftsprobleme im Vordergrund stünden. Fragt man weiter, ob diese Veränderungen angemessen seien, beschreiben sie andere Veränderungen des geschäftlichen Umfelds. Fragt man sie, wie es zu diesen Veränderungen kam, verweisen sie auf die Führung von CEO Ken Macke, der dreißig Jahre lang bei Dayton Hudson in Dienst stand. Macke selbst räumt ein, daß diese und andere Veränderungen – vor allem diejenigen, die mit neuen Geschäftszweigen und Desinvestitionen verbunden waren – nicht leicht zu bewerkstelligen gewesen seien. Um sie durchzusetzen, habe er viel über Werte sprechen müssen – »Werte, die den Mitarbeitern am Herzen gelegen« und die die Notwendigkeit der Veränderungen zu begründen geholfen hätten.[7]

Fast alle zwölf leistungsstärkeren Unternehmen wiesen die gleiche kulturelle Dynamik auf wie Dayton Hudson und Hewlett-Packard. Diese Kulturen wirkten sich positiv auf den Unternehmenserfolg aus, weil sie halfen, die Mitarbeiter zu motivieren und auf eine Reihe von Strategien und Praktiken einzuschwören, die mit den objektiven Bedingungen ihres jeweiligen Umfelds übereinstimmten, und weil sie imstande waren, diese Strategien und Praktiken umzugestalten, wenn sich relevante Bedingungen änderten. Aus diesem Grund erzielten die zwölf Unternehmen erheblich bessere Ergebnisse als Konkurrenten mit ebenso starken, aber weniger anpassungsfähigen Kulturen. Sie übertrafen auch Konkurrenten mit schwachen Kulturen, und zwar aus Gründen, die in der Logik von Theorie I liegen, das heißt, sie konnten ihre Mitarbeiter wesentlich besser motivieren und deren Handlungen in sinnvolle Richtungen lenken. Diese Verallgemeinerung gilt nicht für alle zwölf Unternehmen in gleicher Weise. Doch sie alle stehen diesem Muster näher als irgendeines der leistungsschwächeren Unternehmen.

Wir verfügen nicht über die Breite von Informationen, die erforderlich ist, um zu überprüfen, ob eine leistungssteigernde Kultur

der einzige ausschlaggebende Erfolgsfaktor dieser Unternehmen ist – wichtiger zum Beispiel als die Struktur einer Branche oder die Qualität des Topmanagements. Doch aus den verfügbaren Daten geht eindeutig hervor, daß die Kultur einen erheblichen Einfluß auf den Unternehmenserfolg hat.
Diese Schlußfolgerung wirft eine Reihe von Fragen auf, denen wir uns nun zuwenden.

Anmerkungen

1 Beispiele für dieses Phänomen erörtert Kotter in The Leadership Factor, Kap. 4, 5 und 6
2 Die Informationen über Hewlett-Packard stammen aus Interviews mit Managern, die Kotter im Juli 1990 durchführte, sowie aus Unternehmensunterlagen.
3 Interview mit Kotter, Juli 1990
4 Interview mit Kotter, Juli 1990
5 Interview mit Kotter, Juli 1990
6 Interview mit Kotter und Heskett, 1. August 1990
7 Interview mit Kotter, Juni 1990

6. Merkmale leistungsschwacher Kulturen

Unsere Forschungen über den Zusammenhang zwischen Unternehmenskultur und langfristigem Unternehmenserfolg werfen eine Reihe interessanter Fragen auf. Welche Umstände führen zur Entstehung von Kulturen, die die wirtschaftliche Leistungsfähigkeit unterminieren? Wie häufig geschieht das, und wie schwerwiegend sind die Auswirkungen dieser Kulturen? Wie schwer lassen sich diese Kulturen in erfolgsfördernde umwandeln, und warum ist das so?

Um die erste Frage zu beantworten, untersuchten wir die Geschichten von zwanzig Unternehmen, von denen Ende der siebziger, Anfang der achtziger Jahre offenbar keines über eine erfolgsfördernde Kultur verfügte:[1] H. F. Ahmanson, Avon, BankAmerica, Citicorp, Coors, Eastern Airlines, Fieldcrest Cannon, First Chicago, Ford, General Motors, Goodyear, K Mart, Kroger, Navistar, Northwest Airlines, PanAm, J. C. Penney, Sears, Texaco und Xerox. Einige Erfolgsdaten dieser Unternehmen finden Sie in Schaubild 6.1. Weitere Informationen können Sie dem Schaubild A.10 im Anhang entnehmen.

Diese Unternehmen stellen einen heterogenen Querschnitt von Branchen und geographischen Standorten in den Vereinigten Staaten dar; und doch gibt es offenbar ein verblüffendes Maß an Übereinstimmung in der Abfolge der Ereignisse, die zur Ausformung eines Großteils ihrer Kulturen beitrugen. Dieses Muster unterscheidet sich in mindestens ein oder zwei wesentlichen Aspekten von dem Muster, das man in den Entwicklungsgeschichten der zwölf bereits erörterten leistungsstärkeren Unternehmen nachweisen kann.

Die Geschichten dieser Unternehmen beginnen in der Regel mit einer Kombination aus visionärer Führung und/oder Glück, wobei

Schaubild 6.1: Die Unternehmen in der dritten Studie (1977–1988)

Unternehmen	Erfolgsindex auf Basis der jährlichen Zunahme des Jahresüberschusses* Gutes** Ergebnis = 27–170	Durchschnittliche jährliche Kapitalrendite (%) Gutes** Ergebnis = 13–40	Durchschnittlicher jährlicher Anstieg des Aktienkurses (%) Gutes** Ergebnis = 17–47
H. F. Ahmanson	12,4	4,49	12,80
Avon	7,0	18,94	– 8,51
BankAmerica	5,8	4,97	– 0,18
Citicorp	18,2	4,98	10,30
Coors	9,2	7,69	4,20
Eastern Airlines	– 86,1	– 0,44	14,69
Fieldcrest Cannon	8,3	5,64	6,40
First Chicago	10,7	5,55	8,76
Ford	12,0	11,40	14,82
General Motors	9,2	10,59	3,27
Goodyear	17,0	6,72	8,21
K Mart	15,6	9,19	8,72
Kroger	22,0	8,10	6,09
Navistar	– 13,4	– 2,36	4,94
Northwest Airlines	10,3	5,24	10,65
PanAm	–420,8	–10,90	3,96
J. C. Penney	16,0	8,90	10,65
Sears	14,8	7,19	5,87
Texaco	9,9	5,36	4,70
Xerox	13,1	8,86	4,30

* Diese Kennzahl wird in Schaubild A.4 erläutert.
** Gutes Ergebnis = oberstes Quartil aller Werte.

eine gute Unternehmensstrategie von einer engagierten Gruppe von Personen umgesetzt wurde. Da die Strategie außerordentlich erfolgreich war, katapultierte sie diese Firmen in starke Positionen auf einem oder mehreren Märkten und verschaffte ihnen die Mittel, um diese Position zu halten. Manche Unternehmen kontrollierten wichtige Patente (Xerox), manche profitierten von einzigartigen Größenvorteilen (GM und Sears), manche wurden durch Vorschriften geschützt, die den Wettbewerb beschränkten (Northwest auf seinen Pazifikrouten), andere hatten Kunden mit hoher Markentreue (Coors). Offenbar haben die zwanzig Unternehmen in Schaubild 6.1 durchschnittlich stärkere Marktpositionen aufgebaut als die zwölf leistungsstärkeren Unternehmen. Diese Vorherrschaft beziehungsweise der damit verbundene Mangel an Konkurrenz bescherte diesen Unternehmen über Jahre hinweg, während deren sie kaum Gegenwind spürten, große Erfolge bei Wachstum und Rentabilität.

Doch das anhaltende Wachstum erzeugte große Herausforderungen im Inneren: Es wurden immer mehr Arbeitskräfte eingestellt, die Organisationen wurden größer und größer, der laufende Geschäftsbetrieb immer komplexer. Um diese internen Herausforderungen zu bewältigen, wurden kompetente Manager gesucht, eingestellt, weitergebildet und befördert, die nicht unbedingt Führungspersönlichkeiten waren – es waren Personen, die wesentlich besser über Strukturen, Systeme, Budgets und Kontrollen Bescheid wußten als über Vision, Strategien, Kultur und Motivation.[2] Im Laufe der Zeit stiegen diese Manager an die Unternehmensspitzen auf (siehe Schaubild 6.2). Durch diese personellen Veränderungen, durch die relative Leichtigkeit, mit der die Manager aufgrund der starken Marktpositionen Umsatz- und Gewinnsteigerungen erzielen konnten, und durch das Verhalten der Führungsspitzen verblaßte der kollektive Sinn für die ursprünglichen Gründe des Erfolgs.

Die ungesunden Kulturen, die aus diesem Szenario hervorgingen, zeichneten sich durch drei allgemeine Merkmale aus. Erstens neigten die Manager zu Arroganz. Bei Texaco zum Beispiel wurde kein Mitarbeiter jemals dazu ermuntert, sich außerhalb des Unternehmens nach hervorragenden Geschäftsideen umzuschauen; die Manager verhielten sich so, als wüßten sie bereits alle Antworten.[3] Dieses Verhalten war offenbar die Folge jahrelang anhaltenden Erfolgs mit – wenn überhaupt – nur wenigen Fehlschlägen und wenigen Bemühungen seitens der Unternehmensspitze, Realitätssinn und Bescheidenheit der Mitarbeiter zu erhalten. Zweitens neigten die Manager in diesen Kulturen – trotz oft gegenteiliger öffentlicher Bekundungen – dazu, nicht in gleicher Weise Kunden *und* Aktionären *und* Mitarbeitern einen hohen Wert beizumessen. Die Antwort von Coors auf Kundenbeschwerden über einen neuen Dosenverschluß ist bezeichnend: »Wir haben gehört, daß einige Kunden Schwierigkeiten hatten, die Dosen zu öffnen«, schrieb das Unternehmen an seine Händler. »Da wir jedoch das beste Bier herstellen, sind wir sicher, daß unsere Kunden einen

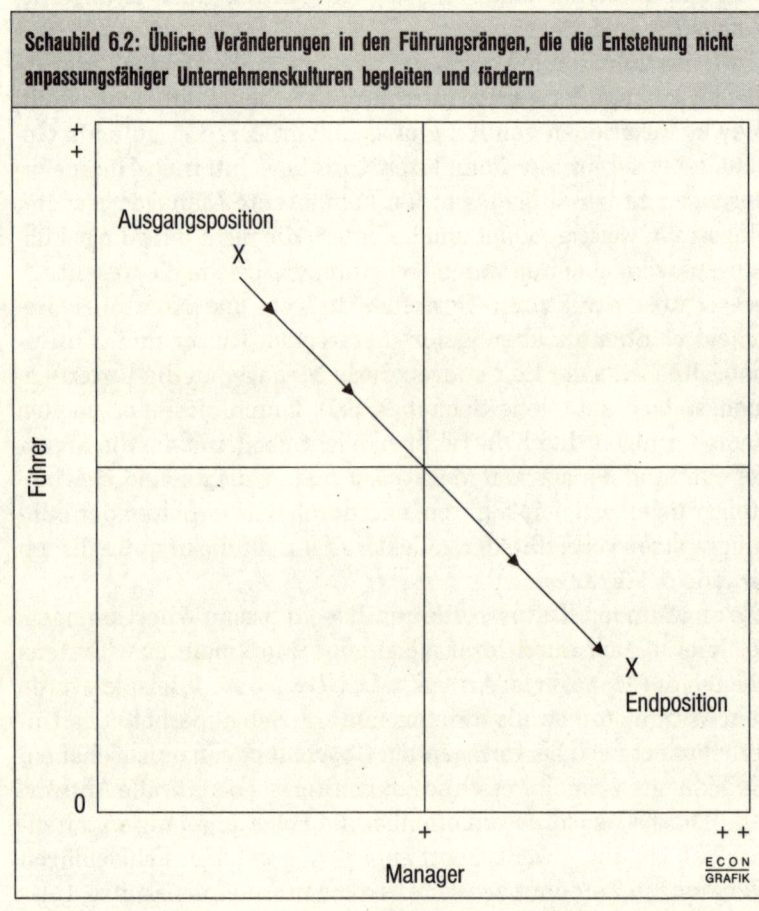

Schaubild 6.2: Übliche Veränderungen in den Führungsrängen, die die Entstehung nicht anpassungsfähiger Unternehmenskulturen begleiten und fördern

Weg finden werden, damit zurechtzukommen.«[4] Diese ungewöhnliche Stellungnahme zeigt die Arroganz, die sich entwickeln kann, wenn ein Unternehmen nur geringen externen Zwängen unterliegt und die Bezugsgruppen des Unternehmens dem Topmanagement gleichgültig sind.

Drittens begannen diese Kulturen, Werte wie Führung und andere Motoren des Wandels abzulehnen – teils, weil unter den gegebenen Umständen nicht viel Führung erforderlich war, und teils, weil diese Unternehmen sehr starke Managementorientierungen aufwiesen, die Stabilität und Ordnung betonten. Tatsächlich wurden Manager bei General Motors, Winn-Dixie und Fieldcrest Cannon, die »zuviel« Führung bewiesen, oftmals nicht befördert.[5] Auch hier hat die Führungsspitze offenbar wenig getan, um dieser Tendenz entgegenzuwirken.

Diese Kulturen unterminierten den Unternehmenserfolg, weil sie nichts taten, um den Firmen bei Anpassungen an den Wandel zu helfen. Die Manager ignorierten einfach wichtige Informationen und hielten an Strategien und Praktiken fest, die längst nutzlos waren. Wenn die Unternehmen aufgrund ihrer historischen Dynamik noch immer gute Ergebnisse erzielten, sträubten sich oftmals sogar Führungskräfte, die die Notwendigkeit des Wandels einsahen, gegen ihn – manchmal, weil sie kurz vor der Pensionierung standen, manchmal, weil sie Widerstand fürchteten, dann wieder, weil sie glaubten, es sich nicht leisten zu können, die gegenwärtig akzeptable Erfolgsbilanz des Unternehmens aufs Spiel zu setzen. Auch wenn sich die Erfolgsbilanz dieser Unternehmen infolge erheblicher Inkongruenzen zwischen Kultur und Umfeld nachhaltig verschlechterte, kam es durch eine Verbindung von Arroganz, äußerer Abkapselung und fehlender Führung noch immer nicht zu raschem oder mühelosem Wandel.

Auch wenn es schwer vorstellbar ist, daß eine Gruppe vernünftiger Personen überhaupt zuläßt, daß sich ein solches Szenario in ihrem Unternehmen entfaltet – ist es doch eindeutig so geschehen. Dieses Muster (siehe Schaubild 6.3) trifft in unterschiedlichem Maße auf alle zwanzig Unternehmen in unserer dritten Studie zu.

Der Fall Xerox ist in vielerlei Hinsicht ein Extrembeispiel für dieses Phänomen. Er ist zugleich eine der außergewöhnlichsten Geschichten im amerikanischen Wirtschaftsleben.[6]

Xerox wurde 1906 unter dem Namen Haloid Corporation von vier Geschäftsleuten aus Rochester, New York, gegründet. Das Unternehmen fertigte Fotopapier in einer Stadt, die von Kodak dominiert wurde. Nach einer finanziellen Krise im Jahr 1912 wuchs Haloid über die nächsten zwanzig Jahre langsam, aber unter stetiger Verbesserung seiner Ertragslage und überlebte dann die Große Wirtschaftskrise, indem es 1933 das damals beste Fotokopierpapier am Markt einführte. 1935 ging das Unternehmen an die Börse und benutzte die neuen Finanzmittel zum Kauf eines Unternehmens, das eine Kamera herstellte, die speziell für das Fotografieren von Dokumenten konstruiert war. Während des Zweiten Weltkriegs arbeitete das Unternehmen an seiner Kapazitätsgrenze, um die Fernmeldetruppen, die Luftstreitkräfte des Heeres und andere Aufklärungsabteilungen des Militärs zu versorgen. Als der Enkel eines der vier Firmengründer 1945 zum President gewählt wurde, war Haloid zwar fast vierzig Jahre alt, doch sein Umsatz lag noch immer unter 7 Millionen Dollar.

Dieser junge Mann war Joe Wilson. Seine Bemühungen, potentielle Wachstumsfelder für Haloid zu finden, führten ihn 1946 zu Chet Carlson und zur Elektrofotografie. Carlson arbeitete bereits fast zehn Jahre an der Entwicklung dieser neuen Technologie, aber es war ihm nicht gelungen, das Interesse und die finanzielle Unterstützung von Unternehmen wie IBM, RCA und A. B. Dick zu erhalten. Wilson hingegen war von dem, was er sah und hörte, so beeindruckt, daß er beschränkte Rechte an den Arbeiten und Patenten des Erfinders erwarb und sein Unternehmen auf eine Richtung einschwor, die vierzehn Jahre später zur ersten »Xerox-Maschine« führte.

Es war kein leichter Weg. Häufig waren die Finanzmittel sehr knapp; ein staatlicher Forschungszuschuß von 120 000 Dollar war ein Rettungsanker in der Frühphase. Die erste xerografische Büromaschine, das Kopierermodell A, war ein Mißerfolg, weil sie viel zu schwierig zu bedienen war. Das hätte das Aus für die Xerografie

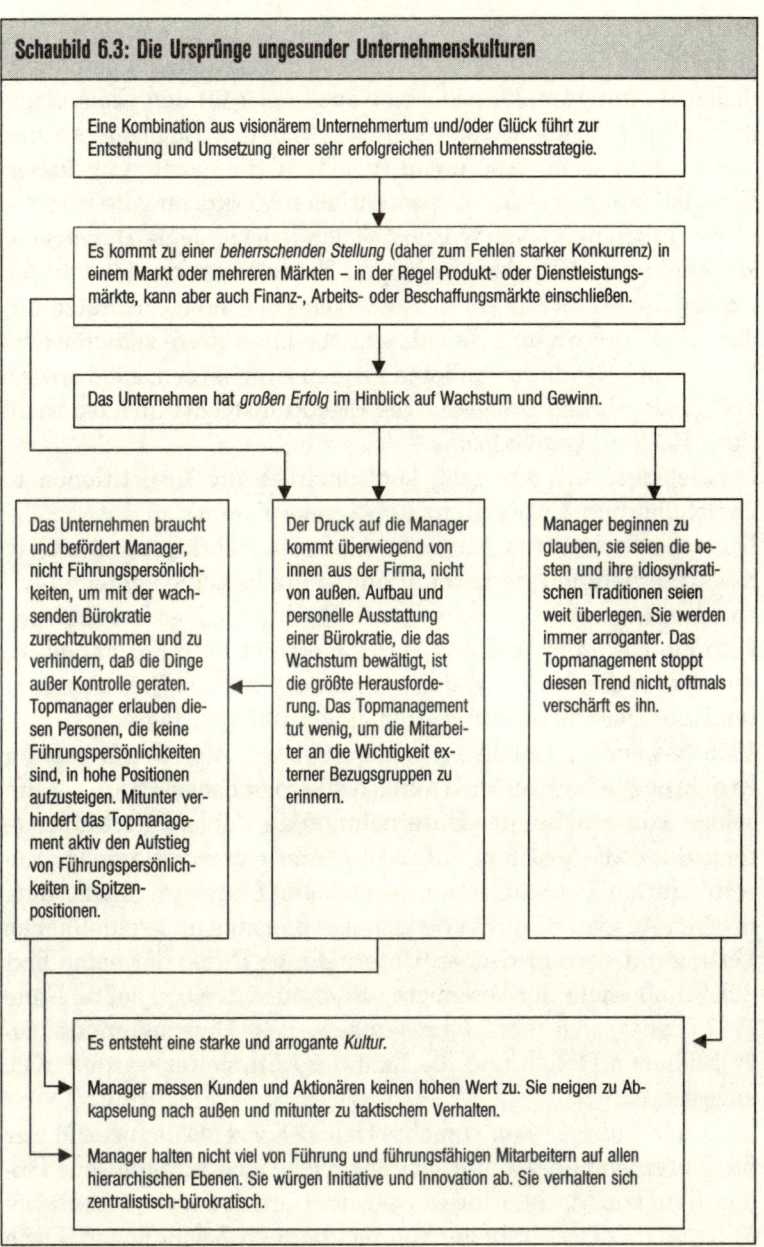

Schaubild 6.3: Die Ursprünge ungesunder Unternehmenskulturen

Eine Kombination aus visionärem Unternehmertum und/oder Glück führt zur Entstehung und Umsetzung einer sehr erfolgreichen Unternehmensstrategie.

Es kommt zu einer *beherrschenden Stellung* (daher zum Fehlen starker Konkurrenz) in einem Markt oder mehreren Märkten – in der Regel Produkt- oder Dienstleistungsmärkte, kann aber auch Finanz-, Arbeits- oder Beschaffungsmärkte einschließen.

Das Unternehmen hat *großen Erfolg* im Hinblick auf Wachstum und Gewinn.

Das Unternehmen braucht und befördert Manager, nicht Führungspersönlichkeiten, um mit der wachsenden Bürokratie zurechtzukommen und zu verhindern, daß die Dinge außer Kontrolle geraten. Topmanager erlauben diesen Personen, die keine Führungspersönlichkeiten sind, in hohe Positionen aufzusteigen. Mitunter verhindert das Topmanagement aktiv den Aufstieg von Führungspersönlichkeiten in Spitzenpositionen.

Der Druck auf die Manager kommt überwiegend von innen aus der Firma, nicht von außen. Aufbau und personelle Ausstattung einer Bürokratie, die das Wachstum bewältigt, ist die größte Herausforderung. Das Topmanagement tut wenig, um die Mitarbeiter an die Wichtigkeit externer Bezugsgruppen zu erinnern.

Manager beginnen zu glauben, sie seien die besten und ihre idiosynkratischen Traditionen seien weit überlegen. Sie werden immer arroganter. Das Topmanagement stoppt diesen Trend nicht, oftmals verschärft es ihn.

Es entsteht eine starke und arrogante *Kultur*.

Manager messen Kunden und Aktionären keinen hohen Wert zu. Sie neigen zu Abkapselung nach außen und mitunter zu taktischem Verhalten.

Manager halten nicht viel von Führung und führungsfähigen Mitarbeitern auf allen hierarchischen Ebenen. Sie würgen Initiative und Innovation ab. Sie verhalten sich zentralistisch-bürokratisch.

103

bei Haloid bedeuten können, hätte man nicht eine andere, sehr einträgliche Anwendungsmöglichkeit für das Modell A gefunden: die Herstellung von Druckformen aus Papier für den Kleinoffsetdruck. Viele Leute waren skeptisch, was das Engagement des Unternehmens für eine unentwickelte Technologie und dessen Einschätzung der Größe des potentiellen Markts für gute Bürokopierer anbelangte. Joe Wilsons Vision jedoch, seine Beharrlichkeit und seine Fähigkeit zu klugen Entscheidungen hielten das Unternehmen davon ab, auszusteigen oder seinen Kurs zu ändern. 1947 unternahm Haloid Schritte, um weitere xerografische Patente aus Besitz von anderen Firmen zu erwerben; 1956 erwarb das Unternehmen erfolgreich die Eigentumsrechte an allen wichtigen Erfindungen Carlsons.

Parallel dazu erhöhte man kontinuierlich die Investitionen in Forschung und Entwicklung, um eigene Patente zu entwickeln. Um die erforderlichen Mittel für all das aufzubringen, erweiterte das Unternehmen seine traditionelle Produktlinie aggressiv um eine Reihe von nichtxerografischen Produkten. Der fotografische Foto-Flo-Recorder und das Fotokopiergerät Foto-Flo, Model C, waren zwei der ersten. Weitere nichtxerografische Produkte folgten Ende der vierziger und Anfang der fünfziger Jahre.

1955 verwendete Haloid einen Kredit über 3 Millionen Dollar zur Errichtung seiner ersten Fabrik für xerografische Produkte. Im selben Jahr erhöhte das Unternehmen die Zahl seiner Mitarbeiter in der F&E-Abteilung auf 120 und führte drei neue und verbesserte Sorten Fotopapier ein. Kurz darauf begann es mit dem raschen Ausbau seines Verkaufsaußendienstes und schloß einen Vertrag mit dem britischen Unternehmen Rank, das seine Produkte außerhalb der Vereinigten Staaten vertreiben sollte. Ende 1957 belief sich der Jahresumsatz des Unternehmens auf 26 Millionen Dollar, und die Zahl der Mitarbeiter war auf 1500 angestiegen.

Ende der fünfziger Jahre brachte Haloid-Xerox (so der neue Name des Unternehmens) weiterhin erfolgreiche nichtxerografische Produkte auf den Markt. Eines davon, der Copyflo 24, vergrößerte 35-Millimeter-Mikrofilmbilder von technischen Zeichnungen. Doch die Hauptstoßrichtung war die Xerografie, wo das Unternehmen mittlerweile über 126 Patente verfügte. Das wichtigste Entwicklungsziel war der Bürokopierer 914. Die Entwicklung und Vermarktung dieser revolutionären Maschine kostete einige Millionen Dollar mehr als ursprünglich geplant, doch ihr Verkauf brachte ein Vielfaches dieser Investitionssumme ein.

Der 914 wurde im Februar 1960 auf den Markt gebracht. Es war eine große Maschine (295 Kilogramm), die ab 95 Dollar monatlich an Kunden verpachtet wurde. Sie machte pro Minute sechs qualitativ hochwertige Kopien, und dies mit einem Minimum an Schmutz und Mühe. Im Vergleich zu konkurrierenden Maschinen mit anderen Technologien, wie sie von 3M, Kodak, American Photocopying Equipment und anderen verkauft wurden, war der 914 ein absoluter Hit.

Business Week bildete Wilson und den 914 im September 1959 auf der Titelseite ab. Dennoch hielten ihn manche für verrückt, als er voraussagte, mit diesem Produkt ließe sich der Umsatz der Firma bis 1965 verdoppeln. Keiner hätte sich träumen lassen, daß der Umsatz 1965 tatsächlich 392,6 Millionen Dollar betragen würde oder daß der 914 zum gewinnträchtigsten Produkt in der amerikanischen Wirtschaftsgeschichte werden sollte.

Die sechziger Jahre waren für Xerox eine fast unglaubliche Erfolgsperiode. Das Unternehmen wuchs und wuchs; es entstanden neue Bürogebäude und Fabriken, und zahllose hochqualifizierte Arbeitskräfte drängten in das Unternehmen. 1963 wurde der »Tisch«-Kopierer 813 eingeführt. 1965 wurde – früher als geplant – ein Modell auf den Markt gebracht, das sechsmal schneller als der 914 arbeitete (der Xerox 2400). Die Steuerung des internen Wachstums wurde zu einer außerordentlich komplexen Aufgabe. Man warb Führungskräfte von Ford (Archie McCardell und Jack Goldman), IBM (Joe Flavin und David Kearns), Standard Oil (Robert Haigh) und weiteren Unternehmen an. Ende 1968 leiteten sie ein Unternehmen mit einem Umsatz von 1,125 Milliarden Dollar. Der Jahresüberschuß für dasselbe Jahr betrug 138 Millionen Dollar – was etwa dem Zwanzigfachen des Umsatzerlöses zu jener Zeit entsprach, als Joe Wilson President wurde.

Heute ist es schwer zu bestimmen, welche Kultur Haloid in seinen frühesten Jahren hatte. Das Buch eines langjährigen Mitarbeiters enthält Anekdoten, die auf eine Tendenz zu Kostensenkung und eine gewisse Beharrlichkeit hindeuten. Es gibt darin auch Hinweise auf eine Neigung zu hochwertigen Produkten, die »wertvoll für ihre Benutzer« sind, zu sozial verantwortlichem Handeln und zu einer guten Behandlung der Mitarbeiter.[7]

Haloids Kultur in den fünfziger Jahren ist klarer. Nach dem Zweiten Weltkrieg wurde das Unternehmen von Joe Wilson geprägt. Angeblich lauteten seine Grundsätze: »Vertrauen in Mitarbeiter, Interesse an Kunden und wirtschaftliche Macht durch Innovation, Marketing, Patente und weltweite Präsenz«.[8] Das Interesse an Kunden ist ein Punkt, der in Quellen, die die Zeit zwischen 1945 und 1965 beschreiben, immer wieder auftaucht.[9]

Es steht jedoch außer Frage, daß die Kultur von Xerox in den sechziger Jahren eine nachhaltige Umgestaltung erfuhr. 1970 waren nur noch Reste der früheren Werte übrig. So bemühte man sich nach wie vor, ein sozial verantwortlicher Arbeitgeber zu sein, vieles andere jedoch hatte sich geändert. Die Manager waren arrogant geworden. 1968 kaufte Xerox einen kleinen Computerhersteller namens Scientific Data Systems für das Neunzigfache des Gewinns und versuchte dann, IBM direkt herauszufordern, trotz Hinweisen, daß diese Strategie für andere verheerende Folgen gehabt hatte.[10] Damals hatte das Kundeninteresse bei Xerox derart nachgelassen, daß eine unternehmerfreundliche Regierung in Washington kartellrechtliche Schritte gegen das Unternehmen ergriff.

Auch das Interesse der meisten Manager an Aktionären und Kosten hatte nachgelassen. In den technischen Abteilungen verwendete man anscheinend wenig Mühe auf die Konstruktion kostengünstiger Produkte.[11] Statt dessen verschwendete man große Summen für Gebäude, Spenden und Sozialleistungen an die Mitarbeiter.

Verbunden damit isolierte Xerox sich immer stärker. In Douglas Smith' und Robert Alexanders überaus kritischem Buch über das Unternehmen kann man nachlesen, daß die »fähigen Mitarbeiter von Xerox miteinander im Kampf um ihren persönlichen Status rivalisierten, statt sich die Bedürfnisse der Kunden und den Erfolg der Konkurrenten zum Maßstab zu nehmen«.[12] Ein Berater von Xerox formulierte es damals folgendermaßen: »Bei den meisten Entscheidungen geht es um Revierabgrenzungen, persönliches Weiterkommen und dergleichen.«[13] Die überzeugendsten Hinweise für diese Selbstbezogenheit stammen nicht von Enthüllungsjournalisten, sondern aus einem 1971 erschienenen Buch über das Unternehmen, das ein langjähriger leitender Angestellter von Xerox unter dem Titel *My Years with Xerox* verfaßt hat. Auf den ganzen 239 Seiten des Buches wird kein einziges Mal die potentielle Bedrohung durch japanische Konkurrenten erwähnt!

Die Kultur von Xerox zeigte sich auch zunehmend intolerant gegen Initiativen und Führung von unten. Die Entscheidungsfindung erfolgte oftmals zentral.[14] Experimente wurden häufig mißbilligt, und Fehler wurden nicht ohne weiteres toleriert. Die Führungskraft, die für den laufenden Geschäftsbetrieb zuständig war, wurde von einem Kollegen charakterisiert als ein »sehr, sehr kluger Kopf. Doch er orientierte sich nur an Zahlen. Er war kein sehr guter Kommunikator.«[15]

All das hatte vernichtende Folgen. Als eine kleine Projektgruppe 1973 und 1974 die Strategie von Xerox überprüfte, wurden ihre – zum Teil recht sinnvollen – Empfehlungen offenkundig ignoriert.[16] Als das Xerox-Forschungszentrum in Palo Alto den Personalcomputer entwickelte, beschlossen Führungskräfte, die Chance nicht zu nutzen.[17] Als Canon, Minolta, Ricoh und Sharp 1975 mit der Einführung von Kopierern begannen, reagierte Xerox nur sehr langsam; 1980 verkauften die Japaner in den Vereinigten Staaten Kopierer zu einem Preis, der unter Xerox' Kosten für die Herstellung vergleichbarer Modelle lag.[18] Insgesamt gesehen, gelang es dem Unternehmen nicht, sich an die veränderte Lage im Kopiergerätegeschäft anzupassen, was dazu führte, daß sein weltweiter Anteil an diesem Markt von 82 Prozent im Jahr 1976 auf 41 Prozent 1982 zurückging.[19] Xerox scheiterte auch völlig bei der Anpassung an die Erfordernisse der Computerbranche; bis heute hat das

Unternehmen von seinen Investitionen in Höhe von mehreren Milliarden Dollar nicht einmal 1 Prozent durch Computerverkäufe wieder hereingeholt.

Viele Beobachter glauben, daß Xerox Konkurs gemacht hätte, wenn die Kultur, die diese Einbrüche verursachte, in den achtziger Jahren nicht grundlegend verändert worden wäre.

Xerox mag ein Extremfall sein, doch sind weniger extreme Beispiele unter den heutigen Großunternehmen gar nicht selten zu finden.[20] Es gibt anscheinend viele Großunternehmen mit Kulturen, die entweder arrogant, selbstbezogen oder initiativehemmend sind und daher zur Unterminierung des langfristigen Unternehmenserfolgs beitragen.

Doch warum? Wir glauben, die Antwort liegt in dem Szenario, das Schaubild 6.3 zeigt. Um lange Zeit zu überleben und zu einem wichtigen Spieler in einer Branche zu werden, braucht man sehr viel Erfolg. Und genau dieser Erfolg vergiftet in gewisser Weise die Kultur.

Doch warum haben dann nicht alle Großunternehmen Problemkulturen? Das Beispiel Hewlett-Packard legt eine Antwort nahe: Unternehmensgründer schaffen gleich zu Beginn eine erfolgsfördernde Kultur, dann verstärken sie (und ihre Nachfolger) mit Nachdruck (mündlich und schriftlich) den adaptiven Kern dieser Kultur, wenn sie durch allzu großen Erfolg unter Druck gerät. Sie übten sich selbst in Bescheidenheit, zeigten großes Interesse für alle Bezugsgruppen des Unternehmens und ermunterten die Mitarbeiter quer durch alle hierarchischen Ränge zu kompetenter Führung. Eine zweite Antwort auf die Frage bieten die im nächsten Kapitel erörterten zehn Ursachen. Dort werden wir sehen, wie sehr fähige Führungspersönlichkeiten und ihre Verbündeten in alteingesessenen Unternehmen ungesunde Kulturen verändern, um deren Erfolgspotential zu erhöhen.

Welche Folgen hat es, wenn sehr viele Großunternehmen Problemkulturen haben? Schaubild 6.4 liefert einige Antworten. Die zwölf Unternehmen in unserer zweiten Studie, die über erfolgsfördernde Kulturen verfügten, erhöhten ihren Umsatz zwischen 1977

und 1988 viermal so stark wie die zwanzig Unternehmen mit
Problemkulturen in unserer dritten Studie. Die zwölf Unternehmen vergrößerten die Zahl ihrer Mitarbeiter achtmal so stark und
verzeichneten zwölfmal so hohe Kursgewinne wie die leistungsschwächeren Unternehmen. Sie steigerten ihre Jahresüberschüsse
und damit die Steuern, die sie zahlten, um über 700 Prozent,
während die anderen zwanzig keinerlei Zuwachs aufwiesen. Gleich,
wie man das Problem betrachtet: Die wirtschaftlichen und sozialen Bedrohungen durch ungesunde Kulturen sind enorm.
Wie schwer ist es, Problemkulturen in solche umzuwandeln, die
den langfristigen Unternehmenserfolg verbessern? Wenn die in
diesem Kapitel dargestellten Erfahrungen der zwanzig Unternehmen repräsentativ sind, dann lautet die Antwort: äußerst
schwer.[21] Während der letzten zehn bis zwanzig Jahre gab es in
praktisch allen diesen Unternehmen Manager, die entweder die
Notwendigkeit von Veränderungen zum Ausdruck brachten oder
diese Veränderungen zu bewirken versuchten. Und doch haben
nur wenige dieser Unternehmen nennenswerte Fortschritte gemacht bei dem Versuch, erfolgsfördernde Kulturen zu schaffen,
und diese Fortschritte wurden auch nur sehr langsam erzielt.
Kulturen, denen grundlegende adaptive Werte fehlen, verhalten
sich oft wie Matratzen oder Sofas mit Sprungfedern in ihrem

Schaubild 6.4: Die wirtschaftlichen und sozialen Kosten leistungsschwacher Kulturen (1977–1988)		
	Durchschnitt aus zwölf Unternehmen mit erfolgsfördernden Kulturen (%)	Durchschnitt aus zwanzig Unterunternehmen ohne erfolgsfördernde Kulturen (%)
Umsatzwachstum	682	166
Zunahme der Personalbestands	282	36
Anstieg des Aktienkurses	901	74
Zunahme der Steuerbemessungs- grundlage (des Jahresüberschusses)	756	1

Inneren: Unter Aufbietung hinreichender Kräfte kann man diese Objekte zwar stellenweise verformen, sobald jedoch die Krafteinwirkung eingestellt oder verringert wird, nehmen sie meistens wieder ihre ursprüngliche Gestalt an. Für dieses Verhalten scheinen mindestens vier grundlegende Kulturmerkmale verantwortlich zu sein: erstens wechselseitige Abhängigkeit zwischen den und innerhalb der kulturellen Ebenen (Werte, Verhaltensweisen/ Praktiken), zweitens wechselseitige Abhängigkeit zwischen der Kultur und der Machtstruktur in einer Organisation, drittens die üblichen kulturerhaltenden Mechanismen und viertens die enge Verbindung zwischen Werten und menschlichen Emotionen.

Wegen der wechselseitigen Abhängigkeit zwischen Werten und Verhaltensweisen nehmen Führungskräfte manchmal erforderliche Veränderungen an der Geschäftspolitik oder den formalen Strukturen oder der Architektur vor und erzielen dadurch begrenzte Veränderungen der Verhaltensmuster. Weil aber manche Werte, die mit diesen Verhaltensweisen unvereinbar sind, unverändert bleiben, entstehen Kräfte, die auf eine Wiedereinführung der alten Praktiken hinwirken – Kräfte, die über einen längeren Zeitraum so an Macht gewinnen, daß sie Erfolg haben.[22] Da Kultur interdependent ist und meistens die Machtstruktur in einem Unternehmen zu stabilisieren hilft, bekämpft diese Machtstruktur in der Regel Veränderungen, die ihre Privilegien bedrohen könnten. Dieser Widerstand artikuliert sich subtil und heimlich – und hat oft Erfolg.[23] Auch wenn es Führungskräften mitunter gelingt, nicht nur die Verhaltensweisen, sondern auch manche Werte bei einer kleinen Untergruppe ihrer Manager zu verändern, müssen sie doch oft genug feststellen, daß diese Veränderungen im Laufe der Zeit durch Aktionen der restlichen Gruppenmitglieder wieder zunichte gemacht werden. Was von der alten Mehrheit vermittelt, gelobt, sanktioniert und unterstützt wird, untergräbt langsam, aber sicher die neue Kultur der Untergruppe. Da eine Kultur menschliche Werte berührt, reagieren Menschen oftmals emotional, wenn man versucht, tiefverwurzelte Werte zu verändern. Aus Furcht vor dem Verlustschmerz klammern sie sich an das Alte und Vertraute.

In einer Welt zunehmenden Wettbewerbsdrucks ist die Fähigkeit, neue Strategien und Praktiken einzuführen, eine absolute Notwendigkeit. In vielen Unternehmen ist der Schlüssel zu solchen Veränderungen die Kultur. Führungskräfte verändern erfolgreich formale Strukturen, kündigen neue Strategien an, stellen neue Führungskräfte ein, kaufen neue Informationstechnologien ein und bauen neue Werke oder Verwaltungszentralen, aber sie erzielen aufgrund des Widerstandes der Kultur noch immer nicht die erforderlichen Verhaltensänderungen. Tatsächlich ist die Veränderung von Problemkulturen so schwierig, daß manche Beobachter zu dem Schluß gelangt sind, sie sei praktisch unmöglich. Wie wir jedoch als nächstes sehen werden, ist das offenbar nicht richtig.

Anmerkungen

1 Die Informationen, die wir für diese Untersuchung zusammentrugen, stammen aus drei Quellen: 1. unserer zweiten Studie (eine Gruppe von acht Unternehmen war in beiden Studien vertreten); 2. öffentlich zugänglichen Datenquellen (vor allem Bücher und Artikel); 3. früheren persönlichen Kontakten zu fünf dieser Unternehmen

2 Diese Unterscheidung trifft Kotter in: A Force for Change, Kap. 1

3 Wie Heskett in Interviews mit Texaco-Managern im Januar 1991 berichtet wurde

4 Wie Heskett in Interviews mit Coors-Managern im Januar 1991 berichtet wurde

5 Siehe zum Beispiel J. P. Wright: On a Clear Day You Can See General Motors, Grosse Pointe 1979

6 Dieses historische Material über Xerox stammt aus Interviews mit gegenwärtigen und früheren Mitarbeitern von Xerox, aus Veröffentlichungen des Unternehmens und aus mehreren Büchern: John H. Dessauer: My Years with Xerox, Garden City 1971; Gary Jacobson/ John Hillkirk: Xerox: American Samurai, New York 1986; Douglas K. Smith/Robert C. Alexander: Fumbling the Future, New York 1988

7 Dessauer: My Years with Xerox, S. 4, 60, 88, 203, 204

8 Smith/Alexander: Fumbling the Future, S. 129

9 Dessauer, My Years with Xerox, S. 136, 142, 147

10 Smith/Alexander: Fumbling the Future, S. 48

11 Ebenda, S. 156
12 Ebenda, S. 181
13 Ebenda
14 Der Manager, den Xerox eingestellt hatte, um dem Unternehmen beim Einstieg ins Computergeschäft zu helfen, wurde vor dem Kauf von SDS nicht konsultiert.
15 Ebenda, S. 134
16 Ebenda, S. 135–141
17 Ebenda, S. 176
18 Ebenda, S. 221
19 Xerox: American Samurai, S. 3
20 Wir schätzen, daß lediglich 5 bis 10 Prozent der 207 Firmen in unserer ersten Studie Unternehmenskulturen aufwiesen, die den Unternehmenserfolg nachhaltig verbesserten.
21 Es gibt offenbar zahlreiche Untersuchungen, die diese Schlußfolgerung untermauern; siehe zum Beispiel den Artikel von Todd Jick: The Challenge of Change, Harvard Business School Note No. 490–016
22 Es gibt eine Fülle psychologischer Studien, die zeigen, daß Werte sich nicht leicht wandeln. In unserem Fall können sie zum Hindernis für die Umgestaltung einer Kultur werden.
23 A. M. Pettigrew hat dieses Problem in überzeugender Weise dargelegt; siehe zum Beispiel seinen Artikel: Conclusion: Organizational Climate and Culture: Two Constructs in Search of a Role, in: Schneider: Organizational Climate and Culture, S. 413–433

III.
Die Frage des Wandels: Wie lassen sich Unternehmenskulturen gezielt so verändern, daß sie den Unternehmenserfolg steigern?

7. Die Protagonisten erfolgreichen Wandels

Die ersten Bücher über Unternehmenskultur ließen entweder das Problem des Wandels ganz außer acht oder präsentierten stark vereinfachte Rezepte für die Durchführung von größeren Veränderungen.[1] Die neuere Literatur ist hier sehr viel pessimistischer und steht früheren Rezepten recht kritisch gegenüber. Alan Wilkins gibt die Meinung vieler Wissenschaftler wieder, wenn er sagt: »Der Kulturbegriff ist trivialisiert worden, weil so viele über ›Kulturmanagement‹, ›Mythenmanagement‹ oder ›Sinnstiftung‹ geschrieben haben, ohne den Schwierigkeiten, die sich bei der Steuerung dieser komplexen sozialen Prozesse ergeben, die gebührende Beachtung zu schenken.«[2] Er untermauert seine Behauptung mit dem Hinweis, daß in 16 von 22 Fällen versuchter »kultureller Umgestaltung« sogar die Manager selbst (die oftmals schon nach den dürftigsten Beweisen von Erfolg sprechen wollten) einräumten, daß sie gescheitert waren.[3]

Wir haben bereits Beispiele für geringfügige kulturelle Veränderungen in Unternehmen mit adaptiven Kulturen beschrieben (Kapitel 4 und 5). Hier konzentrieren wir uns nun auf umfassenderen Wandel, vor allem in Großunternehmen. Wir haben zehn solcher Fälle aufgespürt und analysiert[4]: American Express Travel Related Services, Bankers Trust, British Airways, ConAgra, First Chicago, General Electric, Nissan, ICI, SAS und Xerox.[5] In allen zehn Fällen stimmen die meisten Beobachter innerhalb und außerhalb der Unternehmen darin überein, daß in den letzten fünfzehn Jahren ein kultureller Wandel von einiger Bedeutung stattgefunden hat. In allen diesen Fällen haben die Unternehmenskulturen weitgehend das Merkmalsprofil der in Kapitel 5 beschriebenen Kulturen angenommen – mit Grundwerten, die die Ausrichtung auf die Kunden und die übrigen zentralen Bezugsgruppen sowie die Führung auf sämtlichen hierarchischen Ebenen betonen, und mit Verhaltensmustern, die den tatsächlichen Bedürfnissen des geschäftlichen Umfelds entsprechen. Und in allen zehn Fällen gingen diese Veränderungen mit gewissen Erfolgssteigerungen einher, die zumindest teilweise mit den neuen Kulturen zusammenzuhängen scheinen. Schaubild 7.1 beschreibt diese Erfolgssteigerungen.

Diese zehn Fälle helfen uns zu erklären, warum es offenbar nur selten zu größerem kulturellem Wandel kommt und warum dieser dennoch realisierbar ist. In diesem Kapitel werden wir die Protagonisten des Wandels in diesen Erfolgsgeschichten unter die Lupe nehmen. Im nächsten Kapitel werden wir ihre *Vorgehensweise* darstellen.

Der herausragende Einzelfaktor, der erfolgreiche kulturelle Veränderungen von gescheiterten Umgestaltungen scheidet, ist kompetente Führung an der Spitze.[6] In allen zehn von uns untersuchten Fällen begann größerer Wandel, nachdem eine Person mit erwiesener Führungskompetenz an die Spitze der Organisation berufen worden war. Alle diese Personen hatten zuvor ihre Fähigkeit unter Beweis gestellt, mehr zu tun, als nur gut zu managen.[7] Wie Schaubild 7.2 zeigt, wußten sie, wie man Wandel herbeiführt, und sie waren bereit, genau das zu tun. Auf ihren neuen Posten taten sie das gleiche wieder – wenn auch in größerem Maßstab. Jede neue Führungspersönlichkeit baute ein Team auf, das eine neue Vision und eine Reihe von Strategien zur Verwirklichung dieser Vision erarbeitete. Jedem neuen Führer gelang es, wichtige Gruppen und Personen im Unternehmen zu überzeugen, sich für diese neue Richtung zu engagieren, und dann Mitarbeiter hinreichend zu motivieren, um sie trotz aller Hindernisse zu verwirklichen.[8] Schließlich halfen Hunderte (oder sogar Tausende) von Mitarbeitern, alle nötigen Veränderungen bei Strategien, Produkten, Strukturen, Grundsätzen, Personal und (schließlich) Kultur vorzunehmen. Oft allerdings waren es lediglich ein oder zwei Personen, die für die Ingangsetzung des Prozesses ausschlaggebend waren.

Schaubild 7.1: Zehn Fälle größeren kulturellen Wandels

Unternehmen	Periode des kulturellen Wandels	Langfristiger Unternehmenserfolg
Bankers Trust	1977–1985	Jährliche Zunahme der Gesamtkapitalrentabilität stieg von –8,71 % zwischen 1967 und 1976 auf +14,09 % für 1977–1988.
British Airways	1982–1985	Nach Verlusten von 520 Mio. Pfund zwischen 1977 und 1982 machte das Unternehmen von 1984–1989 einen Gewinn von 1,059 Mrd. Pfund.
ConAgra	1974–1978	Der Wert der Aktien stieg in 14 Jahren um das Fünfzigfache.
First Chicago	Seit 1981	Die Gewinne stiegen von 200 Mio. $ 1979/80 auf fast 900 Mio. $ 1988/89. Dieser Trend hält an.
General Electric	Seit 1980	Der Marktwert stieg in 10 Jahren von 12 Mrd. $ auf 60 Mrd. $. Dieser Trend hält an.
ICI	1982–1987	Der Jahresüberschuß stieg zwischen 1982 und 1987 um 500 %.
Nissan	Seit 1985	Nachdem der inländische Marktanteil 15 Jahre lang gesunken war, begann er 1988/89 wieder zu steigen. Der Jahresüberschuß stieg von 165 Mio. $ 1987 auf 939 Mio. $ 1990. Der Trend hält an.
SAS	1980–1983	Der Jahresüberschuß stieg von 450 Mio. skr 1974–1981 auf 12 Mrd. skr 1982–1989.
American Express TRS	1978–1983	Der Gewinn ist trotz des Ansturms neuer Konkurrenten 10 Jahre lang jeweils um 18 % gestiegen.
Xerox	1983–1989	Die Gesamtkapitalrentabilität stieg von 5 auf 12,4 % und der Umsatzerlös zwischen 1983 und 1989 von 8,5 auf 17,5 Mrd. $. Der Marktanteil bei Kopiergeräten stieg von 8,6 % zu Beginn der 80er Jahre auf 16 % in 1991. 1991 gewann Xerox den Malcolm Baldrige National Quality Award.

Schaubild 7.2: Die frühen Erfolgsbilanzen von elf Führungspersönlichkeiten, die erfolgreich größere kulturelle Veränderungen anführten

Jan Carlzon	Sanierte zwei Tochtergesellschaften von SAS: Vingresor (1974–1978) und Linjeflyg (1978–1980).
Lou Gerstner	Entwickelte in ungewöhnlich jungem Alter eine neue Geschäftsmethode bei McKinsey (in den 70er Jahren).
Mike Harper	Leitete bei Pillsbury das Projekt zur Entwicklung und Einführung moderner Führungs- und Kontrollsysteme in den Betrieben; er belebte Forschung und Entwicklung neu und half, das Geflügelgeschäft wieder profitabel zu machen.
Sir John Harvey-Jones	Wirkte maßgeblich mit bei der Wiederherstellung des nachhaltig gestörten Arbeitsfriedens im Unternehmensbereich Petrochemikalien von ICI in Wilton.
David Kearns	Machte Ende der 70er Jahre dem Management von Xerox die Ernsthaftigkeit der Bedrohung durch die Japaner klar.
Lord King	Gründete 1945 Ferrybridge Industries (später umbenannt in Pollard Bell und Roller Bearing Co.) und machte ein erfolgreiches Unternehmen daraus; führte in den 70er Jahren die erfolgreiche Umstrukturierung von Babcock International durch.
Yutaka Kume	War einer der Wegbereiter bei der Modernisierung von Nissans Fertigungsstätten in den 70er Jahren.
Sir Colin Marshall	War mitverantwortlich für die Expansion von Avis in Europa und der ganzen Welt.
Charlie Sanford	Baute den Rentenhandel von Bankers Trust aus und erhöhte dessen Umfang und Rentabilität erheblich.
Barry Sullivan	Machte sich einen Namen als Führungspersönlichkeit bei der Chase Manhattan Bank.
Jack Welch	Machte das Kunststoffgeschäft von GE zu einer großen und hochrentablen Sparte.

Bei Bankers Trust bildeten Alfred Brittain III. und Charlie Sanford ein Team, das dabei half, daß sich die Unternehmenskultur von der einer traditionellen Geschäftsbank, die hohen Wert auf eine wohlüberlegte Entscheidungsfindung legte, zu der einer aggressiveren globalen Handelsbank entwickelte, die Reaktionsschnelligkeit, modernste Kommunikation, ausgeklügelte Kontrollen und Gewinne in den Vordergrund stellte. 1977 stießen Brittain und Sanford das Privatkunden- und Kreditkartengeschäft von Bankers Trust ab; dies bereitete den Boden für eine zweite Planungsrunde 1981 und 1982, die zur Gründung einer weltweit tätigen Handelsbank führte. Die besten verfügbaren Kräfte wurden – unabhängig von ihrem Titel – zu marktgängigen Gehältern eingestellt. Die oberen Führungskräfte begannen sich gegenseitig »Partner« zu nennen, wie dies bei den neuen Wettbewerbern von Bankers Trust im Investment Banking üblich war, und diese »Partner« förderten eine ähnliche unternehmerische Kultur auch auf unteren Ebenen der Hierarchie. Aufgrund all dieser Veränderungen schnellte die Wachstumsrate der Gesamtkapitalrentabilität von Bankers Trust auf durchschnittlich 14,1 Prozent für die Jahre zwischen 1977 und 1988 gegenüber –8,7 Prozent für den Vergleichszeitraum zehn Jahre zuvor.

Auch bei British Airways ging die Führung von zwei Personen an der Spitze aus: Lord King und Sir Colin Marshall. King wurde 1981 Chairman von BA, Marshall 1983 CEO. Auf ihr Betreiben hin entwickelte die Kultur von BA eine stärkere Kundennähe, ein größeres Kosten-, Produktivitäts- und Ertragsbewußtsein sowie eine größere Aufgeschlossenheit gegenüber Initiativen von Mitarbeitern. Machte BA zwischen 1977 und 1982 noch einen Verlust von 520 Millionen Pfund, so erwirtschaftete man zwischen 1984 und 1989 bereits einen Gewinn von 1,059 Milliarden Pfund.[9]

Bei ConAgra begann die außergewöhnliche Führung mit Mike Harper, der 1976 CEO des in Omaha ansässigen Nahrungsmittelherstellers wurde. Innerhalb weniger Jahre begann eine neue Kultur Fuß zu fassen, die gute Aktionärsrenditen durch Befriedigung der Kundenbedürfnisse in den Vordergrund stellte, kompetente Führung auf Geschäftsbereichsebene nachhaltig belohnte und die Schaffung eines Umfelds anstrebte, das fähige Leute anziehen sollte. Experten, die die Entwicklung von ConAgra verfolgt haben, sagen, die neue Kultur habe zweifellos zu den unglaublichen Erfolgen des Unternehmens in den letzten vierzehn Jahren beigetragen: einer Verzehnfachung des Jahresüberschusses und einer Steigerung des Marktwerts um das Fünfzigfache.[10]

Bei der First Chicago war der neue Führer Barry Sullivan, der 1980 zum Chairman ernannt wurde. Unter Sullivan hatte sich die First Chicago langsam wieder erholt, indem sie eine stärkere und gesündere Kultur entwickelte, die dem sozialen Chaos ein Ende setzte, das eine Reihe finanzieller Katastrophen Ende der siebziger Jahre ausgelöst hatten. Der Jahresüberschuß stieg von unter 200 Millionen Dollar 1979/80 auf nahezu 900 Millionen Dollar 1988/89.

Bei General Electric heißt die neue Führungspersönlichkeit Jack Welch. Seit Welch 1981 zum Chairman aufstieg, hat er GEs Geschäftsbereichsportfolio und die Unternehmenskultur in wahrhaft dramatischer Weise verändert. GE ist heute weitaus weniger bürokratisch und unterstützt Führungsinitiativen im ganzen Unternehmen viel stärker; es gibt weniger Juristen, weniger Kontrollpersonal und weniger sterile Betriebsprüfungen. Der Unternehmen ist stärker auf Produktivitätssteigerung und exzellente Leistungen für die Aktionäre eingeschworen. Extern konzentriert man sich stärker auf die Kunden und die weltweite Konkurrenz. Unter Welch stieg der Jahresüberschuß von GE bislang von 1,5 auf über 4,0 Milliarden Dollar und sein Marktwert von 12 auf 60 Milliarden Dollar.[11]

Bei ICI trat Sir John Harvey-Jones 1982 als neuer Chairman an. Wie Welch formte er einige Geschäftsbereiche von ICI um und veränderte die Kultur des Unternehmens beträchtlich. Vor Harvey-Jones war ICI ein hochkonservativer, zentralistischer und bürokratischer Chemiekonzern. Nach Harvey-Jones war die Unternehmenskultur weniger konservativ, stärker dezentralisiert und förderte stärker Führungsinitiativen auf Geschäftsbereichsebene. Außerdem bewirkte die Kultur eine stärkere Markt- und Kundennähe. Der wirtschaftliche Erfolg war beeindruckend: Der

Jahresüberschuß erhöhte sich während der fünfjährigen Tätigkeit von Harvey-Jones um über 500 Prozent. Die meisten Beobachter führen einen Großteil dieser Zunahme auf kulturelle Umgestaltungen zurück.[12]

Bei Nissan begann größerer Wandel, als Yutaka Kume 1985 zum President ernannt wurde. In der Folge konzentrierte sich die vorher nach innen gerichtete, bürokratische Kultur stärker auf Kunden, Gewinn und die Ausweitung der Aufgabenfelder von hierarchisch untergeordneten Mitarbeitern. Zumindest teilweise infolge dieser Veränderungen stieg der Gewinn des Unternehmens von 65 Millionen Dollar im Jahre 1987 auf nahezu 940 Millionen Dollar in 1990.[13]

Bei SAS entstand die neue Kultur, nachdem Jan Carlzon 1981 das Ruder übernahm. Diese Kultur legte größeren Wert auf die Bedienung ausgewählter Kundengruppen, förderte stärker die Führung auf allen hierarchischen Ebenen, war etwas gewinnbewußter und schenkte den Mitarbeitern sehr große Beachtung. Unter Carlzon erhöhte sich der Gewinn von insgesamt 450 Millionen schwedischen Kronen im Zeitraum zwischen 1974 und 1981 auf 12 Milliarden schwedische Kronen zwischen 1982 und 1989.[14]

Die wegweisende Führungskraft in der Sparte Travel Related Services (TRS) von American Express war Lou Gerstner. Er trat 1978 an die Spitze von TRS und veränderte das Unternehmen so, daß es erfolgreicher mit einem Ansturm neuer Konkurrenten fertig werden konnte. Unter der Führung von Gerstner und seinem Team erhöhte sich die unternehmerische Ausrichtung der Kultur von TRS, die sich zudem stärker auf segmentierte Kundengruppen konzentrierte, mehr auf Produktivität achtete und hochbegabte Mitarbeiter mehr zu schätzen wußte. Der wirtschaftliche Lohn guter Führung, guter Geschäftsstrategien und einer besseren Kultur war enorm: Trotz verschärften Wettbewerbs in einer Branche, die nach Ansicht vieler in der Sättigungsphase angelangt war, stieg der Jahresüberschuß von TRS zehn Jahre lang jährlich um 18 Prozent.[15]

Bei Xerox ist der kulturelle Wandel weitgehend das Verdienst der Führung von David Kearns. Als Kearns 1983 zum Chairman ernannt wurde, war die Kultur ein gewaltiges Hindernis für Wandel. Unter Kearns änderte sie sich, vor allem im Sinne einer verstärkten Hinwendung zu Qualitätsprodukten, die die Bedürfnisse der Kunden befriedigen sollten. Ohne diese Veränderung wäre das Kerngeschäft von Xerox, Fotokopierer, mittlerweile wegen der außerordentlich starken japanischen Konkurrenz wahrscheinlich bankrott.[16]

Die Konkurrenz ist ein zentrales Thema, das all diese Beispiele durchzieht. Erfolgreiche Führer veränderten Strategien und Kulturen, um ihre Unternehmen wettbewerbsfähiger zu machen – trotz der natürlichen Veränderungsresistenz ihrer Kulturen, trotz der erheblichen Größe der Unternehmen und der Reifephase, in der sich ihre Märkte befanden, trotz allem. Dabei demonstrierten diese Personen, wie eng fünf Themen, die heute in Managerkreisen auf großes Interesse stoßen, miteinander verbunden sind: Wettbewerb, Führung, Wandel, Strategie und Kultur.

Es ist interessant, sich die Werdegänge der elf Personen einmal näher anzuschauen, deren Führung aufs engste mit diesen Fällen umfassenden kulturellen Wandels verknüpft ist. Neben dem Faktor Führung fällt ein weiteres Muster auf. Alle elf Führungskräfte kamen entweder von außerhalb des Unternehmens auf ihre Positionen, kamen in ihre Unternehmen, nachdem sie zuvor schon früh woanders Karriere gemacht hatten, waren außerhalb des Stammgeschäfts ihrer Unternehmen »herangewachsen« oder in einer anderen Hinsicht unkonventionell (siehe Schaubild 7.3). Alle brachten sie in hohem Maße eine »Outsider«-Perspektive mit – jenen umfassenderen Überblick und jene größere emotionale Distanz, die für Menschen so untypisch sind, die die Kultur eines Unternehmens tief verinnerlicht haben. Da alle diese Männer einsehen mußten, daß ihre Unternehmen grundlegende Umgestaltungen brauchten, da sie zudem die potentiellen Alternativen erkennen und dann die Stärke haben mußten, gegen die etablierte Ordnung anzugehen, muß man sich einfach fragen, ob diese »Outsider«-Perspektive nicht ein wesentlicher Faktor in diesen Geschichten sein könnte.[17]

Jan Carlzon	Unkonventioneller Insider	Machte bei SAS Karriere, jedoch nicht im Stammgeschäft.
Lou Gerstner	Outsider	Kam 1978 als Executive Vice President zu TRS; machte vorher bei McKinsey Karriere, wo TRS sein Hauptklient war.
Mike Harper	Outsider	Kam 1974 als Executive Vice President zu ConAgra; machte vorher bei Pillsbury Karriere.
Sir John Harvey-Jones	Insider/Outsider	Kam im Alter von 33 Jahren zu ICI, nachdem er seine Laufbahn bei der Royal Navy aufgegeben hatte; im Unterschied zu den übrigen Topmanagern kein Chemiker.
David Kearns	Insider/Outsider	Kam mit 42 zu Xerox nach einer erfolgreichen Karriere bei IBM.
Lord King	Outsider	Kam 1981 als Chairman zu British Airways.
Yutaka Kume	Unkonventioneller Insider	Arbeitete sich bei Nissan hoch, allerdings unterschied sich sein Karrierepfad sehr von dem seiner Vorgänger.
Sir Colin Marshall	Outsider	Wurde 1983 CEO von British Airways; kam von Sears Holdings.
Charlie Sanford	Unkonventioneller Insider	Machte bei Bankers Trust Karriere, jedoch nicht im Stammgeschäft; kam zur Bank mit einem Bildungshintergrund, der sich recht stark von der Norm im höheren Management unterschied.
Barry Sullivan	Outsider	Kam 1980 als Chairman zu First Chicago; machte vorher bei der Chase Manhattan Bank Karriere.
Jack Welch	Unkonventioneller Insider	Machte in der Kunststoffsparte von GE Karriere, einem neueren und nebenrangigen Geschäftsbereich von GE.

Einer derjenigen, die wir als unkonventionelle Insider aufgeführt haben, Charlie Sanford, veranschaulicht recht gut, was wir meinen. Sanford kam 1963 von der University of Georgia und der Wharton Business School zu Bankers Trust – einem Unternehmen voller Yale-Absolventen. Sein Aufstieg begann, als er die Leitung des neugegründeten Geschäftsbereichs Rentenhandel übernahm – einer für die frühen siebziger Jahre sehr ungewöhnlichen Bankaktivität. Sanford soll ein eifriger Leser sein und mit großem Enthusiasmus über so verschiedene Gebiete wie Theologie, barocke Kunst und Quantenmechanik diskutieren. Er braut sogar sein eigenes Bier. Wenn ihn das noch nicht von seinen mehr konventionellen Kollegen bei anderen Banken unterscheidet, dann doch jedenfalls seine »grundsätzliche Unfähigkeit, bei irgend etwas nur Zweitbester zu sein«, wie es einer seiner Kollegen beschreibt.[18] Einen Einblick, wie er seine Funktion bei Bankers Trust sieht, vermittelt einer seiner eigenen Kommentare: »Es gibt hier die bewußte Geschäftspolitik, ein gewisses Maß von Angst zu erzeugen. Sieger spielen in der Regel so, als ob sie einen Punkt im Rückstand seien.«[19]

Doch es gibt ein Dilemma, das von einem zweiten Muster (siehe Schaubild 7.4) verdeutlicht wird. Je größer die Organisation, um so höher die Wahrscheinlichkeit, daß der neue Führer ein Insider ist – mitsamt der entsprechenden Glaubwürdigkeit, den Beziehungen und der Machtbasis. Unter den neuen Führungspersönlichkeiten der vier größten Unternehmen (GE, Nissan, ICI, Xerox) in unserer Stichprobe ist kein völliger Outsider. Völlige Outsider findet man bei vier der fünf kleinsten Unternehmen. Die logische Schlußfolgerung daraus lautet: Ein CEO ohne Insider-Rückhalt, der in einem kleinen Unternehmen – anders als in einem Großunternehmen – rasch aufgebaut werden kann, mag zwar imstande sein, erforderliche Veränderungen zu erkennen, doch beim Umsetzen seiner Vision scheitern.[20]

Die drei Merkmale – erfolgreicher Führer, Outsider-Perspektive und Insider-Rückhalt – findet man heutzutage nur selten in einer Person vereint. Studien haben gezeigt, daß Organisationen bestenfalls ein paar Personen mit starkem Insider-Rückhalt hervorbringen.[21] Nur selten dagegen entwickeln sie starke Führungspersönlichkeiten[22] oder Führungskräfte mit Outsider-Perspektive.[23] Vielleicht ist das einer der Gründe, weshalb größere kulturelle Umgestaltungen heutzutage relativ selten sind, trotz der offenkundigen Notwendigkeit derartigen Wandels bei nicht wenigen Unternehmen.

Diese Muster können auch dabei helfen, genauer zu erklären, warum strategisch angemessene, aber anpassungsunfähige Kulturen langfristig keine besseren Ergebnisse erzielen. In einem sich wandelnden geschäftlichen Umfeld brauchen diese Kulturen regelmäßig alle 5 bis 25 Jahre – je nach der Geschwindigkeit der externen Veränderungen – eine durchgreifende Umgestaltung. Doch diese Umgestaltung wird vermutlich nur dann geschehen, wenn ein relativ knapper Rohstoff gefunden wird – ein starker Führer mit Insider-Rückhalt und Outsider-Perspektive. Manche Unternehmen werden vielleicht hin und wieder so jemanden finden. Den meisten wird es jedoch wahrscheinlich nicht gelingen. Führung durch ein oder zwei Personen an der höchsten Spitze eines Unternehmens ist offenbar eine unabdingbares Element bei

Schaubild 7.4: Der Zusammenhang zwischen Unternehmensgröße und Herkunft der Protagonisten in zehn Fällen umfassenden kulturellen Wandels

Größe des Unternehmens	Unternehmen	Herkunft des Protagonisten
Sehr groß	General Electric	Unkonventioneller Insider
	ICI	Insider/Outsider
	Nissan	Unkonventioneller Insider
	Xerox	Insider/Outsider
Groß	Bankers Trust	Unkonventioneller Insider
	First Chicago	Outsider
	American Express TRS	Outsider
	British Airways	Outsider
Mittelgroß	SAS	Unkonventioneller Insider
	ConAgra	Outsider

durchgreifendem kulturellem Wandel. Doch warum? Wieso können derartige Veränderungen nicht stärker von der Basis ausgehen, auf Initiative des mittleren oder unteren Managements? Es gibt vermutlich zwei Hauptgründe, warum keiner unserer Fälle größerer kultureller Veränderung als von der Basis ausgehend bezeichnet werden kann. Der erste hängt mit der generellen Schwierigkeit zusammen, Kulturen zu verändern – ihre elastische Widerstandsfähigkeit zu überwinden. Hier bedarf es umfassender Machtbefugnisse, und diese sind gewöhnlich an der hierarchischen Spitze konzentriert. Der zweite Grund hängt mit Interdependenzen innerhalb von Organisationen zusammen, die es erschweren können, eine Sache nachhaltig zu verändern, ohne zugleich alles zu verändern. In der Regel sind nur die Leute an der Spitze imstande, Veränderungen solchen Umfangs vorzunehmen. Manager der unteren und mittleren Ebene sind in diesem Prozeß jedoch keineswegs überflüssig, denn letztlich führen ihre Handlungen die Veränderungen herbei. Und in einigen der von uns analysierten Fälle halfen ihre Aktivitäten dem neuen Führer, in die Spitzenposition zu gelangen, indem sie seiner Kandidatur den erforderlichen Rückhalt gaben. Während der ersten ein bis zwei Jahre seiner Regentschaft halfen sie ihm mit kritischer Unterstützung; sie bildeten innerhalb des Unternehmens »Stützpfeiler« für seine Aktivitäten, wenn er am dringendsten des Rückhalts bedurfte. Die Bedeutung dieser Aktionen sollte nicht unterschätzt werden.

Anmerkungen

1 Pascale/Athos und Peters/Waterman sind nicht auf dieses Thema eingegangen. Hingegen offerierten Davis, Deal/Kennedy sowie Ouchi Anleitungen zur Durchführung kultureller Umgestaltungen. Nachdem wir mit Firmen gesprochen hatten, die versucht hatten, ihre Vorschläge in die Tat umzusetzen, kamen wir zu dem Schluß, daß diese Rezepte nicht sehr erfolgreich waren.
2 *Developing Corporate Character*, S. xi, xii
3 Bereits 1983 unternahm Fortune eine »kritische Überprüfung der

Beweise« und kam zu einer ähnlichen Schlußfolgerung; siehe Brout-
tal: »The Corporate Culture Vultures«, *Fortune*, 17. Oktober 1983,
S. 66–72

4 Die Daten über kulturelle Veränderungen bei diesen zehn Firmen
 stammten überwiegend aus früheren Arbeiten von Kotter. Die Re-
 cherchen zu TRS, ConAgra und SAS hatte er in Zusammenhang mit
 seinem Buch *A Force for Change* durchgeführt. Die Fälle British
 Airways, GE, ICI und Xerox waren für Lehrzwecke in Harvard doku-
 mentiert worden. Bankers Trust, First Chicago und Nissan schließlich wurden speziell für dieses Projekt untersucht. Die Autoren besuchten jedes dieser letzten Unternehmen. In zwei der drei Fälle
 sprach Kotter mit Managern und Führungskräften eingehend über
 ihre Unternehmenskulturen, über die kulturellen Veränderungen in
 den zurückliegenden zehn bis fünfzehn Jahren und über die Ursachen
 dieses Wandels.

5 Wir sind auch auf andere Firmen (zum Beispiel Texaco, Coors) gesto-
 ßen, die sich intensiv um einen Wandel ihrer Kulturen bemühten,
 doch es ist noch zu früh, um zu bestimmen, wie erfolgreich sie sein
 werden.

6 Andere sind explizit oder implizit zu der gleichen Schlußfolgerung
 gelangt; siehe Noel M. Tichy/Mary Anne Devanna: *The Transformational Leader*, New York 1986; Schein: *Organizational Culture and
 Leadership*

7 Die Unterschiede zwischen Management und Führung (Leadership)
 schildert Kotter in *A Force for Change*

8 Andere haben ähnliche Beobachtungen gemacht; siehe Gordon:
 »The Relationship of Corporate Culture to Industry Sector and
 Performance«

9 Für weitergehende Informationen siehe James Leahey/John Kotter:
 »British Airways«, Harvard Business School Case No. 491–009

10 Eine ausführlichere Darstellung der Firmengeschichte von ConAgra
 findet sich in *A Force for Change*, Kapitel 10

11 Siehe Harvard Business School Cases No. 381–174 (Aguilar) und
 No. 385–315 (Hamermesh) sowie den Geschäftsbericht 1989 von GE

12 Wird eingehender in Kapitel 9 behandelt.

13 Wird eingehender in Kapitel 10 behandelt.

14 Ausführlichere Informationen über SAS finden sich bei Jan Carlzon:
 Moments of Truth, Cambridge 1987 (dt. *Alles für den Kunden*, Frankfurt a. M. 1988)

15 Für weitergehende Informationen über Gerstner und TRS siehe
 Kotter: *A Force for Change*, Kap. 3

16 Siehe Leonard Schlesinger/Todd Jick: Xerox Corporation: Leadership Through Quality – Xerox in the 1980s, Harvard Business School Case No. 485–156
17 Schein hat ähnliches beobachtet, insbesondere hinsichtlich der »unkonventionellen Insider« (die er »Mischlinge« nennt).
18 Sarah Bartlett: »Bankers Trust Could Beat the Street at Its Own Game«, Business Week, 4. April 1988, S. 87
19 Ebenda, S. 88
20 Siehe John P. Kotter: The General Managers, New York 1982, und: Power and Influence, New York 1985 (dt. Überzeugen und Durchsetzen – Macht und Einfluß in Organisationen, Frankfurt a. M. 1987)
21 Siehe Kotter: The General Managers, Kap. 3; Power and Influence, Kap. 4
22 Siehe The Leadership Factor, Kap. 4, 5 und 6
23 Dies gilt vor allem für Personen, die in Firmen Karriere machten, die kulturellen Wandel brauchen und die wir in Kapitel 6 vorstellten.

8. Führungspersönlichkeiten in Aktion

In den von uns untersuchten zehn Fällen umfassenden kulturellen Wandels gingen die Führungskräfte, die ihn einleiteten, nach ihrer Ernennung zum CEO, COO (Chief Operating Officer) oder Leiter eines Geschäftsbereichs relativ schnell ans Werk.[1] Sie waren offenbar schon vor ihrer Ernennung von der Notwendigkeit eines Wandels überzeugt. In einigen Fällen hatten sie schon eine relativ genaue Vorstellung von der Art der Veränderungen, die erforderlich waren. Obgleich es sich kaum nachweisen läßt, scheint es, daß diesen Personen in vielen (möglicherweise allen) Fällen gerade deshalb die Spitzenposition angeboten wurde, weil sie diese Überzeugungen und Visionen hatten.

Jeder dieser Führer hat – in unterschiedlichem Maße – unmittelbar nach Antritt seiner neuen Position versucht, ein eindeutiges »Krisenbewußtsein« zu erzeugen. Das war nie leicht. In nur drei der zehn Fälle wurden Verluste ausgewiesen, bevor diese Personen die Leitung übernahmen (siehe Schaubild 8.1), und selbst in diesen drei Unternehmen gab es Gruppen, die noch immer nicht glauben wollten, daß man auf eine Krise zusteuerte. In mindestens zwei Fällen, GE und American Express TRS, waren die meisten Mitarbeiter davon überzeugt, daß ihr Unternehmen außerordentlich gute Ergebnisse erzielte und daher nur wenig oder gar keine Veränderung brauchte.[2]

Um die Notwendigkeit eines Wandels deutlich zu machen, verbreiteten diese Führungskräfte die Fakten, die auf eine Krise oder potentielle Krise hindeuteten, weit.[3] Waren keine überzeugenden Daten verfügbar, entwickelten sie neue Meßsysteme, um sie zu gewinnen. Sie beauftragten auch Beratungsunternehmen und ernannten Projektgruppen (oder ermunterten andere, dies zu tun), um diese Informationen zu sammeln und publik zu machen.

Schaubild 8.1: Das Ausmaß der »Krise« vor Einleitung des Wandels

Unternehmen	Ausgewiesene unternehmensweite Verluste vor Einleitung des Wandels
American Express TRS	Keine
Bankers Trust	Keine
British Airways	Erhebliche Verluste 1981 (7 % des Umsatzes)
ConAgra	Mäßige Verluste 1974 (3 % des Umsatzes)
First Chicago	Keine
General Electric	Keine
ICI	Keine
Nissan	Keine
SAS	Geringe Verluste 1980 (2 % des Umsatzes)
Xerox	Keine

Obgleich es keiner von ihnen freiwillig zugibt, »produzierten« sie in manchen Fällen eindeutig die benötigten Daten, indem sie zum Beispiel einen hinreichend großen Ertragseinbruch für ein Quartal oder ein Jahr erlaubten oder konstruierten.

Parallel dazu entwickelten oder konkretisierten die Führer ihre Vorstellungen von den erforderlichen Veränderungen. Dies geschah typischerweise dadurch, daß sie den Status quo mit sehr elementaren Fragen in Zweifel stellten. Erfüllen wir die Kundenbedürfnisse besser als unsere Wettbewerber? Falls nein, warum nicht? Produzieren wir unsere Güter und Dienstleistungen so effizient wie möglich? Zur Beantwortung dieser Fragen sammelten sie eine breite Palette von Informationen – aus allen Teilen des Unternehmens, von Außenstehenden (Kunden, Beratern, Zulieferern) und von Managern auf den untersten Ebenen in ihren Unternehmen.[4] In praktisch allen zehn Fällen überstieg das Ausmaß, in dem die Führer den Status quo in Frage stellten, und die Breite der Informationen, die sie einholten, um grundlegende Fragen zu beantworten, bei weitem das, was ihre Vorgänger getan hatten.

Nachdem die Führer eine gewisse minimale Bereitschaft bei ihren

Managern festgestellt hatten, begannen sie, ihre Visionen der erforderlichen Veränderungen zu kommunizieren. Diese Visionen enthielten immer eine allgemeine Aussage über Hauptbezugsgruppen, vor allem die Kunden, sowie über Führung beziehungsweise Führungshindernisse (etwa übermäßige Bürokratie). Außerdem wurde darin genauer auf konkrete Strategien und Praktiken eingegangen, die man als notwendig ansah, um mit dem gegenwärtigen Geschäftsklima oder der Wettbewerbssituation zurechtzukommen.

Visionen und Strategien wurden mit einfachen, eindringlichen und ständig wiederholten Worten und mit Taten vermittelt. In einigen Fällen (British Airways, Nissan, SAS, Xerox) verbrachten diese Topmanager sehr viel mehr Zeit als ihre Vorgänger damit, mit ihren Angestellten zu kommunizieren. In den meisten Fällen ermunterten sie die Mitarbeiter, in einen Dialog mit ihnen einzutreten, um zu vermeiden, daß die Kommunikation eine Einbahnstraße blieb. In nahezu allen Fällen wurden die Führer zu lebenden Verkörperungen der von ihnen erstrebten Kulturen. Die Werte und Praktiken, auf die sie ihre Unternehmen einschwören wollten, manifestierten sich offen in ihrem alltäglichen Verhalten: in den Fragen, die sie bei Konferenzen stellten, in den Tätigkeiten, mit denen sie ihre Zeit verbrachten, in den Entscheidungen, die sie trafen. Diese Handlungen haben ihren Worten offenbar entscheidende Glaubwürdigkeit verschafft. Ihr Verhalten machte anderen deutlich, daß sie es mit ihren Reden ernst meinten. Und Erfolge, die aus diesem Verhalten resultierten, machten deutlich, daß die Reden vernünftig waren.[5]

Die Visionen wurden auch vorgetragen, um an die Wertvorstellungen anderer Führungskräfte und Manager zu appellieren. Zusammen mit einem Verzicht auf detailliertes Mikromanagement, intensivem Anfeuern und Anerkennung für Initiativen konnten die Führer viele andere dazu motivieren, sich wie sie zu verhalten.[6] Sie ermutigten erfolgreich Dutzende, Hunderte und in sehr großen Unternehmen sogar Tausende von Managern, neue Strategien und Praktiken für ihre spezifischen Verantwortungsbereiche zu entwickeln und umzusetzen. Manchmal war das einfach, weil

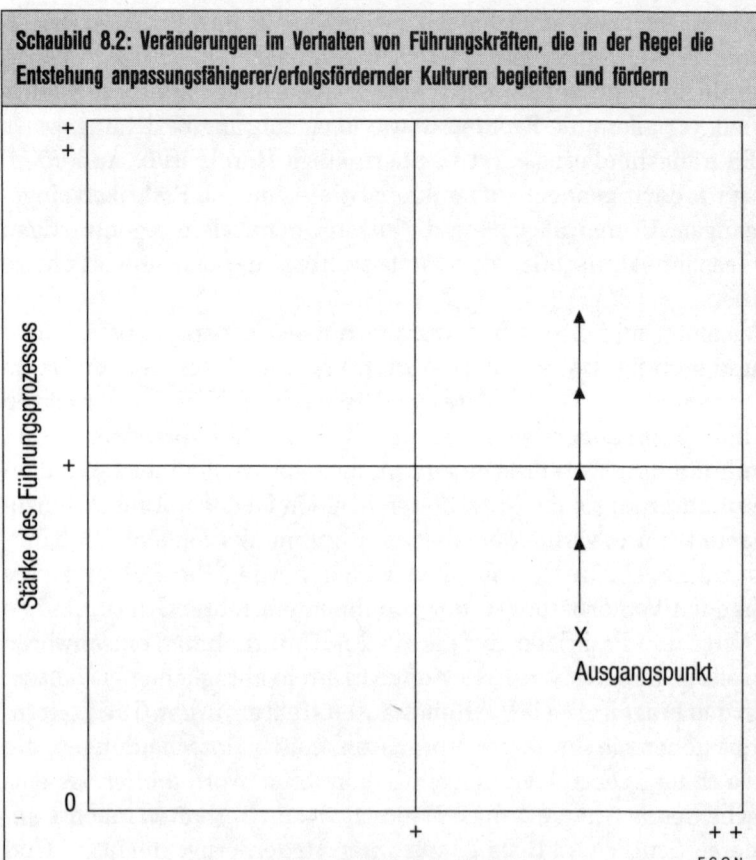

Schaubild 8.2: Veränderungen im Verhalten von Führungskräften, die in der Regel die Entstehung anpassungsfähigerer/erfolgsfördernder Kulturen begleiten und fördern

Stärke des Führungsprozesses

Stärke des Managementprozesses

X
Ausgangspunkt

die Manager entweder unkonventionell oder selbst Insider/Outsider waren und bereits versucht hatten, Veränderungen vorzunehmen. In anderen Fällen war es sehr schwierig, weil die Manager sich an der alten Kultur festklammerten. Doch alles in allem gelang es diesen Führern, genügend Mitarbeiter zu motivieren, um einen hinreichend starken Führungsprozeß auf allen hierarchischen Ebenen ihrer Unternehmen in Gang zu setzen.

Ein wichtiger Teil dieser Fallgeschichten bestand in der Regel darin, einige der angeseheneren langjährigen Kundendienstmana-

132

ger zu gewinnen. Diese Manager wurden dann zu Rollenvorbildern für andere langjährige Mitarbeiter. Ihre Fähigkeit zum Wandel und zur Übernahme einer nützlichen Führungsrolle signalisierte, daß auch andere dies tun konnten.

Die Durchsetzung eines starken Führungsprozesses – nicht um einen Managementprozeß zu ersetzen, sondern um ihn zu ergänzen – ist eine unabdingbare Voraussetzung für alle diese Fallgeschichten umfassenden kulturellen Wandels (siehe Schaubild 8.2). Im Unterschied selbst zum besten Managementprozeß (siehe Schaubild 8.3) soll Führung primär Wandel produzieren. Ohne Führung ist zielgerichteter Wandel jeden Ausmaßes nahezu unmöglich.

In den zehn erfolgreichen Fällen kulturellen Wandels, die wir untersuchten, waren Hunderte oder gar Tausende von Initiativen erforderlich, um die neuen Visionen und neuen Strategien umzusetzen – Initiativen, die sich in der Regel stärker auf Verhaltensweisen als auf Werte konzentrierten.[7] Die Führer strukturierten ihre Unternehmen um, wobei sie häufig die Zahl der Hierarchie-Ebenen verringerten und die Zuständigkeiten dezentralisierten, um Manager näher an die Kunden heranzubringen und die Ergebnisverantwortung der Mitarbeiter zu erhöhen. Sie unterstützten die Aktivitäten anderer, die Managern der unteren Ebene automatisch mehr Verantwortung gaben, Mitarbeiter veranlaßten, mit Kunden in Kontakt zu treten, oder Manager dazu ermunterten, überlegene Mitarbeiterführungsmethoden von anderen Firmen zu übernehmen. Sie ersetzten Manager durch Personen, deren Wertvorstellungen stärker mit den von ihnen gewünschten Kulturen übereinstimmten – wobei sie in diversifizierten Unternehmen diese Manager häufig aus den Geschäftsbereichen abzogen, die bereits die gesündesten und anpassungsfähigsten Kulturen besaßen. Und was noch wesentlicher ist: Sie veränderten die Kriterien, auf denen Einstellungs- und Beförderungsentscheidungen basierten (siehe Schaubild 8.4). Insgesamt initiierten Hunderte von Personen Tausende von Maßnahmen,[8] wobei sie sich alle an einem allgemeinen, von hochrangigen Führungskräften erarbeitetem Rahmenkonzept orientierten.

Schaubild 8.3: Vergleich zwischen Management und Leadership

	Management	*Führung*
Entwicklung eines Zeitplanes	Allgemeine und Finanzplanung: Aufgaben und Ziele für die Zukunft festlegen, typischerweise für einen Monat oder ein Jahr; die einzelnen Schritte definieren, um jene Ziele zu erreichen, eventuell unter Einschluß von Zeitplänen und Richtlinien; anschließend Bereitstellung der finanziellen und sonstigen Mittel.	Vorgeben der Richtung: eine Vision häufig bis weit in die Zukunft hinein entwickeln, zusammen mit Strategien für den Wandel, der zur Erreichung des Zieles notwendig ist.
Ein menschliches Netzwerk entwickeln, um Planvorgaben zu verwirklichen	Organisation und Mitarbeiter: eine Organisationsstruktur festlegen und die Arbeitsbereiche zur Erfüllung der Planerfordernisse einrichten, qualifizierte Mitarbeiter unter Bekanntgabe der Planvorstellungen einsetzen, Verantwortung für die Planerfüllung delegieren und Mechanismen einführen, mit deren Hilfe die Durchführung überwacht wird.	Ausrichten der Mitarbeiter: die Richtung all denen bekanntgeben, deren Mitwirkung erforderlich sein könnte, um Gruppen und Gemeinschaften mit Verständnis für die Vision und zugleich mit Engagement für die Erreichung des Zieles zu bilden.
Durchführung	Rechnungsprüfung und Problemlösungen: Ergebnisse mit den Planvorgaben vergleichen, Abweichungen davon – normalerweise Probleme genannt – erkennen und Pläne entwickeln, um diese Probleme zu lösen.	Motivieren und begeistern: dafür sorgen, daß die Mitarbeiter trotz erheblicher politischer, bürokratischer und finanzieller Hürden auf dem Weg zum Wandel vorankommen, indem sehr grundlegende, aber oft verborgene menschliche Bedürfnisse befriedigt werden.
Ergebnisse	Bewirkt ein bestimmtes Maß von Berechenbarkeit und Ordnung sowie die Möglichkeit, dauernd entscheidende Resultate zu erbringen, die von verschiedenen Beteiligten erwartet werden (beispielsweise bei Kunden genaues Einhalten von Terminen, bei Aktionären das Einhalten der Budgetvorhaben).	Erzeugt Wandel, Bewegung, oft in einem dramatischen Ausmaß, und hat das Potential, außerordentlich nützliche Veränderungen zu bewirken (wie zum Beispiel neue, von der Kundschaft dringend gewünschte Produkte, neue Arbeitsbedingungen für die Mitarbeiter, um eine Firma wettbewerbsfähiger zu machen).

Quelle: John Kotter: Abschied vom Erbsenzähler, S. 210

134

Die Führungspersönlichkeiten wählten unter den verfügbaren Möglichkeiten solche aus, die rasche, aber dauerhafte Erfolge versprachen. Obgleich sie sich der langen Zeit, die für den kulturellen Wandel erforderlich war, offenbar sehr bewußt waren und obwohl sie eine ungewöhnliche Ausdauer und Geduld an den Tag legten, brannten sie darauf, Erfolge vorweisen zu können, die ihren Anstrengungen Glaubwürdigkeit verleihen würden. Sie verschwendeten wenig Zeit und Energie auf Mitarbeiter, Produkte oder Betriebe, deren langfristiges Potential offensichtlich nur gering war. Daher konnten die Führer in neun der von uns analysierten zehn Fälle innerhalb der ersten beiden Jahre nach ihrem Amtsantritt substantielle positive Ergebnisse vorweisen (siehe Schaubild 8.5). Durch die Entwicklung von Systemen, die nichtfinanzielle Daten (zum Beispiel über Produktqualität) sammelten, konnten sie mitunter sogar in noch kürzerer Zeit glaubhaften Fortschritt erzielen.

Die Bedeutung der Ergebnisse kann gar nicht hoch genug veranschlagt werden, entwickelten sich diese neuen Kulturen doch in einem Zyklus, der von erfolgreichen Ergebnissen angetrieben wurde. Zunächst wurden die neuen Strategien, Praktiken und Werte nur von einer kleinen Zahl gleichgesinnter Mitarbeiter übernommen. Deren Aktionen zeitigten positive Ergebnisse, die nicht nur neue Verhaltensweisen und Werte in der ursprünglichen Gruppe verstärkten, sondern auch weitere Mitarbeiter anzogen.[9] Die Aktionen dieser größeren Gruppe führten dann ihrerseits wieder zu positiven Ergebnissen, die neue Mitarbeiter überzeugten, und so weiter ...

In allen Fällen umfassenden kulturellen Wandels, der länger als ein paar Jahre erforderte, erlahmte der von diesem Zyklus erzeugte Schwung mindestens einmal. Manchmal war dies auf den Zusammenbruch eines Geschäftsbereichs zurückzuführen, den die Mitarbeiter mit dem kulturellen Wandel in Zusammenhang brachten. Manchmal lag dies einfach am wachsenden Widerstand oder der allgemeinen Erschöpfung in den Reihen der Führungskräfte. In allen diesen Fällen wäre es leicht gewesen und begrüßt worden, wenn der Wandel gestoppt worden wäre. Doch

Maßnahmen der Manager

- Sie gestalten Systeme und Geschäftsgrundsätze neu.
- Sie liefern Vorbilder und erklären, weshalb neue Verhaltensweisen erforderlich sind.
- Sie billigen und unterstützen neue Aktivitäten, die von anderen vorgeschlagen werden.
- Sie wechseln bestimmte Mitarbeiter aus oder ändern die Kriterien, nach denen Mitarbeiter eingestellt und befördert werden.

Veränderungen im Verhalten

Die Aktionen bewirken neue Verhaltensweisen.

Erfolg

Die neuen Verhaltensweisen sind offenbar erfolgreich.

Kultur

- Die Verhaltensnormen beginnen sich an die neue Vision und die neuen Strategien anzugleichen.
- Der gemeinsame Wertekanon beginnt sich an die neue Vision und die neuen Strategien anzugleichen.

136

Schaubild 8.5: Schnelle Erfolge von Umgestaltungsbemühungen

Unternehmen	Ergebnisse innerhalb der ersten beiden Jahre
American Express TRS	Gewinnsteigerung trotz verschärften Wettbewerbs
Bankers Trust	Erhebliche Gewinnsteigerung
British Airways	Verluste eingedämmt, Unternehmen wieder profitabel
ConAgra	Verluste eingedämmt, Unternehmen wieder profitabel
First Chicago	Erhebliche Gewinnsteigerung
General Electric	Höhere Gewinne, Aktienkurs verdoppelt
ICI	Erhebliche Gewinnsteigerung
Nissan	Kaum sichtbare Verbesserung
SAS	Verluste eingedämmt, Unternehmen wieder profitabel
Xerox	Erhebliche Steigerung der Gesamtkapitalrentabilität

das geschah nur selten. Vielmehr verstärkten die leitenden Führungskräfte noch die auf kulturellen Wandel gerichteten Aktivitäten, wobei sie mitunter persönlich die Leitung übernahmen – zumindest bis der Zyklus wieder in Schwung kam.

All diese Faktoren zusammengenommen erklären, weshalb es in Großunternehmen nicht häufiger zu umfassendem Kulturwandel kommt. Dieser erfordert einen erfolgreichen Führer an der Spitze. Er oder sie muß sowohl über die Offenheit eines Outsiders für neue Ideen als auch über die Machtbasis eines Insiders verfügen. Der Führer muß ein spürbares Bedürfnis nach Veränderung erzeugen, auch wenn die meisten Mitarbeiter glauben, alles sei in bester Ordnung. Er muß eine neue Vision und neue Strategien entwickeln, erfolgreich vermitteln und sich selber in seinem alltäglichen Verhalten danach richten. Er muß eine ständig wachsende Gruppe von Personen dazu motivieren, ihn bei diesen Führungsbemühungen zu unterstützen. Diese Personen müssen Hunderte oder Tausende von Möglichkeiten finden, Verhalten zu beeinflussen. Und die resultierenden Aktionen einer wachsenden Zahl von Leuten müssen positive Ergebnisse zeitigen – wenn nicht, verliert der ganze Versuch an Glaubwürdigkeit.

Das Beispiel der First Chicago veranschaulicht die meisten dieser Aspekte und führt ein weiteres Merkmal jedes Versuchs einer grundlegenden kulturellen Umgestaltung ein: den erforderlichen Zeitaufwand.[10]

Die First Chicago wurde 1863 gegründet und expandierte sehr erfolgreich im Mittleren Westen der Vereinigten Staaten. 1958 hatte sie Dutzende älterer Banken von der Ostküste überflügelt und war zum siebtgrößten Unternehmen der Branche aufgestiegen. Sie hatte einen guten Ruf und gute Beziehungen zu ihren Mitarbeitern. Ihre Kultur war recht stark und betonte die Kundennähe, ein hohes Kreditvolumen, den Glauben an sich selbst als erstklassige Institution, die schwerpunktmäßige Ausrichtung auf Firmenkredite und den Einsatz spezieller Projektgruppen zur Untersuchung verschiedener Branchen.

1959 eröffnete die First Chicago eine Zweigstelle in London, und 1962 expandierte sie nach Japan. Ende der sechziger Jahre begann sich unter der Führung von Gaylord Freeman, dem Chairman der Bank von 1969 bis 1975, eine sehr viel aggressivere und expansivere Kultur durchzusetzen. Die Bank eröffnete immer mehr ausländische Zweigstellen, bot MBAs aus Harvard rasche Aufstiegsmöglichkeiten an und entwickelte eine offensivere Geschäftspolitik. Sie entfernte sich von ihren geographischen Wurzeln und vom traditionellen Kreditgeschäft. Die ersten Ergebnisse dieser Veränderungen waren sehr eindrucksvoll: Zwischen 1970 und 1975 erhöhte sich der Gewinn um über 100 Prozent. Doch dann geriet die Bank ins Trudeln.

Im Rückblick läßt sich leicht erkennen, daß die First Chicago weit über ihre begrenzten Fähigkeiten und Ressourcen hinaus expandierte. Die Probleme durch die Überexpansion verschlimmerten und vermehrten sich durch die Rezession von 1974 und einen Wettlauf von drei Kandidaten um die Nachfolge von Freeman.

Robert Aboud gewann dieses Rennen. Auf einen autokratischen Führungsstil setzend, begann er dem Unternehmen Zügel anzulegen, das Wachstum zu begrenzen, die Mitarbeiterzahl zu verringern und strenge interne Kontrollen einzurichten. Karrierebewußte MBAs begannen das Unternehmen zu verlassen, die

Arbeitsmoral verschlechterte sich, und notleidende Kredite häuften sich. Konflikt und Chaos drohten zur Regel zu werden.

Als 1980 der Nettogewinn 60 Prozent unter das Niveau von 1975 sank, traten die drei höchsten Führungskräfte der Bank zurück, und der Board of Directors bestellte Barry Sullivan von der Chase Manhattan Bank zum CEO. Inzwischen befand sich die Bank nach Ansicht vieler Beobachter »am Rande des Abgrunds«, nachdem ihre traditionelle Kultur »zerschlagen« worden war.

Sullivan, der in der Bronx aufgewachsen war und eine Jesuitenschule besucht hatte, war sowohl ein ausgezeichneter Schüler als auch ein hervorragender Basketballspieler. Schließlich studierte er Betriebswirtschaftslehre an der Universität Chicago und landete dann bei der Chase Manhattan, wo er durch außergewöhnlich gute Leistungen auffiel und eine »begeisterte Anhängerschaft« fand – wie in einem Zeitschriftenartikel zu lesen war. Ein ehemaliger Manager von Chase, der heute bei Mellon tätig ist, sagt: »Er war ein echter Führer, ein aufregender Mensch.«[11]

Während seiner ersten sechs Monate bei der First Chicago engagierte Sullivan vierzehn wichtige Führungskräfte von außerhalb der Bank. Er übertrug ihnen und anderen Profit-Center-Verantwortung und drängte sie, in ihren Geschäftsbereichen echte Führung zu beweisen. Anschließend begann er mit der Entwicklung einer Gesamtstrategie für die Bank und einer Unternehmenskultur, die diesen Führungsinitiativen erlauben sollte, zum Wohl des Unternehmens zusammenzuwirken.

Die Strategie, mit deren Erarbeitung Sullivan und sein neues Team begannen, betonte Kundenorientierung, eine starke Kreditpolitik (zur Stärkung der Rentabilität), Teamarbeit und eine zunehmende Ausrichtung auf inländische und regionale Aktivitäten. Zur Unterstützung dieser neuen Ausrichtung übernahm man 1982 das Kreditkartengeschäft von Bankers Trust und 1984 eine auf den »mittleren Markt« spezialisierte Bank mit dem Namen American National.

Die Erfolgsbilanz verbesserte sich schon bald, nachdem Sullivan seinen Posten angetreten hatte, und dieser Trend setzte sich in dem Maße fort, wie die neue Organisation und Kultur Fuß zu

fassen begannen. 1981 betrug der Gewinn 118 Millionen Dollar –
fast doppelt soviel wie 1980. 1982 belief sich der Jahresüberschuß
auf 136 Millionen Dollar, und 1983 stieg er auf 183 Millionen
Dollar. Daher erklärte ein glücklicher Sullivan öffentlich, die First
Chicago habe »die Wende vollzogen«. Anfang 1984 sah es tatsächlich so aus.

Im Oktober 1984 jedoch meldete die Bank einen Quartalsverlust
von 71,8 Millionen Dollar, der größtenteils durch notleidende
Hypothekarkredite verursacht worden war. Dieser Verlust kam
völlig unerwartet und stellte ein einmaliges Ereignis dar: Noch
nie in ihrer ganzen Geschichte hatte die Bank einen Verlust
ausgewiesen. Einige Monate später wurde ein weiterer Verlust
verbucht, diesmal wegen einer brasilianischen Akquisition. Es
war eine fürchterliche Zeit für Sullivan und seine Anhänger. Die
empfindliche Kultur, die sie aufgebaut hatten, begann zusam-
menzubrechen, begleitet von Streit und Unsicherheit unter den
Managern.

Statt das Handtuch zu werfen, nahm Sullivan die Verantwortung
für die schlechten Ergebnisse auf sich und ging sogar noch aggres-
siver zu Werke. Er leitete persönlich eine Gruppe von Managern,
die das Kreditsystem völlig überholen sollte. Sein Führungsteam
durchforstete den Kreditbestand, verringerte die internationalen
Aktivitäten noch stärker und erwarb zwei kleine Bankengruppen
in Illinois. Um den Schwerpunkt auf Kundendienst und Team-
work weiter zu verstärken, führte man ein tägliches Meeting von
Topmanagern des Firmenkundengeschäfts ein, um über Kunden
und deren Probleme zu sprechen. Außerdem überarbeitete man
das Entlohnungs- und Beurteilungssystem so, daß sie stärker die
Gesamtergebnisse, nicht nur die individuelle Leistung berücksichtigten.

Diese Anstrengungen zahlten sich aus. Die neue Kultur erholte
sich und gewann an Stärke, wobei sie sowohl beeindruckende
Endergebnisse hervorbrachte als dadurch auch weiter gefestigt
wurde: 1986 war der Jahresüberschuß mit 270 Millionen Dollar
dreimal so hoch wie 1984, als er nur 86 Millionen Dollar erreicht
hatte.

Schaubild 8.6: Notwendige Zeit für kulturellen Wandel

Unternehmen	Größe zu Beginn der Veränderungen	Dauer der kulturellen Umgestaltung
General Electric	Sehr groß	Seit 10 Jahren
ICI		6 Jahre
Nissan		Seit 6 Jahren
Xerox		7 Jahre
Bankers Trust	Groß	8 Jahre
First Chicago		10 Jahre
American Express TRS		6 Jahre
British Airways		4 Jahre
SAS	Mittel	4 Jahre
ConAgra		4 Jahre

1987 wurde die First Chicago zusammen mit vielen anderen US-amerikanischen Großbanken gezwungen, ihre Rücklagen für Kreditausfälle von Ländern der Dritten Welt zu erhöhen, was im selben Jahr zu einem Nettoverlust von 500 Millionen Dollar führte. Jeder sah ein, daß dies nichts mit dem Grundgeschäft der Bank zu tun hatte, und eine weitere Krise wurde vermieden. Dennoch hat der Verlust von 1987 in Verbindung mit der neueren, anpassungsfähigeren Kultur offensichtlich noch mehr Veränderungen ausgelöst. Zu diesem Zeitpunkt stießen Sullivans Führungskräfte noch mehr internationale Aktivitäten ab, erwarben noch mehr Privatkundenbanken in und um Chicago und erweiterten ihr Kreditkartengeschäft durch eine Akquisition nochmals erheblich. Sullivan selbst arbeitete energischer an der Bildung eines Teams von Topmanagern, die wirklich alle einen gemeinsamen Kanon von Grundwerten und Führungsstilen teilten – Bemühungen, die noch mehr Wende brachten.

1988 waren die Ergebnisse hervorragend: Der Jahresüberschuß stieg auf 513 Millionen Dollar, das Sechsfache des Betrags von 1984. Gegen Ende dieses Jahres sagten einige Beobachter endlich, die Bank habe sich erholt. Eine Analyse von Salomon Bro-

Führung durch die Unternehmensspitze

Ein oder zwei Topmanager sind hervorragende Führer mit der umfassenden Perspektive eines Outsiders und der Glaubwürdigkeit eines Insiders. Sie sorgen für erfolgreiche Führung, indem sie die Mitarbeiter davon überzeugen, daß eine Krise bevorstehe, indem sie mit Worten und Taten eine neue Vision und neue Strategien für das Unternehmen vermitteln und indem sie anschließend viele andere dazu motivieren, die zur Umsetzung der Vision und der Strategien erforderliche Führung zu übernehmen.

Verbesserter Unternehmenserfolg

Das Unternehmen ist in den Bereichen erfolgreich, in denen die Praktiken den Bedürfnissen aller Bezugsgruppen entsprechen.

Die neue Unternehmenskultur

Werte
Eine wachsende Gruppe von Managern übernimmt einige der Werte der Unternehmensspitze, vor allem
1. die Ausrichtung auf die Befriedigung der Bedürfnisse von Kunden, Mitarbeitern und Aktionären und
2. die Betonung von Führung beziehungsweise der Fähigkeit, Wandel zu bewirken.

Verhaltensweisen/Praktiken
Die wachsende Gruppe von Managern und das Topmanagement machen sich Praktiken zu eigen, die auf die Branche zugeschnitten sind, und liefern die Führung, um sie zu ändern, wenn die Bedürfnisse der Bezugsgruppen dies erfordern.

thers, die im Februar 1989 veröffentlicht wurde, trug den folgenden Titel: »First Chicago Corporation – Eine beherrschende Kraft im Mittelwesten«.

Barry Sullivan und seine Manager brauchten neun Jahre, um bei der First Chicago eine neue Kultur zu errichten, und doch gab es selbst 1991 noch zuverlässige Hinweise dafür, daß diese Kultur noch immer nicht gefestigt war und mit Schwierigkeiten zu kämpfen hatte. Jack Welch verbrachte den größten Teil der achtziger Jahre mit dem Versuch, die Kultur von GE zu verändern, und prophezeite, es werde weitere zehn Jahre dauern, dieses Projekt zu beenden. David Kearns brauchte sieben oder acht Jahre, um ein paar Aspekte der Kultur von Xerox zu verändern, und Kritiker des Unternehmens behaupten, es bleibe noch viel mehr zu tun.

Die Untersuchungsergebnisse zeigen eindeutig, daß ein umfassender kultureller Wandel – vor allem in Großunternehmen – nicht leicht oder rasch zu verwirklichen ist (siehe Schaubild 8.6).[12] Sogar die geringfügigen Änderungen in (und von) der leistungssteigernden Kultur von Hewlett-Packard ließen sich mitunter nur langsam und mit großer Mühe erreichen. In Großorganisationen erfordern umfassende Veränderungen nicht nur exzellente Führung an der Spitze, sondern auch viele Initiativen von vielen Mitarbeitern,[13] und das nimmt einfach Zeit in Anspruch, manchmal sehr viel. Vielleicht ist das der Grund dafür, daß gute Zwischenergebnisse so wichtig sind. Sie verleihen den Führern und dem Prozeß selbst Glaubwürdigkeit. Und sie stärken die Geduld der Mitarbeiter (siehe Schaubild 8.7).

Aufgrund der Schwierigkeiten scheitern viele Führungskräfte bei ihren Bemühungen um einen umfassenden kulturellen Wandel. Noch viel mehr scheinen es nicht einmal zu versuchen. Daher haben manche Manager wahrscheinlich noch nie ein erfolgreiches Beispiel für bedeutsamen kulturellen Wandel gesehen – zumindest nicht in einem Unternehmen gewisser Größe. Logischerweise werden sie sich deshalb fragen, ob dies überhaupt möglich ist. Es ist möglich, und ICI ist ein gutes Beispiel dafür.

Anmerkungen

1 Die Informationen, auf denen dieses Kapitel basiert, stammen aus Forschungsarbeiten, die zwischen 1987 und 1991 durchgeführt wurden; siehe Kapitel 7, Anmerkung 4

2 In der Literatur über kulturellen Wandel ist häufig die (implizite oder explizite) Behauptung anzutreffen, es sei eine schwere Krise erforderlich, *bevor* Unternehmen eine starke Führungspersönlichkeit mit der Durchführung von Veränderungen beauftragten. Das entspricht nicht unseren Ergebnissen.

3 Eine Reihe anderer Autoren hat ähnliche Beobachtungen gemacht; siehe Schein: Organizational Culture and Leadership, Kap. 11

4 Für weitergehende Informationen über diesen Prozeß siehe Kotter: A Force for Change, Kap. 3

5 Für weitergehende Informationen über den Prozeß der Vermittlung einer Vision siehe ebenda, Kap. 4

6 Für weitergehende Informationen über die von Führungskräften angewandten Motivationsverfahren siehe ebenda, Kap. 5

7 Auch Michael Beer/Russell Eisenstat/Bert Spector berichten, daß sich Manager bei erfolgreichen Umgestaltungen stärker auf das Verhalten als auf Werte/Überzeugungen konzentrieren; siehe: The Critical Path, Boston 1990

8 David Nadler/Michael Tushman haben dies den »Schrotflinten«-Ansatz genannt; siehe ihren Artikel: Organizational Frame Bending: Principles for Managing Reorientation, Academy of Management Executive 3, No. 3 (1989), S. 194–204

9 So hat unter anderem Andrew Pettigrew darauf hingewiesen, daß die neue Kultur instabil und verletzlich bleibt, wenn der kulturelle Wandel nicht auf die Werte-Ebene durchschlägt – vor allem dann, wenn die starke Führungspersönlichkeit, die den Wandel propagiert, schließlich ausscheidet; siehe Andrew Pettigrew: Is Corporate Culture Manageable? Rede auf der Jahrestagung der Strategic Management Society, Culture and Competitive Strategies, Singapur, 13.–16. Oktober 1986

10 Die Information über die First Chicago stammt aus veröffentlichten Quellen und Interviews, die Kotter im August 1989 bei der First Chicago führte.

11 Suzanne Andrews: Barry Sullivan's Chicago Crusade, Institutional Investor, Juli 1989, S. 61

12 Andere sind zu ähnlichen Schlußfolgerungen gelangt. Siehe zum

Beispiel Rosabeth Kanter/Barry Stein/Todd Jick: The Challenge of
Change, New York 1992
13 Jicks Erörterung der vielfältigen Rollen, die Leute hierbei erfolgreich
spielen müssen, ist in dieser Hinsicht sehr aufschlußreich; siehe:
Implementing Change, Harvard Business School Note No. 491-114

9. Der Fall ICI

Obgleich sich große, etablierte Unternehmen bekanntlich nur schwer verändern lassen, brauchte Sir John Harvey-Jones nur fünf Jahre als Chairman des britischen Chemiekonzerns Imperial Chemical Industries, um das Geschäftsbereichs-Portfolio, die Struktur, die Moral und die Kultur des Unternehmens zu verändern.[1] Der resultierende wirtschaftliche Erfolg war enorm: 1987 erreichte der Gewinn 1,312 Milliarden Pfund, mehr als fünfmal soviel wie 1982 (siehe Schaubild 9.1).

Die Probleme von ICI lassen sich bis zur Gründung des Unternehmens durch die Fusion der vier größten britischen Chemieunternehmen im Jahre 1926 zurückverfolgen. Das Unternehmen wurde rasch zu einem wichtigen Spieler in einem weltweiten Kartell. Sir Harry McGowan nannte die Fusion von ICI »den ersten Schritt in einem umfassenden Plan ... zur weltweiten Rationalisierung der Produktion von Chemikalien«.[2]

In der Zwischenkriegszeit legte ICI großen Wert auf Spitzentechnologie und kostengünstige Produktion. Weit über die Hälfte der eingestellten Universitätsabsolventen waren Naturwissenschaftler. Die Stellung des Unternehmens als wichtiger Spieler in einem weltweiten Kartell machte Marketing- und Vertriebsanstrengungen nahezu überflüssig. Die Tatsache, daß das Unternehmen »Absatzverteiler« einstellte, die in der »Abteilung für Absatzkontrolle« Entscheidungen treffen sollten, ist bezeichnend für das geringe Augenmerk, das ICI der Marktseite seines Geschäfts widmen mußte.

Während der Wiederaufrüstung Großbritanniens vor dem Zweiten Weltkrieg entwickelte ICI sehr enge Beziehungen zur britischen Regierung. Um Überkapazitäten nach dem Krieg zu vermeiden, schloß ICI mit der Regierung ein Abkommen, nach dem

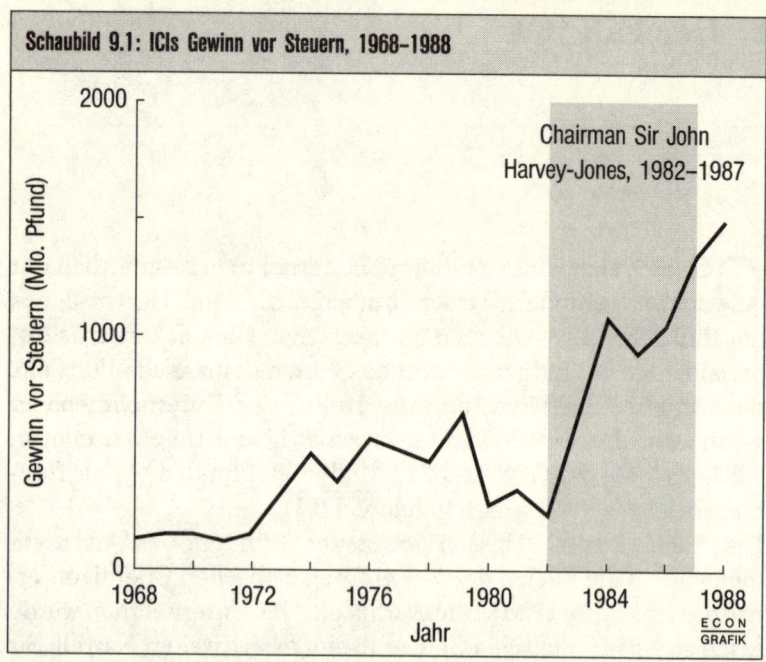

Schaubild 9.1: ICIs Gewinn vor Steuern, 1968–1988

Chairman Sir John Harvey-Jones, 1982–1987

Gewinn vor Steuern (Mio. Pfund)

Jahr

ECON GRAFIK

der Staat die Kosten für die Errichtung neuer Fabriken übernahm und ICI im Gegenzug diese zu einem vernünftigen Preis leitete. Während des Kriegs stieg die Nachfrage nach ICI-Produkten, vor allem nach Munition, Leichtmetallen und Gewehren, sprunghaft an.

ICI entwickelte von der Vor- bis in die Nachkriegszeit bahnbrechende Technologien. Das in den dreißiger Jahren entdeckte Polyäthylen revolutionierte das Radar und half dadurch Großbritannien, den Kriegsverlauf umzukehren. In den dreißiger Jahren gehörten Wissenschaftler von ICI zu denjenigen, die synthetischen Fasern zum Durchbruch verhalfen, und später brachte ICI Terylene auf den Markt, den ersten erfolgreichen Polyester der Welt. In den fünfziger Jahren bewies ICI seine technologische Überlegenheit weiterhin, als der aus Glasgow stammende James Black (der spätere Sir James Black, der 1988 den Nobelpreis für Medizin erhielt) auf der Grundlage neuester Erkenntnisse über kardiovaskuläre Krankheiten eine Reihe von Medikamenten entwickelte, die die Behandlung des Bluthochdrucks revolutionierten. Blacks Ansichten über seine Entdeckungen verdeutlichen die wissenschaftliche Ausrichtung, die immer eine wesentliche Rolle bei der Entwicklung von ICI spielte: »Die Dinge, mit denen mein Name in Verbindung gebracht wird, haben zufälligerweise eine Menge Geld eingebracht, doch kommerzieller Erfolg hat nichts mit der wissenschaftlichen Qualität zu tun.«[3]

ICI stellte in den Nachkriegsjahren seine Beteiligung an Kartellen ein, zum Teil wegen einer Antitrustklage der US-Regierung, eine Reaktion auf die fast 800 wettbewerbsbeschränkenden Absprachen zwischen ICI und Du Pont. In den fünfziger Jahren erzielte ICI im Vergleich zu großen amerikanischen und deutschen Konkurrenten schlechte Ergebnisse. Das Unternehmen hatte seine Monopolstellung in den Chemiemärkten von Großbritannien und dessen Kolonien verloren. Zudem hielt ICI an einer überholten Produktionskapazität und einem nach innen orientierten Führungsstil fest, was beides das Unternehmen daran hinderte, die Chancen zu nutzen, die die Entflechtung bot. In den sechziger Jahren schnitt ICI wirtschaftlich im allgemeinen schlechter ab als seine US-amerikanischen Konkurrenten und etwa genauso gut wie seine großen europäischen Konkurrenten; außerdem lag die Produktivität von ICI in den sechziger und siebziger Jahren unter der seiner Konkurrenten.[4]

In den siebziger Jahren wurden ICIs eigene Unzulänglichkeiten durch ungünstige Bedingungen in ganz Großbritannien verschlimmert. Zu dieser Zeit litt die britische Volkswirtschaft unter einer geringeren Wachstumsrate als die übrigen westlichen Industrienationen, unter relativ hoher Inflation und verstärkten Forderungen der Arbeitnehmer (und deren Erfüllung). ICIs Position wurde vor allem durch hohe Zinssätze und die Stärke des Pfunds zwischen 1979 und 1982 beeinträchtigt – eine Stärke, die die Wettbewerbsfähigkeit der ICI-Produkte auf Auslandsmärkten verringerte. Eine noch tiefere Rezession zwischen 1979 und 1984 machte eine Neuausrichtung des Unternehmens sowohl schwieriger als auch dringlicher.

Ein Resümee der Nachkriegsleistung von ICI lautete 1987: »Die Art und Weise, wie ICI auf die vielfältigen Herausforderungen der ersten drei Jahrzehnte nach dem Krieg reagierte, sagt sehr viel aus über seinen historischen Charakter. Der Konzern hatte eine enorme Stärke, wie eine lange Liste von Produkt- und Verfahrensinnovationen belegt. Doch er wies auch einige typische Schwächen der britischen Industrie auf, wie zum Beispiel eine niedrige Produktivität. Zudem hatte sich ein bürokratischer Führungsstil entwickelt, der klar umrissene Zuständigkeiten vermied und sich auf die Bewältigung der laufenden Geschäfte statt auf die entschlossene Nutzung neuer Chancen konzentrierte.«[5]

Obgleich jeder Geschäftsbereich von ICI sein eigenes kulturelles Erbe besaß, gab es viele Gemeinsamkeiten über die Sparten hinweg und im Verhalten des obersten Führungsgremiums (das traditionellerweise Board genannt wird). ICI galt als eine »britische Institution« und sah sich mit den entsprechenden Verhaltenserwartungen konfrontiert, die forderten, sich in ethisch angemessener, geordneter und konsistenter Weise zu verhalten. In den sechziger Jahren nannte Anthony Sampson ICI einen »schlummernden Riesen«. Obwohl das Unternehmen immer stärker auf internationale Märkte vordrang, war es traditionellerweise sowohl im Vertrieb wie im Management sehr britisch. Die starke Technologieorientierung von ICI bewirkte, daß man in den siebziger und achtziger Jahren nicht hinreichend auf die Bedürfnisse des Marktes achtete. Im Unternehmen gab es viele intelligente und gut ausgebildete Mitarbeiter, die leidenschaftlich gern Probleme diskutierten, aber nur ungern notwendige Entscheidungen trafen. Harvey-Jones verglich das Unternehmen mit einem riesigen Schiff, das die See durchpflügt. Andrew Pettigrew wies in seinem Buch über ICI darauf hin, daß Wandel gewöhnlich »evolutionär und nicht revolutionär« zustande kam.[6]
Zwischen dem Ende der sechziger Jahre und der Ära Harvey-Jones in den Achtzigern kam es häufig zu Führungswechseln. Nach dem Rücktritt von Sir Paul Chambers 1968 blieben die nächsten vier Chairmen jeweils nur drei bis vier Jahre im Amt.

Eine hochrangige Führungskraft wies auf die lähmende Wirkung eines derart häufigen Wechsels hin: »Ein Chairman, der nur drei Jahre im Amt bleibt, wird im ersten Jahr nicht allzu viele Rundumschläge starten, weil er sich zunächst einmal etablieren will. Im zweiten Jahr kann er dann richtig loslegen, doch schon im dritten Jahr sagt er: ›Ich möchte die Position meines Nachfolgers nicht beeinträchtigen‹, und die Mitglieder des Boards wollen keine großen Risiken eingehen, weil immer ein oder zwei von ihnen beim Wettkampf um die Nachfolge mitmachen. So bleibt im Endeffekt von den drei Jahren nur eines, wo man wirklich etwas verändern kann.«[7]

Der Board von ICI legte großen Wert auf Hierarchie und Status. Die sechste Etage von Millbank vermittelte nach Ansicht einer hochrangigen Führungskraft ein Gefühl von »Unveränderlichkeit, Beständigkeit, ja Erstarrung«. In finanzieller Hinsicht verhielt sich ICI in der Regel sehr vorsichtig und maß Liquidität und Eigenkapital einen hohen Stellenwert bei.

Das letzte dieser Merkmale, eine vorsichtige Finanzpolitik, war teilweise auf eine Liquiditätskrise im Jahre 1966, während der Ära von Sir Paul Chambers, zurückzuführen. Chambers, der bis zu dieser Krise ein starker Führer war, begann mit hohen Idealen. Ähnlich wie Harvey-Jones war er weder ein ausgesprochener »ICI-Typ« noch ein Chemiker. In einem Artikel in der *Sunday Times* führte er 1964 aus: »Wir müssen erkennen ... daß unser ganzes Unternehmen anfällig für Wachstum und Wandel ist. Wir sind von einem beschränkten technischen Ansatz zu einem breiten kommerziellen Ansatz übergegangen.« Chambers führte ICI durch eine Phase der Anpassung an veränderte Branchenbedingungen und half, die vier allgemeinen Ziele des Boards festzulegen, die in den sechziger und siebziger Jahren wichtig sein würden. Diese Ziele, die später wegen einer unglücklichen Wirtschaftskrise und der anhaltenden Reaktionsträgheit des Unternehmens aufgegeben wurden, lauteten: erstens die Technologie von ICI an das höchste technische Niveau der damaligen Zeit heranführen und international wettbewerbsfähig machen, zweitens die Produktivität der Arbeitskräfte in den britischen Betrieben verbessern, drittens den Absatzschwerpunkt von Großbritannien auf Westeuropa und Amerika verlagern und viertens die Organisation des Topmanagements und die Unternehmenskultur verändern, um die Flexibilität und die Marktorientierung des Unternehmens zu erhöhen.[8]

Auch wenn die Liquiditätskrise von 1966 eine bequeme Ausrede dafür war, diese Neuorientierung zu stoppen, ging von der reaktiven Kultur ein noch stärkerer Widerstand gegen den Wandel aus. 1972, acht Jahre nachdem Chambers zum Wandel aufgerufen hatte, wurde in einem Artikel in der *Sunday Times* ein offenbar desillusionierter hochrangiger Manager mit den Worten zitiert: »Wir leiden unter größenbedingten Problemen. Wir beschäftigen zu viele hochbezahlte Leute, die die Zahlen anderer Mitarbeiter wieder und wieder überprüfen. Wir sind ein überqualifiziertes Unternehmen. Wir haben noch immer einen Hang zur Technik. Wir bringen keine Mitarbeiter mit unternehmerischem Gespür hervor. Der Chairman glaubt noch immer, das Unternehmen könne sich langsam wandeln. Ich hingegen bin überzeugt, daß richtige Führung eine dynamische Wirkung haben könnte.«[9]

1977 wurde die Gruppenkonferenz des Chairman eingerichtet, die unter anderem folgende Probleme anging: kurzfristige Orientierung, Übermanagement, Führungsmangel und zu starke Ausrichtung auf Großbritannien auf Kosten der internationalen Absatzmöglichkeiten von ICI. An der Konferenz nahmen vom Chairman bis zum General Manager alle wichtigen Führungskräfte teil. Einige Boardmitglieder »neuer Schule« begannen, einen gewissen Einfluß auszuüben, doch ihre kleine Machtbasis machte es ihnen noch immer schwer, Wandel zu bewirken. Harvey-Jones sagte über diese Entwicklungen: »All die damaligen Analysen des Boards bewegten ein bißchen; das Problem aber bestand darin, daß man das ICI-System nicht wirklich umgestalten konnte, indem man es ein bißchen bewegte.«[10]

Sir Maurice Hodgson, der 1978 zum Chairman ernannt wurde, lehnte die Programme zur Organisationsentwicklung entschieden ab und setzte sich für kulturelle Reformen ein. Kurz nach seinem Amtsantritt erklärte er: »Ich möchte nichts über Organisation hören; dieses Unternehmen tut nichts anderes, als ständig über Organisation zu reden und sie zu verändern. Wir sollten uns endlich dem Geschäft zuwenden und Geld verdienen.«[11]

Später würde sich Hodgson aktiv für Veränderungen einsetzen, wenn auch nur, um auf die Umwälzungen in der Weltwirtschaft und der chemischen Industrie um 1980 zu reagieren. Noch bedeutsamer war jedoch, daß der Wandel von einem aufstrebenden Boardmitglied mit ungewöhnlichem unternehmerischem Instinkt vorangetrieben wurde. Pettigrew kommentierte das so: »Als Harvey-Jones im April 1973 seine Tätigkeit als Director des Boards in Millbank aufnahm, kam ein Mann mit einer anderen Sichtweise, einem anderen persönlichen Stil und anderen Wertvorstellungen in den Board, jemand, der in der Lage war, Fragen zu Rolle und Arbeitsmethoden des Boards zur allgemeinen Struktur des Unternehmens und zur Fähigkeit der Kultur von ICI und Millbank zu stellen, neue Herausforderungen durch geschäftliche, wirtschaftliche und politische Veränderungen in den siebziger Jahren zu bestehen. Die Tatsache, daß Harvey-Jones diese schwierige Rolle spielen und zugleich im Machtgefüge von ICI überleben und Erfolg haben konnte, sagt etwas über seine eigene Fähigkeit als Protagonist des Wandels und als Geschäftsmann, aber auch über das Ausmaß der geschäftlichen Schwierigkeiten, in denen sich ICI während der Rezession 1980 befand.«[12]

Da sein Vater Berater eines indischen Maharadschas gewesen war, lebte Harvey-Jones während seiner frühen Kindheit in großem Luxus. Im Alter von sieben Jahren verließ er Indien, um eine Privatschule in England zu besuchen, und mit zwölf Jahren schrieb er sich in das Royal Naval College ein. Unmittelbar nach Abschluß seiner Schulausbildung trat er in die Marine ein, wo er schließlich den Rang eines Korvettenkapitäns erreichte. Seine Jahre bei der Marine förderten die »geistige und körperliche Zähigkeit«, die seiner Ansicht nach für einen erfolgreichen Unternehmensführer so wesentlich ist. Mit 33 Jahren schied Harvey-Jones aus dem Militär aus, um mehr Zeit für seine Frau und seine an Kinderlähmung erkrankte Tochter zu haben. Er gesteht, daß er seine ganzen Kenntnisse über Chemie der Lektüre eines einschlägigen Penguin-Taschenbuchs verdankt. Tatsächlich war diese »Outsider«-Perspektive einer seiner größten Vorteile während seiner dreißigjährigen Tätigkeit bei ICI.

Harvey-Jones kam 1956 als Arbeitsvorbereiter zu ICI. Nachdem er sich als vielversprechendes Talent erwiesen hatte, wurde er rasch mit der Position eines Beschaffungsmanagers belohnt. Später wurde er in den Geschäftsbereich »Schwere organische Chemikalien« (später »Petrochemikalien« genannt) versetzt, wo er ein Tankstellennetz initiierte. Als stellvertretender Chairman dieses Bereichs verschaffte er sich hohes Ansehen, als er die nachhaltig gestörten innerbetrieblichen Beziehungen, die er von seinem Vorgänger in der Wiltoner Fabrik in Nordostengland geerbt hatte, verbesserte. Er verdankt es unter anderem diesem Erfolg, daß er zum Chairman der Division Petrochemie aufstieg, in der er bis 1973 arbeitete. Seine Erfolge als stellvertretender Chairman und als Chairman der Petrochemie-Division waren beeindruckend, vor allem wenn man den historischen Kontext des Werks in Wilton berücksichtigt, wo ein Mangel an wirkungsvoller Führungskoordination erheblich zur Verschlechterung der innerbetrieblichen Beziehungen beigetragen hatte.

Nachdem Harvey-Jones einen prägenden (wenn auch vorübergehenden) Einfluß auf die Petrochemie ausgeübt hatte, stellte er seine Vision 1973 dem Board des Konzerns vor. Auch wenn er erst viele Jahre später offiziell zum Chairman ernannt wurde, legte er doch in diesem Jahrzehnt seiner Tätigkeit im Konzern-Board das Fundament für seinen späteren Erfolg. Pettigrew merkt hierzu an: »Ich glaube, seine wichtigste Rolle spielte er vor seiner Ernennung zum Chairman. In dieser Periode nach 1973 ging es darum, die alte Führungsriege weich zu kriegen und einige ihrer Grundwerte, Grundüberzeugungen und Grundannahmen in Frage zu stellen ... Die wirklich harte Arbeit bestand darin, die Überzeugungen und Grundsätze der alten Kultur von ICI anzugreifen und zu hinterfragen. Das ging natürlich nicht über Nacht. Es war ein sehr sehr langfristiger Prozeß, der 1982, als Harvey-Jones Chairman wurde, gewiß noch nicht abgeschlossen war.«[13]

Sofort nach seinem Eintritt in den Board (das Leitungsgremium des Konzerns) wollte Harvey-Jones den Wandel vorantreiben. Er nahm gezielt externe Hilfe in Anspruch, um dem Board schlechte Nachrichten zu übermitteln, war aber zugleich sorgfältig darauf bedacht, seine eigene Glaubwürdigkeit zu erhalten, indem er »keine Chance ausließ, nachdrücklich darauf hinzuweisen, daß ich vor allem ein Diener des Unternehmens bin«.[14] Harvey-Jones machte es anderen leichter, ihre Anliegen frei vorzutragen, indem er auf der Vorstandsetage ein Zimmer zur Verfügung stellte, in dem jeder ein Schaubild aufhängen oder seine Meinung äußern konnte, ohne dem Board die Stirn bieten und dessen Position aggressiv in Frage stellen zu müssen. 1973 initiierte das neu berufene Mitglied des Boards das Beratungskomitee der Petrochemie Produkt-Directors, eine Gruppe, die zahlreiche Leiter der Petrochemie-Division zusammenbrachte und das Fundament für die Zusammenlegung der Schwerchemikaliensparten legte, die innerhalb der nächsten fünfzehn Jahre durchgeführt werden sollte. Mit diesem und nachfolgenden Ausschüssen begannen Harvey-Jones und sein Mitstreiter, das Boardmitglied Philip Harvey, auf den von Spartenleitern ausgehenden Druck zu reagieren. 1977 meldete die Gruppenkonferenz des Chairman gewissen Fortschritte beim Bemühen, Einfluß auf den Chairman auszuüben, doch während sich an der Spitze Toleranz breitmachte, fehlte es dort immer noch schmerzlich an veränderungsorientierter Führung.

Mit der Ernennung von Hodgson zum Chairman im Jahre 1978 kam eine »Zurück-zum-Geschäft«-Einstellung, und manche behaupteten, Harvey-Jones habe sich von den Vorreitern des Wandels distanziert, geduldig wartend in der Hoffnung, Nachfolger von Hodgson zu werden. Harvey-Jones widerspricht: »Ich habe mich bestimmt nicht bewußt von den Vorkämpfern des Wandels distanziert, ja ich habe mich sogar während der Präsidentschaft von Hodgson weiterhin für Veränderungen eingesetzt. Ich war damals in erster Linie mit der Zusammenlegung der Sparten Kunststoffe und Petrochemikalien beschäftigt, was eine Veränderung war, die ich für notwendig erachtete. Außerdem hatte ich damals – leider – einen unverhältnismäßig großen Anteil an der

Aufgabe, die Zahl der Mitarbeiter des Unternehmens zu verringern.«[15]

Wie aktiv er Ende der siebziger Jahre auch gewesen sein mag, so wurden seine zehnjährigen Bemühungen 1981 doch von einem großen Erfolg gekrönt, als nämlich eine Nachfolgegruppe des Beratungskomitees der Petrochemie-Directors von 1973 so viel Druck auf den Board ausübte, daß dieser der von Harvey-Jones befürworteten Zusammenlegung der Sparten Kunststoffe und Petrochemikalien schließlich zustimmte.

In den Jahren unmittelbar vor dem Amtsantritt von Harvey-Jones trug eine Kombination von Kräften dazu bei, die Voraussetzungen für jene Veränderungen zu schaffen, die der künftige Chairman schließlich durchsetzte. Der Zusammenschluß der Sparten Kunststoffe und Petrochemikalien war ein Beweis für den Einfluß, den Harvey-Jones und seine Parteigänger im Unternehmen auszuüben begannen. Zudem bereitete ein komplexes Gefüge externer Kräfte den Boden für Wandel bei ICI. Erstens machte die Regierung Thatcher Reformen in der Industrie leichter gesellschaftlich akzeptabel. Zweitens schwächte die gestiegene Arbeitslosigkeit die Machtbasis der Gewerkschaften, so daß es leichter wurde, Veränderungen auf Betriebsebene zu erreichen. Schließlich machten es die Rezession in Großbritannien und die schlechte Erfolgsbilanz von ICI für die alte Führungsriege sehr schwierig, die Probleme des Unternehmens zu ignorieren.

Unter dem Druck riesiger Probleme ernannte der Board von ICI Harvey-Jones 1982 zum Chairman. Auch wenn der Board ihn für eine untypische Amtszeit von fünf Jahren berief, zeigte sich seine Vorsicht daran, daß man sich nach drei Jahren eine Verlängerungsoption einräumte.

Die Ziele von Harvey-Jones in den achtziger Jahren entsprachen weitgehend seinen Zielen in den Siebzigern – er wollte das Massenartikelgeschäft zurückfahren und den Anteil von Produkten mit hoher Wertschöpfung vergrößern. Um diese neue Aufteilung zu erreichen, bemühte er sich um die Straffung der Aktivitäten in Westeuropa und um die Eroberung weiterer Marktanteile in den

Vereinigten Staaten und im Fernen Osten durch Akquisitionen. Harvey-Jones hoffte, ICI von einem produktionsorientierten in ein marktorientiertes Unternehmen umwandeln zu können. Er wollte zudem die Konzentration des Unternehmens auf seine stagnierenden Märkte in Großbritannien und die ehemaligen britischen Kolonien aufbrechen und dessen Anpassungsfähigkeit so weit erhöhen, daß es überall, wo neue Kunden gewonnen wurden, seine Produkte anbieten konnte.

Über diese Neuausrichtung sagte Harvey-Jones später: »Man beginnt damit, die Position seines Unternehmens so ehrlich wie möglich zu bestimmen und dann, wohin einen die aktuellen Trends bringen werden. Das allein wird zwangsläufig eine Reihe von Ergebnissen aufdecken, die aus der Verfolgung gegenwärtiger Geschäftsstrategien resultieren und weit entfernt sind von dem, was man sich wünscht. Anschließend muß man das äußere Umfeld gründlich analysieren; das umfaßt sowohl die Wettbewerber in der gleichen Branche als auch die Umwelt in einem umfassenderen Sinn. Sodann muß der Board breit angelegte Unternehmensträume entwickeln. Diese müssen dann mit den individuellen Träumen aller Geschäftsbereiche verknüpft werden, die nicht nur das für ihren Bereich Beste erreichen müssen, sondern auch das, was der Board von ihnen als Beitrag zum Ganzen verlangt... Es ist viel wichtiger, ungefähr in die richtige Richtung voranzugehen, als still zu verharren, ohne daß die Geschäftsbereiche irgendwohin gehen.«[16]

In der ersten Woche nach seiner Bestellung zum Chairman im April 1982 beraumte Harvey-Jones eine informelle Konferenz seines Führungsteams an, um die Arbeit des Boards zu erörtern. Diese Konferenz traf eine Reihe wichtiger Beschlüsse über Rolle und Auftrag des Boards. Als erstes wurden die Befugnisse des Chairmans erweitert, um ihn zur wichtigsten Führungskraft und nicht bloß zum »Ersten unter Gleichen« zu machen. Zweitens einigte man sich darauf, daß der Board sich als Team auf die strategische Führung des Konzerns konzentrieren sollte und die Entscheidungsfindung jenen übertragen wurde, die näher am Markt waren. In den Jahren vor Harvey-Jones war jedem Mitglied des Boards die Zuständigkeit für ein geographisches Gebiet (zum Beispiel Amerika), ein Funktionsbereich (zum Beispiel Personal) und ein Geschäftsbereich (zum Beispiel Petrochemikalien) zugeteilt worden. Jede Sparte verfügte daher über eine Person im Board, die ihre Interessen vertrat. Dieser Fürsprecher bildete zusammen mit dem jeweiligen Spartenleiter eine eingeschworene Interessengruppe und entwarf die Spartenstrategien. Diese Interessengruppen prägten die Empfehlungen der Direktoren, die diese im Board durchboxten. Ein höherer Manager wies auf die paradoxe Situation hin, die sich daraus ergab: »Wenn man sich durchsetzte, wenn man also für seine Pläne die Unterstützung der anderen gewann, dann konnte das zwar für den jeweiligen Geschäftsbereich von Vorteil sein, aber dem Unternehmen insgesamt schaden. Das war verrückt.«[17]

Die Interessengruppen förderten einen Spartenegoismus, der die Leitung des Gesamtunternehmens allein dem Chairman und dem Finanzvorstand überließ. Harvey-Jones führte ein System ein, nach dem zwei Mitglieder des Boards sämtliche Sparten beaufsichtigten, jeweils ein Direktor für einen der drei Hauptfunktionsbereiche zuständig war und zwei Direktoren die Auslandsaktivitäten des Unternehmens überwachten. Die Spartenleiter trugen ihre Anliegen nunmehr direkt dem Board vor. Edgar Vincent, der für das Personal im Ausland zuständige Manager, beschrieb das neue System folgendermaßen: »Die Board-Direktoren betrachteten sich nicht länger als Fürsprecher bestimmter Geschäftsbereiche und deren Interessen im Führungsteam. Die grundlegende Veränderung bestand darin, daß die gesamte Führungsriege als geschlossenes Team die Anträge eines bestimmten Geschäftsbereichs anhören und dessen Strategie und Ergebnisse beurteilen mußte. Die Führungsriege wurde dadurch klarer und effizienter für den Konzern als Ganzes verantwortlich.«[18]

Die Rückbesinnung auf die Belange des Gesamtunternehmens erhöhte den Entscheidungsspielraum der Spartenleiter. Harvey-Jones, der fest daran glaubte, daß sich durch das Angebot von Miteigentum das Engagement fördern ließ, wollte den Geschäftsbereichsleitern die Befugnisse übertragen, die sie wünschten, und

158

zugleich ihre Verantwortlichkeit erweitern. Obwohl das Macht-zentrum der nach Ländern unterteilten Organisation von ICI traditionellerweise in Großbritannien lag, bildete Harvey-Jones neun weltweit tätige Geschäftsbereiche, von denen vier ihren Hauptsitz außerhalb von Großbritannien erhielten. Auch wenn die Geschäftsbereiche über mehrere Länder verstreut waren, pro-duzierten sie globale Produktlinien und beseitigten so einander bekämpfende Interessengruppen. Die größere Entscheidungsfrei-heit und Verantwortlichkeit erhöhten die Anpassungsfähigkeit des Unternehmens, indem sie zerrüttende Kämpfe um Ressour-cen eliminierten. Harvey-Jones wies auf das Energiepotential hin, das durch eine solche Dezentralisierung freigesetzt wird: »Wenn man sich nicht wirklich entschieden darum bemüht, ›die Bücher zu verbrennen‹ und den Wust an Bürokratie zurückzudrängen, dann fühlen sich die Mitarbeiter an der Basis, von denen alles abhängt, zunehmend der Verantwortung für die Einlösung von Zielvorgaben beraubt. Der Erfolg im Unternehmen wird zu einer Frage der Befolgung von Regeln, und es ist viel leichter, durch das Vermeiden von Fehlern Beförderungen und Vergünstigungen zu erhalten als durch die Verwirklichung von Zielen, die für den geschäftlichen Erfolg von essentieller Bedeutung sind ... Die Aufgabe der Führung besteht darin, die Erhaltung des Status quo riskanter zu machen als den Aufbruch ins Unbekannte.«[19]
In den ersten Jahren seiner Dienstzeit ergriff Harvey-Jones noch eine Reihe weiterer Maßnahmen, die deutlich eine neue Ära einläuteten. Um die Kommunikation zu verbessern und ein Zei-chen zu setzen, straffte Sir John schon bald den Board. Ende 1982 verringerte er die Zahl der Direktoren von elf auf acht. Und vielleicht der wichtigste Schritt: Er beseitigte die Führungsebene des stellvertretenden Chairman in der ICI-Hierarchie. Harvey-Jones, der eine reibungslose Kommunikation im Board für unver-zichtbar hielt, stellte die hierarchische Organisation in Frage: »Meiner Meinung nach ist eine flache Hierarchie auf dieser Ebene von großer Bedeutung, sowohl um den Zusammenhalt des Teams zu gewährleisten als auch um den nachgeordneten Mitarbeitern ein Beispiel zu geben. Denn wenn sich schon ein Board von acht

bis fünfzehn Personen nicht selbst organisieren kann, außer in einer streng hierarchischen Weise, wie soll man dann die übrigen Mitarbeiter im Unternehmen zusammenschweißen können?«[20] Harvey-Jones veanlaßte auch eine Verringerung des Personalbestands in der Konzernzentrale von 1200 auf 400 Mitarbeiter, wobei er viele Aufgaben der Zentrale auf die Betriebsabteilungen übertrug. Er entschied, daß ICI nicht länger das aufwendige Verwaltungsgebäude in Millbank bräuchte, und nachdem er mit dem Gedanken geliebäugelt hatte, ganz aus dem Gebäude auszuziehen, bot er schließlich zwei Drittel der Bürofläche zum Verkauf oder zur Vermietung an. Außerdem fing er an, die Atmosphäre bei den Sitzungen des Boards zu verändern. Fest davon überzeugt, daß der Sitzungssaal den freien Austausch von Ideen behinderte, verlegte Harvey-Jones die regelmäßigen wöchentlichen Sitzungen in sein ehemaliges Büro. Er schaffte die förmliche Sitzordnung ab, machte Hemdsärmel zur Regel und förderte eine allgemeine Zwanglosigkeit. Bei diesen Sitzungen setzte er sich beharrlich dafür ein, die bisherige Gewohnheit von ICI, Probleme endlos zu diskutieren, zu verändern. Er drängte den Board, sich entscheidungsfreudiger zu zeigen und mit der nachträglichen Kritik getroffener Entscheidungen aufzuhören.

Mit der begeisterten Unterstützung von Harvey-Jones begann der Forschungsdirektor Charles Reece schon bald nach dem Amtsantritt von Sir John eine »Relevanzgruppe« aufzubauen, die die Ressourcen verschiedener Sparten zusammenbrachte. Mit Hilfe dieser Gruppe stellte ICI 1982 fest, daß fünf verschiedene Sparten Kolloidforschung betrieben. Reece gründete daraufhin eine Gruppe zur Erforschung von Kolloiden und Oberflächenchemikalien – ein Beispiel dafür, wie das Bemühen um Kostensenkung dazu führen konnte, daß ICI als Ganzes effizienter wurde als die Summe seiner Teile.

Bei der Neuordnung des Unternehmens konnte Harvey-Jones schließlich 1987 seinen Wunsch nach Konsolidierung realisieren, als es ihm gelang, vier Geschäftsbereiche in einer neuen Sparte Chemikalien und Polymere (bekannt unter der Bezeichnung C & P) zusammenzufassen. Einige Analysten schätzten die mit dieser Fusion verbundenen Einsparungen für das Unternehmen auf 50 Millionen Pfund pro Jahr.[21] Obwohl Führungskräfte von ICI einräumten, derartige Einsparungen ließen sich nur schwer quantifizieren, war ihre Reaktion doch positiv. Eine hochrangige Führungskraft wies darauf hin, daß die Erwartungen »zweifellos erfüllt, wahrscheinlich übertroffen« worden seien.[22] Die Fusion sollte auch verhindern, daß die langsamer wachsenden Massenartikelbereiche die Gewinne aus dem Spezialchemikaliengeschäft schmälerten, und sie sollte zugleich das weltweite Potential der neueren Geschäftsbereiche ausschöpfen.

ICI verstärkte seine internationale Präsenz, und zwar insbesondere durch Akquisitionen im Bereich Spezialchemikalien. Dem Kauf von Beatrice Chemicals für 750 Millionen Dollar im Jahre 1984 verdankt ICI nicht nur eine erhebliche Stärkung seiner Präsenz auf dem US-Markt, sondern auch ein institutionalisiertes Akquisitionsteam. Dieses Team half, den Kauf des US-Farbenherstellers Glidden für 580 Millionen Dollar im September 1986 durchzuführen, wodurch ICI zum größten Farbenanbieter der Welt aufstieg. 1988 behauptete ICI mit einem Umsatz von 1,5 Milliarden Pfund seine Stellung als weltweit größter Hersteller von Oberflächenbeschichtungen. Außerdem erwarb ICI Hersteller von Polyurethanen, die in Isoliermaterial, Autoteilen und Schuhsohlen verwendet werden. 1990 erwirtschaftete ICI mit diesen Polyurethanen einen Umsatz von 600 Millionen Dollar.

Durch diese Diversifikation gelang es Harvey-Jones und seinem Führungsteam, ICI zu einer größeren internationalen Ausgewogenheit zu verhelfen. 1987, in seinem letzten Jahr als Chairman, entfielen 25 Prozent des Konzernumsatzes mit externen Abnehmern auf Großbritannien (gegenüber 39 Prozent 1981), 25 Prozent auf Kontinentaleuropa, 27 Prozent auf Nord- und Südamerika, 17 Prozent auf Australien, Japan und den Fernen Osten und 6 Prozent auf andere Länder. Diese Aufteilung verringerte die Anfälligkeit von ICI gegenüber konjunkturellen Abschwächungen im Inland.

In vielerlei Hinsicht tat Harvey-Jones so, als sei diese gewaltige Umgestaltung ein Kinderspiel gewesen. Das war sie jedoch keineswegs. Manche langjährigen Mitglieder des Boards sperrten sich, wo sie nur konnten. So schnell Harvey-Jones Manager der unteren und mittleren Ebene begeistern konnte, so rasch wurde dieser neue Elan von deren Vorgesetzten oft schon im Keim erstickt. Da ICIs Streben nach Verbesserung seiner Produktivität zu einer Verringerung der Mitarbeiterzahl in Großbritannien von 74 700 im Jahr 1981 auf 56 230 im Jahre 1987 führte (ein Rückgang um 25 Prozent), waren die Gewerkschaften besonders kritisch. Roger Lyons, Sprecher der Association of Scientific, Technical, & Managerial Staffs, faßt die Unzufriedenheit zusammen: »Sie veröffentlichen diese Interviews, in denen man den Eindruck bekommt, er sei der Weihnachtsmann persönlich. Ich kann Ihnen sagen, in Manchester ist er das nicht ... Für uns ist er das menschliche Gesicht an der Spitze der Arbeitslosenkolonnen.«[23] Doch durch die Art und Weise, wie Harvey-Jones und sein Team Entlassungen durchführten, »kam es aufgrund dieser Programme praktisch zu keiner Verschlechterung des Arbeitsklimas und zu keinen größeren Problemen – das war eine gewaltige Leistung, eine erstaunliche Leistung«.[24] Harvey-Jones war ein energischer Befürworter der altbewährten Strategie von ICI, einen notwendigen Personalabbau durch Vorruhestandsregelungen, Outplacement und Umschulungsmaßnahmen – flankiert durch großzügige Abfindungszahlungen – zu erreichen.

Im allgemeinen wird Harvey-Jones bescheinigt, die Arbeitsmoral bei ICI gewaltig verbessert zu haben. Die weiterbeschäftigten Mitarbeiter hatten im allgemeinen nicht nur den Eindruck, daß ihre entlassenen Kollegen fair behandelt wurden, sie kamen darüber hinaus auch in den Genuß der Sicherheit, für ein Unternehmen zu arbeiten, das offenbar grundsolide und für die Zukunft gewappnet war. Aus diesem Grund hatten sie große Achtung vor ihrem Chairman. Zwischen seinen Fernsehauftritten und Geschäftsreisen blieb ihm noch genügend Zeit, um einem Unternehmen eine persönliche Note zu geben, das für seine Unveränderlichkeit bekannt war. Ein langjähriger Mitarbeiter des Unternehmens kommentierte: »Er war imstande, einen ganz klaren Schwerpunkt zu setzen, mit dem sich die Mitarbeiter identifizieren konnten. Es ist sehr wichtig, daß sich die Mitarbeiter mit den Zielen und Absichten, die der Chairman verkündet, identifizieren. Die Identifikation mit Harvey-Jones geschah fast auf persönlicher Ebene. In den Augen der Mitarbeiter war er weniger der Chairman als vielmehr der Führer – und eine Person, die sie respektieren konnten –, weil er für alle Leute ein offenes Ohr hatte.«[25] Harvey-Jones war bekannt dafür, daß er Mitarbeitern aller Ebenen mit Respekt begegnete. So besuchte er beispielsweise 1986 die zu ICI gehö-

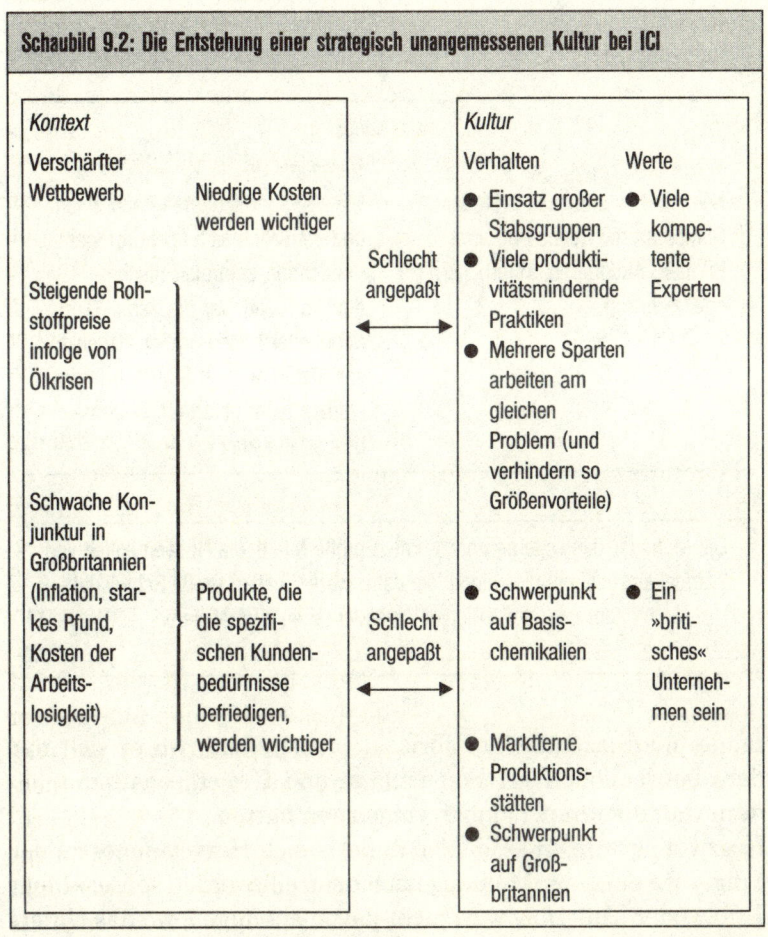

Schaubild 9.2: Die Entstehung einer strategisch unangemessenen Kultur bei ICI

Kontext			Kultur	
Verschärfter Wettbewerb	Niedrige Kosten werden wichtiger		**Verhalten**	**Werte**
			● Einsatz großer Stabsgruppen	● Viele kompe-
		Schlecht angepaßt	● Viele produkti- vitätsmindernde Praktiken	tente Experten
Steigende Roh- stoffpreise infolge von Ölkrisen		←→	● Mehrere Sparten arbeiten am gleichen Problem (und verhindern so Größenvorteile)	
Schwache Kon- junktur in Großbritannien (Inflation, star- kes Pfund, Kosten der Arbeits- losigkeit)	Produkte, die die spezifi- schen Kunden- bedürfnisse befriedigen, werden wichtiger	Schlecht angepaßt ←→	● Schwerpunkt auf Basis- chemikalien	● Ein »briti- sches« Unterneh- men sein
			● Marktferne Produktions- stätten	
			● Schwerpunkt auf Groß- britannien	

ICIs Geschichte

Kartelle hielten Kapazitätsgrenzen unterhalb der Nachfrage und verhalten ICI so zu seinem hervorragenden Erfolg. ICIs Chairmen und Führungsspitze konzentrierten sich auf Technologien und die Erhaltung des »britischen« Charakters, nicht auf die Entwicklung und Festigung einer anpassungsfähigen Kultur.

ICIs Kultur

Werte
Kein starkes Interesse an (oder Glaube an die Bedeutung von) Kunden, Aktionären, Mitarbeitern oder Führung.

Verhalten
Die Manager schauten nach innen und verhielten sich leicht arrogant. Vorsichtige, zentrale Entscheidungsfindung war die Regel. Die Mitarbeiter hatten großen Respekt vor Hierarchie und Status. Führer wurden nicht gefördert. Chairmen blieben nur kurz im Amt.

Die Manager des Unternehmens hatten große Mühe, die Notwendigkeit von Wandel einzusehen; diejenigen, die dafür waren, hatten große Schwierigkeiten, die erforderlichen Veränderungen zu realisieren.

rende pharmazeutische Fabrik in Macclesfield, wo er sich mit dem betrieblichen Vertrauensmann und Gewerkschaftsmitgliedern traf, die ihn persönlich eingeladen hatten.

Kurz vor seinem Ausscheiden äußerte sich Harvey-Jones zu der Frage, wie er seiner Meinung nach beurteilt werden sollte: »Mein Erfolg oder Mißerfolg wird nicht davon abhängen, wo das Unter-

Schaubild 9.4: Kultureller Wandel bei ICI, 1982–1987

Veränderungen in ICIs Unternehmenskultur

Aktionen

- Reorganisation der Führungsspitze, Verlagerung von Entscheidungsprozessen nach unten

- Sitzungen des Boards nicht mehr im früheren Sitzungssaal

- Sparten in neun weltweit tätige Geschäftsbereiche umstrukturiert – vier davon mit Hauptsitz außerhalb Großbritanniens

- Größe des Boards verringert, Abschaffung einer Führungsebene

- Mitarbeiterzahl in der Konzernzentrale von 1200 auf 400 gesenkt

- Geschäftsbereiche konsolidiert

- Unternehmen außerhalb Großbritanniens erworben

- Ständige Vermittlung neuer Vision und Strategien für ICI

- Harvey-Jones personifiziert sichtbar die neue Strategie und Kultur

LEISTUNG VON ICI VERBESSERT SICH

Verhalten

- Mehr Praktiken mit hoher Produktivität

- Weniger Ausschuß infolge verdoppelter Anstrengungen

- Stärkere internationale Ausrichtung

- Stärkere Berücksichtigung von Kundenbedürfnissen

- Häufigere Kundenbesuche

- Stärkere Ausrichtung auf Produkte mit hoher Wertschöpfung

- Stärkere Beachtung von Markttrends

- Weniger nach innen gerichtet

- Weniger konservative Entscheidungsfindung

- Mehr Risikobereitschaft und Führung

- Mehr dezentrale, von mittleren Führungskräften getroffene Entscheidungen

- Entschlossenere Aktionen

- Weniger formelle/elegante Büros

Werte*

- Gewinne/Aktionäre aufgewertet

- Kunden aufgewertet

- Führung auf-, Hierarchie und Status abgewertet

---

* Es läßt sich noch nicht sagen, wie weit das obere Management diese Werte teilt.

165

nehmen steht [wenn ich ausscheide], sondern davon, wo es in fünf Jahren stehen wird. Ziel meiner Arbeit war es nicht, einen raschen Markterfolg zu erzielen, sondern die Ausrichtung des Unternehmens zu verändern.«[26] Die Ausrichtung des Unternehmens ließ sich nur durch einen Wandel der Kultur verändern, und die besten verfügbaren Informationen bis zum Jahr 1990 deuten darauf hin, daß tatsächliche gewisse Veränderungen erreicht wurden, auch wenn es zu früh ist, deren Tiefenwirkung zu beurteilen. Auch wenn der rasche Anstieg der Ertragskraft von ICI nicht allein auf die neue Kultur zurückgeführt werden kann, deuten die Erfolgsdaten seit dem Ausscheiden von Harvey-Jones doch darauf hin, daß die Kultur (nicht bloß die Führung von Harvey-Jones) eine gewisse Rolle gespielt haben muß; der Gewinn vor Steuern stieg 1989 auf die neue Rekordhöhe von 1,470 Milliarden Pfund.

Die Geschichte von ICI ist für unsere Zwecke von Interesse, weil sie Modellcharakter hat für die von uns analysierten zehn Beispiele kulturellen Wandels. Bei ICI wie in praktisch allen übrigen Fällen hat die Verschärfung des Wettbewerbs unter schwierigen wirtschaftlichen Rahmenbedingungen (bei ICI aufgrund von Ölkrisen und einer konjunkturellen Flaute in Großbritannien) zu einer immer größeren Inkongruenz zwischen der Kultur des Unternehmens und seinem Umfeld geführt (siehe Schaubild 9.2). Je größer die Diskrepanz zwischen Kultur und Umfeld wurde, um so stärker sackte der Unternehmenserfolg ab. Doch trotz der schlechten Ergebnisse hatten historische Ereignisse die mangelnde Anpassungsfähigkeit der Kultur so weit erhalten, daß sie den meisten erforderlichen Änderungen so lange widerstand, bis Harvey-Jones das Ruder übernahm (siehe Schaubild 9.3).

Berufen wegen seiner Glaubwürdigkeit und seines offenen Einsatzes für seinen Wandel, nutzte Harvey-Jones seine Führungsfähigkeit, um Hunderte von Maßnahmen einzuleiten, die – in ihrer Gesamtheit – die Kultur zu verändern begannen. Außerdem wurde er zu einer allgemeinen Identifikationsfigur, die eine neue Ordnung bei ICI verkörperte (siehe Schaubild 9.4) und Hunderte (möglicherweise Tausende) von Managern beflügelte, noch mehr kulturverändernde Maßnahmen zu ergreifen.

Wie stark sich ICIs Unternehmenskultur unter der Führung von Jones verändert hat, läßt sich zum jetzigen Zeitpunkt nur schwer sagen. Es scheint jedoch klar, daß die Wirkung all seiner Aktivitäten groß genug war, um die Unternehmenskultur etwas anpassungsfähiger zu machen.

Anmerkungen

1 Bei der Vorbereitung dieses Kapitels hat uns James Leahey geholfen, der sich dabei stark auf frühere Arbeiten von Andrew Pettigrew stützte.
2 William J. Reader: *Imperial Chemical Industries: A History*, New York 1975, Bd. 2, S. 7
3 Carol Kennedy: *ICI: The Company That Changed Our Lives*, London 1986, S. 140
4 Andrew M. Pettigrew: *The Awakening Giant: Continuity and Change in Imperial Chemical Industries*, New York 1985, S. 82
5 Geoffrey Foster:»The Legacy of Harvey-Jones«, *Management Today*, Januar 1987, S. 36
6 Pettigrew: *The Awakening Giant*, S. 388
7 Ebenda
8 Ebenda, S. 82
9 Ebenda, S. 376
10 Ebenda, S. 402
11 Ebenda, S. 409
12 Ebenda, S. 376
13 Andrew Pettigrew: Interview mit Jim Leahey, Coventry, England, 1. August 1989
14 Pettigrew: *The Awakening Giant*, S. 376
15 Sir John Harvey-Jones: Brief an Jim Leahey, 17. Oktober 1989
16 Sir John Harvey-Jones: *Making It Happen: Reflections on Leadership*, London 1988, S. 47
17 Interview mit Jim Leahey, 2. August 1989
18 Edgar Vincent: Interview mit Jim Leahey, London, England, 28. Juli 1989
19 Harvey-Jones, S. 50 und 102
20 Ebenda, S. 194
21 Foster: *The Legacy of Harvey-Jones*, S. 41
22 Vincent: Interview

23 Stephanie Cooke/John Tarpey: »Behind the Stunning Comeback at Britain's ICI/John Harvey-Jones: ICI's Jolly Captain«, *Business Week* (Industrial/Technology Edition), 3. Juni 1985, S. 62
24 Vincent: Interview
25 Interview mit Jim Leahey, 2. August 1989
26 Jonathan Hunt: »The Final Act of a Commanding Performance«, Chief Executive, September 1986, S. 30

10. Der Fall Nissan

Wenn das Wort »Kultur« mit Bezug auf japanische Firmen verwendet wird, hat es fast zwangsläufig einen positiven Beiklang.[1] Wegen des japnischen Erfolgs in den letzten Jahrzehnten und des geheimnisvollen Nimbus, der diesen Erfolg umgibt, könnte man zu dem Schluß kommen, daß japanische Großunternehmen nie Problemkulturen entwickeln. Doch das stimmt nicht. Der Fall Nissan ist ein gutes Beispiel.[2]

Die Anfänge von Nissan gehen zurück auf das Jahr 1911, als Masujiro Hashimoto, ein in den USA ausgebildeter Ingenieur, die Kaishinsha Motor Car Works in Tokio gründete. Da ihm Kapital fehlte, gewann er schließlich die finanzielle Unterstützung dreier Männer, deren Familiennamen mit den Buchstaben D, A und T anfingen. Ihnen zu Ehren nannte er das erste Auto *DAT*, was im Japanischen wörtlich soviel heißt wie »fliehender Hase«. 1918 produzierte er den »Sohn« des DAT, den Datson, der dann in *Datsun* umgetauft wurde, weil das englische Wort »son« im Japanischen Schaden oder Verlust bedeutet. 1920 fusionierte das Unternehmen von Hashimoto mit einigen anderen Firmen, und daraus ging 1933 schließlich Nissan hervor.

Gemessen an den meisten Kennzahlen, war Nissan in den ersten Jahren außergewöhnlich erfolgreich. Am Vorabend des Zweiten Weltkriegs war Nissan bereits der zweitgrößte Autohersteller Japans. Nach dem Krieg ging das Unternehmen zunächst durch eine schwierige Phase, doch dann begann es wieder, rasch zu wachsen (siehe Schaubild 10.1). Zuerst war es ausschließlich der japanische Markt, von dem dieses Wachstum ausging, auch wenn Nissan 1955 ein Joint-venture in Großbritannien einging und zu Beginn der sechziger Jahre mit seinen Kleintransportern in den USA einigen Erfolg hatte. Ende der sechziger Jahre exportierte

Nissan über 300 000 Kraftfahrzeuge, 26 Prozent seiner Gesamtproduktion.

Als das außergewöhnliche Wachstum des Unternehmens in den siebziger Jahren anhielt, begann es unter der »Konzernkrankheit« zu leiden, wie der künftige President von Nissan, Yutaka Kume, es nannte. Mit dem Wachstum kamen zusätzliche hierarchische Ebenen, die verhinderten, daß sich die Führungsspitze anstehender Probleme zügig und wirkungsvoll annehmen konnte. Dies minderte die Effizienz und Genauigkeit des Entscheidungsprozesses im Board. Das Wachstum führte auch zu einer erheblichen Zunahme der Spezialisierung und der Zahl der Abteilungen, was wiederum Abteilungsegoismus und einer alleingängerischen Entscheidungsfindung Vorschub leistete. Um das ständig expandierende Unternehmen unter Kontrolle zu halten, erarbeitete die Personalabteilung ausgefeilte Vorschriften und Richtlinien, die die Mitarbeiter unter einer Organisationsstruktur begruben, die oftmals deren Motivation und Bereitschaft zu harter Arbeit versiegen ließ.

Diese Probleme wurden durch innerbetriebliche Spannungen verschärft. 1953 ging das Unternehmen energisch gegen seine starke, linksgerichtete Gewerkschaft vor, wobei man Aussperrungen und andere Maßnahmen einsetzte. Die Arbeiter reagierten mit einem

Schaubild 10.1: Umsatz von Nissan (in 1000 Yen)

Jahr	Umsatzerlös
1935	4 359
1940	80 532
1945	42 826
1950	13 364 828
1955	14 247 257
1960	54 800 916
1965	213 418 000
1970	669 000 000
1975	1 429 600 000

hunderttägigen Generalstreik. Katsuji Kawamata, der 1957 President von Nissan werden würde, erhielt den Auftrag, das Problem zu lösen. Bei seinen Bemühungen, den Streit beizulegen, verließ er sich auf den Gewerkschaftsführer Ichiro Shioji. Kawamata stand noch mehr in Shiojis Schuld, als dieser sich nach der Fusion von Nissan mit dem Autohersteller Prince 1965 auch um die dortige Gewerkschaft kümmerte. Als Takashi Ishihara 1977 President wurde, versuchte er, Shiojis Machtfülle zu beschneiden, was zu Spannungen zwischen Unternehmensleitung und Gewerkschaften führte. Shioji gelang es jedoch, seine Macht bis zu seinem Rücktritt als Gewerkschaftsführer 1986 zu verteidigen. Viele Manager bei Nissan waren der Ansicht, Shiojis Einfluß habe dem Unternehmen geschadet und diese Auseinandersetzungen sowie das schlechte Verhältnis zwischen Unternehmensführung und Gewerkschaften seien für nicht wenige Probleme des Unternehmens in den siebziger und achtziger Jahren verantwortlich. Das Bemühen um deren Lösung förderte im Management von Nissan eine Orientierung nach innen und verhinderte so eine stärkere Berücksichtigung des Wandels am Markt und bei den Kundenbedürfnissen.

Diese Probleme der Größe und der innerbetrieblichen Beziehungen manifestierten sich ab 1972 in sinkenden Marktanteilen und vier Jahre später in einer Abflachung des Jahresüberschusses (siehe Schaubilder 10.2 und 10.3). Der inländische Marktanteil sackte von 33,7 Prozent im Jahr 1972 auf 25,6 Prozent 1985 ab. Unterdessen stieg der Marktanteil von Toyota von 39,6 Prozent 1976 auf 42 Prozent im Jahr 1985. Die Differenz zwischen den Marktanteilen der beiden Unternehmen stieg von 5,9 Prozentpunkten 1976 auf bedrohliche 16,4 Prozent im Jahr 1985.[3]

Die meisten Schwierigkeiten von Nissan entwickelten sich langsam und schleichend wie diese Schrumpfung des inländischen Marktanteils. Eine deutliche Ausnahme hiervon war der Mißerfolg des Modells Stanza 1981. Es war der erste strategische Nissan-Pkw mit Vorderradantrieb. Sein enttäuschendes Abschneiden am Markt führte zu konservativeren Styling- und Design-Entscheidungen, die wiederum nur wenig junge Kunden anspra-

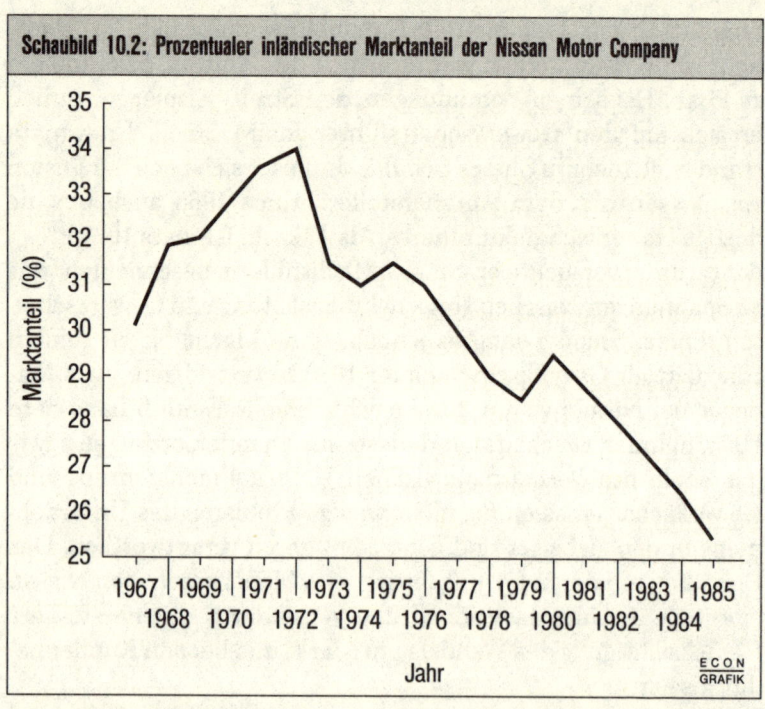

Schaubild 10.2: Prozentualer inländischer Marktanteil der Nissan Motor Company

Marktanteil (%)

Jahr

ECON
GRAFIK

chen. Das Fehlen eines erfolgreichen Autos für junge Fahrer bewirkte in Verbindung mit Gerüchten über die Probleme von Nissan, daß das Unternehmen auf der Rangliste der bei College-studenten beliebtesten Arbeitgeber vom 15. auf den 40. Platz zurückfiel.

Zu dieser Zeit übten Branchenbeobachter immer unverhohlener Kritik an Nissans Kultur, die häufig als allzu selbstbezogen, büro-kratisch und selbstherrlich beschrieben wurde.[4] Manche fragten sich, ob eine solche Kultur überhaupt zu verändern sei und ob Nissan daher in der immer stärker umkämpften weltweiten Auto-mobilbranche weiter Marktanteile verlieren würde. Andere glaub-ten, mit der richtigen Führung an der Spitze sei ein Wandel möglich. Und Mitte 1985 sahen sie Anzeichen dafür, daß sich eine solche Führung etablierte.

Zu diesem Zeitpunkt nämlich, im Juni 1985, wurde Ishihara zum

172

Chairman ernannt, und Yutaka Kume löste ihn als President von Nissan ab. Kume, der 1921 geboren war, erwarb 1944 an der Universität Tokio ein Diplom in Flugzeugtechnik. 1946 trat er bei Nissan ein und begann, im Bereich Fertigungssteuerung und Technik zu arbeiten. 1964 wurde er General Manager dieses Bereichs im Werk Zama und 1971 General Manager des Werks Yoshiwara. 1973 rückte er als Director in den Board auf und fungierte gleichzeitig als General Manager des Werks Tochigi. 1977 wurde Kume stellvertretender Director des Büros für Produkt- und Konstruktionsstrategie und blieb bis Ende 1978 General Manager des Werks Tochigi. 1979 übernahm er die Leitung des Büros für Produkt- und Konstruktionsstrategie.

In den ausgehenden sechziger Jahren und während der siebziger Jahre war Kume eine Schlüsselfigur bei der Modernisierung der Fertigungsstätten von Nissan, die auch eine Rationalisierung der Produktion und eine Verbesserung der Produktivität beinhaltete.

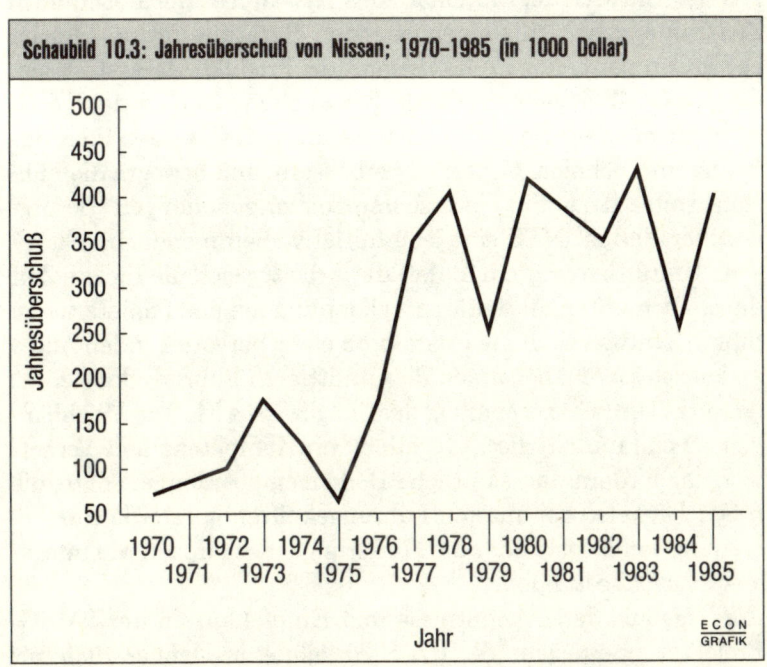

Schaubild 10.3: Jahresüberschuß von Nissan; 1970–1985 (in 1000 Dollar)

1983 wurde Kume Executive Vice President, zuständig für Forschung und Entwicklung, diversifizierte Aktivitäten und Unternehmensplanung und leitete darüber hinaus den Bereich Qualitätssicherung. Mit seiner Reckendeckung begannen 1984 einige Manager des Nissan Technical Center (NTC) mit der Entwicklung eines neuen Designverfahrens, das die Kreativität fördern sollte.[5]

Kumes Ausbildung und Laufbahn sahen gänzlich anders aus als die seiner zwei Vorgänger. Ishihara (President von 1977 bis 1985) hatte Jura studiert und arbeitete in seinen ersten Jahren bei Nissan in den Abteilungen Buchhaltung, Finanzen und Vertrieb. Kawamata (President von 1957 bis 1973) arbeitete fast zwanzig Jahre für die Industriebank vom Japan, bevor er zu Nissan wechselte.

Im August 1986, zwei Monate nachdem Kume zum President ernannt worden war, bildeten dreizehn mittlere Führungskräfte aus der Entwicklungsabteilung des Nissan Technical Center in Zusammenarbeit mit einer externen Beratungsfirma, McKinsey & Company, eine Projektgruppe, die Produkt-Marktstrategie-Gruppe (PMSG) genannt wurde. Zenzo Sonoda, Leiter der F & E-Abteilung und ein Freund von Kume, unterstützte ihren Plan, das Klima im Technical Center zu verbessern, und bewegte die Führungsspitze dazu, die Untersuchungen zu genehmigen. Besorgt darüber, daß im NTC eine jede Initiative hemmende, bürokratische Kultur herrschte und daß die Arbeiter sich die meiste Zeit darum bemühten, Aktivitäten zu koordinieren und Papierkrieg zu führen, statt sich auf die Produktion eines hervorragenden Autos zu konzentrieren, begannen diese mittleren Führungskräfte, ein besseres Umfeld zu schaffen, das ein gewisses Maß an Unabhängigkeit einräumen, die Delegation von Kompetenz und Verantwortung fördern und sämtliche Bedenken ausräumen sollte, die möglicherweise bei unteren Führungskräften gegen die Infragestellung von Regeln oder die Förderung eines offenen Meinungsaustauschs bestünden.

Als Ergebnis der Erkenntnisse und Empfehlungen der PMSG-Projektgruppe begann die F & E-Abteilung im Januar 1986 mit organisatorischen Veränderungen. Bis dahin waren F & E-Manager für mindestens drei Automodelle gleichzeitig zuständig. Nach dem neuen System war ein Manager nur noch für jeweils ein Modell verantwortlich, was ihm erlaubte, das Auto durch sämtliche Entwicklungsstufen zu begleiten – vom Entwurf über die Produktionsplanung bis hin zu Marketing und Vertrieb – und sich auf den Bau eines Autos zu konzentrieren, das die Bedürfnisse der Kunden zu den geringstmöglichen Kosten befriedigte. Um die Kundenorientierung weiter zu stärken, wurden die F & E-General-Manager in drei marktorientierten Gruppen zusammengefaßt. Um die Entwicklungszeit zu verringern und die Qualität zu verbessern, führte man die simultane Entwicklung ein, bei der jede Abteilung aufgefordert wurde, so früh wie möglich im Entwicklungsprozeß Informationen an alle anderen Abteilungen weiterzuleiten.

Ermutigt durch die PMSG-Projektgruppe, entwickelten Manager im NTC eine Reihe weiterer Ideen, die dann in den darauffolgenden Jahren umgesetzt wurden. Eines dieser Projekte war zum Beispiel ein jährlicher »Tag der offenen Tür«, an dem die Öffentlichkeit das Entwicklungsbüro besichtigen sowie Crashtests und Fahrdemonstrationen erleben konnte. Ein weiteres Projekt sah einen Aufsatz- und einen Geschäftsideen-Wettbewerb vor, wodurch man innovative Vorschläge fördern und belohnen wollte. Um die Statusunterschiede zwischen Führungskräften und untergeordneten Mitarbeitern zu vermindern, erklärte sich das NTC-Management bereit, die Seriennummern auf den Namensschildern (die den hierarchischen Rang angaben), die alle Mitarbeiter von Nissan tragen mußten, zu entfernen. Die Manager des NTC beschlossen auch, das Tragen von Uniformen freizustellen; sie waren überzeugt, daß die Abschaffung des Kleiderzwangs Kreativität und Innovativität der im Bereich Styling und Design Tätigen erhöhen würde. Um eine kreativitätsfördernde Atmosphäre zu schaffen, führten sie außerdem eine Gleitzeitregelung ein, nach der nur zwischen 10.30 und 15.30 Uhr eine Anwesenheitspflicht für die Mitarbeiter bestand, die ansonsten so früh oder spät zur Arbeit kommen konnten, wie es ihnen gefiel.

Um die Mitarbeiter zu einer stärkeren Beachtung der Konkurrenz zu veranlassen, erließ das NTC-Management eine Richtlinie, die es Angestellten der Designabteilung erlaubte, das Auto eines Wettbewerbers zu besitzen. Bis dahin war ihnen dies verboten. Nissan gestattete nicht einmal Betriebsfremden, das Gelände des Unternehmens zu befahren, wenn sie keinen Nissan steuerten. Um den Mitarbeitern einen »Gesamtüberblick« über die Autoindustrie zu verschaffen, rief das NTC-Management ein Projekt mit dem Namen »Club der Herausforderungen« ins Leben, um bestimmte Aktivitäten (zum Beispiel einen Club für italienische Autos) zu finanzieren, die den Mitarbeitern »außerplanmäßige« Möglichkeiten boten, anderen Menschen zu begegnen und zwanglos Meinungen auszutauschen.

Zur selben Zeit, als diese Projekte beim NTC entwickelt wurden, begann Kume damit, seine oberen Führungskräfte in »Top-Forum«-Konferenzen zusammenzubringen, um die wichtigsten Probleme des Unternehmens zu erörtern. Etwa achtzig Personen nahmen an diesen zweimal jährlich stattfindenden Sitzungen teil, die jeweils drei Tage und zwei Nächte dauerten. Die ersten wurden anberaumt, als Nissan für die erste Hälfte des Geschäftsjahrs 1986/87 einen Verlust von 19,7 Milliarden Yen ausweisen mußte. Den letzten Fehlbetrag davor hatte Nissan 1951 verbucht.

Vor diesem Hintergrund ließ Kume im Dezember 1986 eine Darstellung seiner »Unternehmensphilosophie« verbreiten. In einem ungewöhnlichen und offenkundig wichtigen Kommuniqué an alle Mitarbeiter von Nissan stellte er vier Prinzipien heraus: »Wir müssen den Anschluß an den Weltmarkt halten, indem wir mit unserer innovativen und zuverlässigen Technologie attraktive Produkte herstellen . . . Wir müssen für die Bedürfnisse der Kunden aufgeschlossen sein und ihnen auf der Grundlage unerschütterlicher Aufrichtigkeit und im unablässigen Bestreben, ihren Forderungen zu entsprechen, ein Maximum an Zufriedenheit verschaffen . . . Wir müssen uns auf globale Trends konzentrieren, die Welt zur Bühne unserer Aktivitäten machen und ein starkes Unternehmen aufbauen, das mit der Zeit Schritt hält . . . Wir müssen die Entwicklung einer aktiven und vitalen Gruppe von

Menschen fördern, die jederzeit bereit und willens sind, die Herausforderung, neue Ziele zu verfolgen, anzunehmen.«

Um diese Philosophie überall bei Nissan Wirklichkeit werden zu lassen, wurde im Januar 1987 in der Hauptverwaltung eine neue Koordinierungsgruppe, die sogenannte Produkt-Marktstrategie-Division, gegründet. Die PMSD sollte vor allem die Integration der grundverschiedenen Funktionsbereiche und Sparten erleichtern, die an Entwurf, Herstellung, Erprobung und Vermarktung eines Autos beteiligt sind. Früher war die Planung zwischen Vertrieb und Design aufgeteilt; die Absatzplanung gehörte zu den Aufgaben der Abteilung Inlandsvertrieb, und die Designplanung oblag der F & E-Abteilung. Diese Gruppen hatten unterschiedliche Prioritäten, was zu unvereinbaren Design- und Marketingplänen führte. Takashi Hisatomi, der General Manager des Produkt-Marktstrategie-Büros, sagte dazu: »[Wir wurden] zwischen der Vertriebs- und der F & E-Abteilung angesiedelt, deren Machtkämpfe wir heute entschärfen ... Wir müssen alle Entscheidungen vom Standpunkt des Kunden aus treffen. Das ist die Aufgabe unserer Abteilung.«[6]

Die hundert Mitglieder dieser Produkt-Marktstrategie-Division waren in vier Gruppen aufgeteilt. Die erste Gruppe, das Produkt-Marktstrategie-Büro, koordinierte die abteilungsinternen Aktivitäten und initiierte eine langfristige Planung und Strategie. Mitarbeiter dieser Gruppe erforschten die allgemeinen Märkte und versuchten, Entwicklungstrends aufzuspüren. Wenn sie einen Trend entdeckten, entwickelten sie ein den Markterfordernissen entsprechendes Konzept und entwarfen eine mittel- und langfristige Planung für dieses Konzept. Die drei übrigen Gruppen spezialisierten sich auf die kurzfristige Planung und die Logistik der Autoentwicklung. Sie wurden nach dem Produkt- beziehungsweise Markttyp aufgeteilt. Die Z10-Gruppe betreute die Familienautos oder Limousinen wie etwa den Bluebird (Stanza) und den Cedric. Die Z2O-Gruppe entwickelte Kleinwagen wie den Micra und den Pulsar. Die dritte Gruppe schließlich, Z30, konzentrierte sich auf Spezial- und Sportmodelle wie den Silvia (240sx) und den 300zx. Das 1986 im Technischen Zentrum von Nissan eingeführte

Produktmanagersystem wurde in allen drei Gruppen verwendet; jeweils ein Manager betreute ein Auto von der F & E über die Herstellung bis zum Vertrieb.

Diese Reorganisation und die von Kume proklamierte Philosophie waren ein deutliches Signal für alle Mitarbeiter von Nissan, daß Wandel notwendig war und erwartet wurde. Kume selbst bemühte sich – mehr als irgendein President von Nissan vor ihm – in zahllosen Besuchen und Ansprachen an Mitarbeiter, diese Botschaft zu vermitteln.

1987, kurz nach der Gründung der Produkt-Marktstrategie-Division, begann die Zentrale von Nissan, mehr Entscheidungsbefugnisse an die Betriebe zu delegieren. Über einen Zeitraum von fünf Jahren stieg die Geldsumme, über die ein Betriebsleiter ohne Zustimmung der Zentrale verfügen konnte, um das Zehnfache. Dafür mußte jeder Betrieb sein eigenes System zur Leistungsförderung und Umsetzung der kundenorientierten Philosophie entwickeln.

Im Werk Zama bauten die Manager ein ausgetüfteltes Management-Informationssystem auf, das Qualitäts-, Lieferungs- und Kostenfaktoren in einer gemeinsamen Matrix auf Abteilungsebene erfaßte (eine typische Abteilung hat etwa 300 Mitarbeiter). Dieses Buchhaltungssystem ermöglichte mehr Delegation, weil es den Abteilungsleitern ein aussagekräftiges Endergebnis lieferte, das sie beeinflussen konnten – ein Endergebnis, das auch Variablen berücksichtigte, die sowohl die Rentabilität als auch die Kundenzufriedenheit berücksichtigten. Aufgrund dieses Systems verringerten sich die Kosten im Werk Zama zwischen 1985 und 1988 um 20 Prozent, während die Qualität um 70 Prozent zunahm und die Lieferzeit um 70 Prozent verkürzt wurde.

Die Manager in Zama bemühten sich auch, Nissan auf direktem Wege näher an die Kunden heranzubringen. Sie veranstalteten sogenannte »Tage der offenen Tür«, an denen interessierte Personen, die beruflich nichts mit Nissan zu tun hatten, sich ungehindert auf dem Fabrikgelände umschauen konnten. Haruyoshi Takagishi, der stellvertretende General Manager der Abteilung für

Produktionskontrolle und Technik, meinte dazu: »Wir benutzen meistens das Gelände vor dem Gebäude. Wir bitten die Geschäftsleute in der Umgebung, an diesem Tag ihre Läden zu öffnen und Essen und Kleider zu verkaufen. Es ist wie ein Basar.« Das Werk förderte auch kleine Sportveranstaltungen wie Fußball- und Baseballspiele und bot den Mannschaften dazu die Benutzung der Anlagen auf dem Fabrikgelände an. Nach Ansicht des Managements verbesserten diese Veranstaltungen das Image des Unternehmens in der Stadt Zama, was sich sogar in einer Zunahme der verkauften Autos niedergeschlagen hatte. Nissans Marktanteil in Zama belief sich 1985 auf 25 Prozent, während Toyota auf 40 Prozent kam. 1990 war der Marktanteil von Nissan auf 40 Prozent gestiegen, während der Anteil von Toyota auf 25 Prozent gefallen war.

Leitende Angestellte des Unternehmens, die sich um die Umsetzung von Kumes neuer Philosophie bemühten, gaben den Anstoß zu zwei wichtigen Veränderungen. Erstens wurde auf ihre Anregung hin die Rotation der Mitarbeiter zwischen den Abteilungen verstärkt (Kume war der Meinung, daß Manager durch Rotation mehr Tatkraft entwickelten). Zweitens orientierten sie die Beförderungs- und Vergütungsrichtlinien, die traditionellerweise auf das Dienstalter abstellten, stärker an der Leistung (nach Ansicht von Kume legte die Leistungsbewertung – anders als die Einstufung nach dem Dienstalter – den angemessenen Nachdruck auf Tatkraft und Einsatz).

Nissans Vertriebsorganisation setzte sich weniger energisch als andere Unternehmensbereiche für die Durchsetzung der neuen Kultur ein, aber die Vertriebsleitung nahm schließlich doch zwei wichtige Änderungen vor. Man richtete bei jedem Nissan-Händler in Japan eine Reklamationsstelle ein und finanzierte den Bau neuer Ausstellungsräume für die Händler, um so eine attraktivere, einladendere Kaufatmosphäre zu schaffen.[7]

Als diese Bemühungen 1990 richtig in Schwung kamen, begannen immer mehr Abteilungen von Nissan – auch solche auf unteren Organisationsebenen –, ihre Arbeitsweise umzustellen. Die Testabteilung ist vielleicht ein typisches Beispiel hierfür. Diese Abteilung erprobt neue Modelle. Ihr Leiter, Kenzo Hirashima, beschrieb die neue Vorgehensweise an einem Beispiel:

»Wir bemühen uns jetzt stärker, die Ursachen dafür herauszufinden, daß Kunden Dinge beanstanden, die wir für nützlich hielten. Es gibt zum Beispiel in den USA Straßen mit einer Oberflächenbeschaffenheit, die in Japan unbekannt ist. Highways weisen infolge ihrer Bauweise über längere Strecken regelmäßig kleine Unebenheiten auf. Wir hatten hier auf unserem Testgelände eine solche Straße nachgebaut, die jedoch viel kürzer war und entsprechend weniger Unebenheiten besaß. Wir glaubten, daß unsere US-Exportwagen aufgrund dieser Simulationen den dortigen Anforderungen genügten. Als wir jedoch in den USA auf diesen unebenen Straßen fuhren, stellten wir fest, daß das Holpern für den Fahrer mit der Zeit unerträglich wird. Das war der Grund für die vielen Reklamationen. Daher haben wir beschlossen, den Fahrkomfort unserer Autos durch Probefahrten vor Ort zu testen.«

Der Wunsch, dafür zu sorgen, daß die durchgeführten Tests für die reale Welt des Kunden von Bedeutung sind, stellte für diese Abteilung eine grundlegende Veränderung ihrer Beziehungen zum Markt dar.

Das erste Produkt, das von diesen Veränderungen bei Nissan profitierte, war der Silvia (in den Vereinigten Staaten 240sx genannt). Dieses sportliche, kompakte Coupé mit bequemen Sitzen für vier Personen wurde im Mai 1988 eingeführt; es hatte als Zielgruppe die Fünfundzwanzigjährigen und wurde für knapp 2 Millionen Yen (oder 12 000 Dollar) angeboten. Der Silvia, 1988/89 zum japanischen »Auto des Jahres« gekürt und mit dem »Großen Preis für hervorragendes Design« des Ministeriums für Internationalen Handel und Industrie (MITI) prämiert, verband innovatives Styling mit moderner Technologie und stieß so bei den jungen Menschen des Landes auf große Resonanz.

Das Vorgängermodell des Silvia war ein Flop gewesen, von dem 1987 nur 200 Stück pro Monat verkauft wurden. Da viele glaubten, die Verkaufszahlen könnten gar nicht mehr schlechter werden, fiel es den Managern leichter, einen Versuch zu wagen und jungen Designern freie Hand bei der Gestaltung des neuen Modells zu lassen. Durch den Mißerfolg des 1985 eingeführten Skyline und die finanziellen Verluste im Jahr 1986 unter Druck gesetzt, kam man überein, entsprechend der Zielgruppe des Silvia nur junge Arbeitskräfte an dessen Entwicklung zu beteiligen. Das Durchschnittsalter der Leute, die schließlich an dem Projekt mitarbeiteten, betrug 28 Jahre.

Obgleich die Designer feststellten, daß die reine Marktforschung die Entwicklung einer exakten Nachbildung des Honda Prelude (damals das dominierende Auto in seiner Klasse) gebot, versuchten sie herauszufinden, was die Kategorie und das Auto dem Kunden offerierten. Sie konzentrierten sich vor allem auf Emotionen und Gefühle, um den perfekten Wagen zu schaffen. Da die jungen Mitarbeiter sich besser in die potentiellen jungen Kunden hineinversetzen konnten, wurden sie für das Projekt entscheidend. Koichiro Kawamura, der für den Silvia zuständige Manager, erklärte: »Ich habe unseren jungen Designern und den Vertriebsleuten immer wieder gesagt, sie sollten ein Auto entwickeln, das sie selbst kaufen würden.«

Kawamura bemühte sich, unter den Beteiligten des Projekts ein Klima der Kreativität und des freien Meinungsaustauschs zu schaffen. Ein wichtiger Schritt dabei: Die jungen Designer konnten über das Produkt diskutieren und Entscheidungen treffen, ohne daß sich die Führungsspitze einmischte. Laut Kenji Shimokaze, einem Manager in der Forschungsabteilung, war der Silvia »der erste Fall, wo junge Manager tatsächlich Entscheidungen trafen und wo wir einen externen Modedesigner baten, uns bei der Entwicklung des Modells zu helfen«.

Die neue Produkt-Marktstrategie-Division koordinierte sämtliche Stufen der Entwicklung des Silvia, vom Entwurf bis zum Verkauf. Ein Manager, Koichiro Kawamura, war für den gesamten Entwicklungsprozeß zuständig und stellte so sicher, daß während dieses Prozesses nicht von der Vision der Designer abgewichen wurde. Diese Form der dezentralisierten Entscheidungsfindung bedeutete einen Bruch mit der Tradition der zentralistischen

Bürokratie bei Nissan. Laut Satoshi Matsutomi, der als Designer am Silvia mitwirkte, hatte »Herr Kawamura, der damals für den Silvia zuständige Manager, das letzte Wort bei allen Aspekten, die das Design des Silvia betrafen. Da er schon etwas älter war, bat er junge Mitarbeiter – auch mich – um Rat. Und meistens folgte er den Meinungen dieser jungen Leute.« Topmanagern ohne offizielles Mitspracherecht bei der Entwicklung des Modells war es nicht erlaubt, Einfluß auf das Design des Autos zu nehmen. Matsutomi bemerkte zur früheren Praxis: »Ich habe einige Male erlebt, daß wir die Scheinwerfer eines Autos ändern mußten, weil irgendein Manager kam und sagte: ›Das gefällt mir nicht, ändern Sie das.‹ Diese Änderungen in letzter Minute kommen jetzt nicht mehr vor. Solange die alte Kultur in Kraft war, blickten die untergeordneten Mitarbeiter immer ängstlich auf diejenigen, die in der Hierarchie über ihnen standen. Was immer der strittige Punkt war – sie fügten sich ohne Widerrede den Anordnungen, die man ihnen erteilte.« Dieser Wandel wurde durch Kume selbst verstärkt, der darauf verzichtete, das endgültige Modell des Silvia auszuwählen.[8] Laut Matsutomi kam »Herr Kume, betrachtete sich die beiden Tonmodelle und ging wieder. Wir mußten buchstäblich rennen, um ihn einzuholen. Wir sagten ihm, welches der beiden Modelle wir vorzögen, und fragten ihn, ob er damit einverstanden sei. Worauf er nur kurz nickte. Früher hätte er uns wahrscheinlich gesagt, welches Modell in Produktion gehen sollte. Diesmal jedoch sagte er gar nichts.«

Der Silvia wurde im Werk Kyushu gebaut, wo man dringend auf Arbeit gewartet hatte. Da es zu Nissans Grundsätzen gehörte, in schlechten Zeiten keine Arbeitskräfte zu entlassen oder Feierschichten zu fahren, waren über tausend Mitarbeiter dieses Werks (mindestens ein Viertel der Belegschaft) auf andere Werke verteilt worden, wobei viele ihre Familien zurückließen. Anderen Arbeitern wurden Tätigkeiten wie das Aufräumen des Fabrikgeländes und der Produktionshallen übertragen. Als sich die Chance bot, ein neues und möglicherweise wichtiges Auto zu produzieren, waren die meisten Arbeiter hellauf begeistert. Durch Besuche von Kume und anderen hochrangigen Führungskräften wurde ihre

Motivation weiter angespornt. Da Kyushu weit von Tokio entfernt lag, waren solche Besuche etwas sehr Ungewöhnliches. Der Silvia wurde jedoch nicht nur von jungen Mitarbeitern entworfen, sondern auch von ihnen verkauft. Ein Angestellter bemerkte hierzu:»Das außergewöhnliche an dem Silvia-Projekt war, daß bei Sitzungen, auf denen Verkaufsförderungsmaßnahmen diskutiert wurden, keine älteren Manager anwesend sein mußten. Alle jüngeren Mitarbeiter konnten jederzeit zu einem freien Meinungsaustausch über das Auto zusammenkommen. Wir mußten unserem Manager lediglich die Ergebnisse mitteilen. Wir konnten ungehindert unsere Meinung sagen. Diese Diskussionsrunden brachten uns auf neue Ideen.« Außerdem arbeiteten junge Leute direkt an der Verkaufsfront des Silvia bei den Händlern. Masaharu Tomosada, stellvertretender General Manager des Produkt-Marktstrategie-Büros erklärte:»Anders als üblich verlangten wir, daß jeder Händler einen ›Silvia-Leiter‹ haben mußte, der die Hauptverantwortung für den Verkauf des Silvia an die Endabnehmer tragen sollte. Wir forderten außerdem, daß diese Leiter zwischen zwanzig und dreißig Jahre alt sein sollten.« Die Verantwortung für den Verkauf eines Autos, das auf einen jungen Markt zielte, jungen Leuten zu übertragen, stellte eine neue Verkaufsmethode dar.

Nach der Ankündigung und Einführung des neuen Silvia starteten zehn »Karawanen«-Teams aus je zwei Personen – einem jungen Mann und einer jungen Frau – in nagelnauen Silvias von Kyushu aus zu einer zehntägigen Reise nach Tokio. Unterwegs warben sie für das Auto und besuchten jeweils dreißig Händler; die Teams ermunterten sie, bekundeten ihren Stolz auf den neuen Wagen und appellierten persönlich an die Händler, das Auto zu verkaufen. Die Resonanz war sehr positiv. Toshiya Yamamoto erinnerte sich:

»Auf unserem Weg [nach Tokio] schauten sich viele Leute den Vorführwagen an und sagten: ›Was für ein tolles Auto, bitte geben Sie uns einen Katalog über dieses Auto.‹ Das junge Paar verteilte Visitenkarten und Kataloge an alle Interessenten. Die Fahrer der Silvia-Werbewagen werden nie das Gefühl vergessen, daß man sie wie Stars empfing. Selbst heute noch treffen sie sich, um Silvia-Partys zu feiern ... Während dieser Werbekarawane gab es bei einem der Autos in Yokohama ein Getriebeproblem. Die Fabrik in der Präfektur Shizuoka lieferte ein neues Getriebe, doch das erforderliche technische Know-how war nur im technischen Zentrum von Atsugi verfügbar. Die Verkaufsabteilung saß in der Tokioter Hauptverwaltung, und die Montage wurde im Werk Yokohama durchgeführt. Arbeitskräfte aus diesen vier verschiedenen Orten kamen zusammen und reparierten das Auto über Nacht, so daß es um 6.00 Uhr am nächsten Morgen wieder fahrbereit war. Alle spendeten Beifall, als es startete ... Wir arrangierten es so, daß die Autos am zehnten Tag zur Mittagszeit vor der Nissan-Zentrale ankamen, damit sich alle Mitarbeiter versammeln und die Fahrer begrüßen konnten. Ursprünglich hatten wir geplant, daß Herr Saito, der zuständige Director für diese Werbekampagne, eine Rede halten sollte. Doch jemand schlug vor, daß Herr Kume selbst ein paar Begrüßungsworte sagen sollte. Also gingen wir am Morgen des großen Tags in sein Büro und fragten ihn. Er erklärte sich einverstanden und erschien in der Uniform der Werbefahrer, um seine Rede zu halten.«

Nach der erfolgreichen Einführung des neuen Modells beschlossen die jungen Leute, die den Silvia vermakteten, die Nachbetreuung der Kunden zu verstärken. Als der Silvia zum »Auto des Jahres« gekürt wurde, sandten sie ein Dankschreiben an alle frühen Käufer des Wagens. Ihrer Ansicht nach war Mund-zu-Mund-Propaganda ein wichtiger Aspekt bei der Vermarktung des Silvia.

Bei der Vorstellung des neuen Modells erklärte President Kume öffentlich, der Silvia werde seinen direkten Konkurrenten, den Honda Prelude, schlagen. Tatsächlich eroberte er auf Anhieb einen inländischen Marktanteil von 3,3 Prozent. In der ersten Hälfte des Jahres 1988 wurden 26 279 Silvias verkauft, während Honda 30 353 Wagen des Modells Prelude absetzte. In der zweiten Jahreshälfte stieg der Marktanteil des Silvia auf 3,8 Prozent (34 705 Wagen), während der des Honda Prelude auf 1,1 Prozent (10 282 Wagen) zurückging. In der zweiten Hälfte des Jahres 1989 dann standen 44 143 verkaufte Silvias 16 979 verkauften Honda Preludes gegenüber.

Die Situationen bei Nissan und ICI waren zu Beginn der achtziger Jahre in vielerlei Hinsicht sehr unterschiedlich, spiegelten sich darin doch Unterschiede in den Ländern, den Branchen, den Geschichten der beiden Unternehmen und den Persönlichkeiten der Beteiligten wider. Und doch gibt es auch wichtige Übereinstimmungen – Aspekte, denen wir auch bei den anderen Fällen kulturellen Wandels begegnen. Beide Unternehmen waren um die Mitte des Jahrhunderts sehr erfolgreich. Mit dem Wachstum bildete sich bei beiden eine relative inflexible Kultur heraus. Als Ende der siebziger, Anfang der achtziger Jahre der Wettbewerbsdruck zunahm und in ihren Branchen ein rauherer Wind wehte, verzeichneten beide Unternehmen Erfolgseinbrüche. Und in den achtziger Jahren übernahmen in beiden Firmen (für ihre Verhältnisse) unkonventionelle Topmanager das Ruder, die dem Wandel zum Durchbruch verhalfen.

Im Fall Nissan übertrug Kume gleichgesinnten Managern des Nissan Technical Center – einer Einrichtung, die ihm vor seiner Ernennung zum President unterstand – weitreichende Entscheidungsbefugnisse. Anschließend nahm er sich seine eigenen achtzig Topmanager vor. Als er den richtigen Zeitpunkt für gekommen hielt, verkündete er die neue Unternehmensphilosophie, gab grünes Licht für die Umstrukturierungen auf Konzernebene, wirkte mit bei der Auswahl des Silvia als eines Projekts, bei dem neue Strategien florieren und zu erfolgreichen Ergebnissen führen konnten, und förderte schließlich Veränderungen in den Bereichen Fertigung, Personal, Verkauf und anderswo. Diese Aktionen bewirkten, daß Hunderte von Veränderungen eingeleitet wurden, die alle zusammen die Leistung des Unternehmens verbesserten und dann die Kultur allmählich von ihren selbstbezogenen, autokratischen und bürokratischen Tendenzen befreiten (siehe Schaubild 10.4).

Wie stark hat sich Nissan gewandelt? 1990 gingen die Meinungen der Manager hierzu auseinander. Manche waren der Ansicht,

Beispiele für konkrete Aktionen von Nissan-Managern

- Neustrukturierung des NTC (drei marktorientierte Gruppen)
- »Tage der offenen Tür« im NTC, im Werk Zama und anderswo
- Manager des NTC dürfen Autos der Konkurrenten besitzen
- Die PMSD wird in drei Marktgruppen eingeteilt
- Zama fördert Sportvereine in umliegenden Gemeinden
- Neue Reklamationsstellen bei jedem japanischen Händler
- Umsatz hilft, den Bau neuer Ausstellungsräume bei den Händlern zu finanzieren
- Nissans Testabteilung erprobt für den US-Markt bestimmte Autos auf Straßen in den Vereinigten Staaten
- Externe Design-Unterstützung für den Silvia genutzt.

- Neustrukturierung des NTC (ein neues Auto pro Manager)
- Simultane Entwicklung im NTC
- Aufsatz- und Ideenwettbewerb
- Im NTC wird der Rang nicht mehr auf den Namensschildchen angegeben
- Einführung von Gleitzeit im NTC
- Gruppe zur Überwachung der Konkurrenz im NTC eingerichtet
- PMSD überträgt die Verantwortung für jedes neue Auto einem hierarchisch eine Stufe tiefer stehenden Manager
- Budgets, über die die einzelnen Werke frei verfügen können, verzehnfacht
- Neues Buchhaltungssystem im Werk Zama erlaubt mehr Delegation
- Leitende Angestellte verstärken Rotation der Manager
- Leitende Angestellte gründen Beförderungen und Vergütungen stärker auf Leistung als auf Dienstalter
- Junge Teams betreuen den Silvia
- Unternehmensspitze darf sich nicht in das Silvia-Projekt einmischen

Erfolgssteigerung

- Im Werk Zama ändern sich Qualität, Kosten und Lieferzeit
- Erfolg des Silvia
- Viele Preise für die neue Modellserie

- Rückgang des inländischen Marktanteils aufgehalten
- Zunahme des Jahresüberschusses

Kultureller Wandel

- Weniger selbstgezogen
- Mehr auf die Kunden ausgerichtet

- Weniger autokratisch und bürokratisch
- Mehr Initiative, Führung und Kreavitität von unten

Nissan habe 30 Prozent des Wegs zu einer neuen Kultur zurückgelegt. Andere meinten, das Unternehmen habe bereits 60 Prozent des Wegs hinter sich gebracht. Es gab jedoch niemanden, der die Arbeit für abgeschlossen hielt. President Kume:»Sechs Jahre sind vergangen, und ich glaube, wir sind jetzt halb durch diesen Prozeß der Umgestaltung der Unternehmenskultur hindurch. Meiner Meinung nach wird es womöglich noch mehr als sechs weitere Jahre dauern, die Aufgabe zu beenden. Die Probleme der ersten Phase lassen sich leichter bewältigen; danach wird es schwieriger. Im Prozeß des Wandels haben wir jetzt ein Plateau erreicht. In dieser frühen Phase meinen viele, Nissan habe sich stark verändert, doch wir sollten diese Einschätzungen nicht unbesehen akzeptieren.«

Takashi Hisatomi, der General Manager des Produkt-Marktstrategie-Büros, stimmte Kumes Einschätzung zu. Er kommentierte: »Vor fünf Jahren nutzten wir die Tatsache, daß wir uns am Rande einer Krise befanden, um die nötige Kraft zum Wandel zu erzeugen. Eine solche Strategie können wir dieses Mal nicht mehr anwenden. Damals ging es ums Überleben, heute führen wir einen offensiveren und aggressiveren Kampf.«

Die meßbaren Ergebnisse zeigen ein überwiegend positives Bild. 1990 beherrschte Nissan die Liste der zehn besten Autos der Welt in der US-Autozeitschrift *Road and Track* sowie mit sieben von zwanzig Plätzen die Liste der zehn Autos mit dem besten Preis-Leistungs-Verhältnis. Im vorangegangenen Jahrzehnt war Nissan nicht ein einziges Mal in diesen Listen erschienen. Außerdem eroberte Nissan zwei der ersten zehn Plätze in der Kategorie »Einzelmodelle« in dem von J. D. Power & Associates herausgegebenen *Initial Quality Survey* neuer Autos. Auch Nissans inländischer Marktanteil, der fünfzehn Jahre fast ununterbrochen gesunken war, erhöhte sich 1988 und 1989 wieder (doch nicht sehr stark: von 23,6 auf 23,7 Prozent). Der Marktanteil in den USA stieg ebenfalls – von 4,8 Prozent 1988 auf 5,2 Prozent 1989. Noch dramatischer nahm der Jahresüberschuß zu, der zwischen 1987 und 1990 von 20 auf 116 Milliarden Yen (165 beziehungsweise 940 Millionen Dollar) stieg.[9]

Anmerkungen

1 Bei der Vorbereitung dieses Kapitels half Nancy Rothbard.
2 Die meisten Informationen über Nissan stammen aus eingehenden Interviews mit Nissan-Managern, die Kotter im August 1990 durchführte.
3 Firmendokument
4 Basierend auf Interviews, die Kotter in Tokio führte
5 Das in Atsugi (etwa zwei Autostunden von Tokio entfernt) gelegene NTC ist Nissans Zentrum für Entwurf und Technologie. Der größte Teil von Nissans F & E-Aktivitäten in Japan findet im NTC statt.
6 Dieses und alle übrigen Zitate in diesem Kapitel sind Interviews entnommen, die Kotter im August 1990 durchführte.
7 Nissan erklärte sich bereit, die Zinsen für den Kredit zu zahlen, den ein Händler zur Finanzierung des Umbaus aufnahm. Mit anderen Worten: Der Händler erhielt einen »kostenlosen« Kredit.
8 Die Designer fertigten in der Regel mindestens zwei verschiedene Tonmodelle eines Autos an, die dem President zur endgültigen Genehmigung vorgelegt wurden. Es war schon vorgekommen, daß der President das eine Modell und der Chairman das andere Modell bevorzugte. Die Designer mußten dann einen Mittelweg finden und verschiedene Teile der beiden Modelle miteinander verbinden.
9 Manche Indikatoren sind nicht so positiv. So rutschte zum Beispiel der Cash-flow in dieser Periode immer tiefer in den negativen Bereich.

IV.
Zusammenfassung und Ergebnis

11. Zur Rolle der Führungsspitze

Kultur stellt eine interdependente Gesamtheit von Werten und Verhaltensweisen dar, die in einer Gemeinschaft verbreitet sind und – oft über längere Zeiträume – eine große Beständigkeit aufweisen. Diese Kontinuität ist das Ergebnis einer Vielfalt häufig subtiler, im verborgenen wirkender sozialer Kräfte, durch die Individuen die Normen und Werte einer Gruppe erlernen, für deren Einhaltung sie belohnt und für deren Nichtbefolgung sie geächtet werden. Die Bedeutung dieses Phänomens ist seit Jahrzehnten bekannt. Die in diesem Buch dargestellten Untersuchungen belegen die konkrete Macht der Kultur in einem bestimmten Rahmen: innerhalb von Unternehmen. Unsere Studien zeigen eindeutig, daß bestimmte Typen von Unternehmenskulturen den langfristigen Unternehmenserfolg fördern, während andere ihn untergraben.

Obgleich man heute weithin die Meinung antrifft, starke Kulturen wirkten sich positiv auf den Unternehmenserfolg aus, stellten wir fest, daß die jüngsten Erfahrungen von nahezu 200 Unternehmen diese Hypothese nicht stützen. In Unternehmen mit starken Kulturen marschieren die Manager wohlgeordnet und energisch in dieselbe Richtung. Diese Ausrichtung, Motivation, Organisation und Kontrolle kann erfolgsfördernd wirken, aber nur dann, wenn die daraus resultierenden Aktionen einer intelligenten Geschäftsstrategie für das spezifische Umfeld entsprechen, in dem die Firma operiert. Der Erfolg verbessert sich nicht, wenn die üblichen Verhaltensweisen und Geschäftsmethoden nicht zu den Erfordernissen des Produkt- oder Dienstleistungsmarkts, des Finanz- und des Arbeitsmarkts einer Firma passen. Starke Kulturen, deren Praktiken nicht auf das Umfeld eines Unternehmens zugeschnitten sind, können intelligente Mitarbeiter zu destruktivem Verhalten motivieren, das die Überlebensfähigkeit und die Erfolgsaussichten einer Organisation systematisch unterminiert. Darüber hinaus zeigen unsere Untersuchungen, daß selbst Kulturen, die umfeld- oder strategieadäquat sind, langfristig nur dann hervorragende Ergebnisse fördern, wenn sie Normen und Werte enthalten, die Unternehmen dabei helfen können, sich an ein wandelndes Umfeld anzupassen. Bei einer Reihe bekannter Unternehmen, die aufgrund starker Marktpositionen in relativ stabilen Umfeldern während der vierziger, fünfziger und sechziger Jahre befriedigende Ergebnisse erzielten, verschlechterte sich die Erfolgsbilanz in den vergangenen zehn bis zwanzig Jahren, als sich Wettbewerbsintensität und Änderungsgeschwindigkeit der Wirtschaft erhöhten. In jedem dieser Fälle fanden wir änderungsresistente Kulturen.

Es gibt viele Erscheinungsformen nicht anpassungsfähiger Kulturen. In Großunternehmen zeichnen sie sich häufig durch eine gewisse Arroganz, Abschottung nach außen und bürokratische Zentralisierung aus, die von einem Wertesystem getragen werden, in dem Eigennutz höher steht als Kunden, Aktionäre, Mitarbeiter oder gute Führung. In solchen Kulturen ignorieren die Manager häufig wichtige Umfeldveränderungen und klammern sich an veraltete Strategien und verknöcherte Praktiken. Sie erschweren es allen anderen – insbesondere den hierarchisch Nachgeordneten –, neue und bessere Strategien und Praktiken zu implementieren. Außerdem demotivieren sie manche Mitarbeiter – vor allem diejenigen, die großen persönlichen Wert auf Integrität, Vertrauen und Mitmenschlichkeit legen.

In Unternehmenskulturen, die nützliche Umgestaltungen fördern, achten die Manager sehr genau auf wichtige Veränderungen im Umfeld ihrer Unternehmen und veranlassen gegebenenfalls geringfügige Änderungen bei den Strategien und Praktiken, um die Übereinstimmung zwischen Unternehmen und Kulturen einerseits und den Umfeldbedingungen andererseits zu gewährleisten. Diesen Verhaltensnormen liegt offenbar ein Wertesystem zugrunde, das der Erfüllung der legitimen Bedürfnisse aller Gruppen einen hohen Stellenwert beimißt, deren Kooperation für den

Unternehmenserfolg unabdingbar ist – insbesondere den Kunden, Mitarbeitern und Aktionären. Diese Werte unterstreichen zudem die Bedeutung von Menschen und Verfahren, die Veränderungen bewirken können – vor allem kompetente Führung auf allen hierarchischen Ebenen. Ein solches Wertesystem klingt – wenn es schriftlich niedergelegt wird – entweder hoffnungslos idealistisch oder so verschwommen, daß es praktisch unbrauchbar ist, oder auch unangemessen religiös (zum Beispiel:»Behandle andere stets so, wie du von ihnen behandelt werden willst«). Und doch ist heutzutage gerade dieses Wertesystem der Schlüssel zu einer exzellenten Leistungsbilanz, weil es Manager anspornt und dazu veranlaßt, das zu tun, was erforderlich ist, um den Unternehmen die Anpassung an ein sich wandelndes Wettbewerbsumfeld zu erleichtern (siehe Schaubild 11.1).

Viele Unternehmen behaupten heute von sich, daß sie Kunden, Aktionären und Mitarbeitern einen hohen Stellenwert beimessen. Und immer mehr Unternehmen verkünden, sie seien überzeugt von der Bedeutung kompetenter Führung auf vielen hierarchischen Ebenen. Doch nur wenige Unternehmen handeln auch dementsprechend, zumindest im Sinne einer Kultur – wo die Tatsache, wer befördert wird, mehr über die wahren Werte aussagt als jede»Unternehmensmission« oder»Firmenphilosophie«. Die wenigen Unternehmen, die ihren Worten auch Taten folgen lassen, erzielen im Durchschnitt erheblich bessere Ergebnisse als die meisten anderen.

Wenn sich in neugegründeten Unternehmen erfolgsfördernde Kulturen herausbilden, sind offenbar mindestens zwei Faktoren ausschlaggebend: erstens ein Unternehmer, der über eine Unternehmensphilosophie verfügt (oder eine solche entwickelt), die denjenigen ähnelt, die wir im Zentrum anpassungsfähiger Kulturen ausgemacht haben, und zweitens eine Unternehmensstrategie, die auf die konkrete Situation zugeschnitten ist und hinreichende Erfolge einbringt, um dem Unternehmer (und seiner oder ihrer Philosophie) in den Augen seiner Mitarbeiter ein hohes Maß an Glaubwürdigkeit zu verleihen. Wir vermuten, daß diese Faktoren bei sehr erfolgreichen jungen Unternehmen nichts Unge-

Schaubild 11.1: Anpassungsfähige und nichtanpassungsfähige Kulturen*

	Anpassungsfähige Kulturen	Nichtanpassungsfähige Kulturen
Grundwerte	Die meisten Manager messen Kunden, Aktionären und Mitarbeitern einen hohen Stellenwert bei. Sie legen auch großen Wert auf Personen und Verfahren, die nützliche Veränderungen erzeugen können (zum Beispiel Führung in beiden Richtungen der Managementhierarchie).	Die meisten Manager denken vor allem an sich, ihre unmittelbare Arbeitsgruppe oder ein Produkt (eine Technologie), das mit dieser Arbeitsgruppe verknüpft ist. Sie messen einem geordneten und risikomindernden Managementprozeß einen viel höheren Stellenwert bei als Führungsinitiativen.
Übliche Verhaltensweisen	Die Manager bringen allen Bezugsgruppen, vor allem den Kunden, große Aufmerksamkeit entgegen und nehmen gegebenenfalls Veränderungen vor, um deren legitimen Interessen zu dienen, auch wenn dies mit gewissen Risiken verbunden ist.	Die Manager neigen zu einzelgängerischem, taktischem und bürokratischem Verhalten. Daher ändern sie ihre Strategien nur langsam, um sich an den Wandel ihres geschäftlichen Umfeldes anzupassen oder von ihm zu profitieren.

* Dies ist eine Wiederholung von Schaubild 4.3.

wöhnliches sind, vor allem weil sie für den Erfolg in einem wettbewerbsintensiven Umfeld unverzichtbar sind. Doch wir haben auch Beweise dafür, daß sich leistungsfördernde Kulturen mit der Zeit auflösen, entweder weil sie nicht wirksam an die vielen neuen Manager, die ein expandierendes Unternehmen braucht, weitergegeben werden oder weil Zeit und Erfolg und weitere Faktoren die Menschen vergessen lassen, warum sie ursprünglich erfolgreich waren (siehe Schaubild 11.2).

194

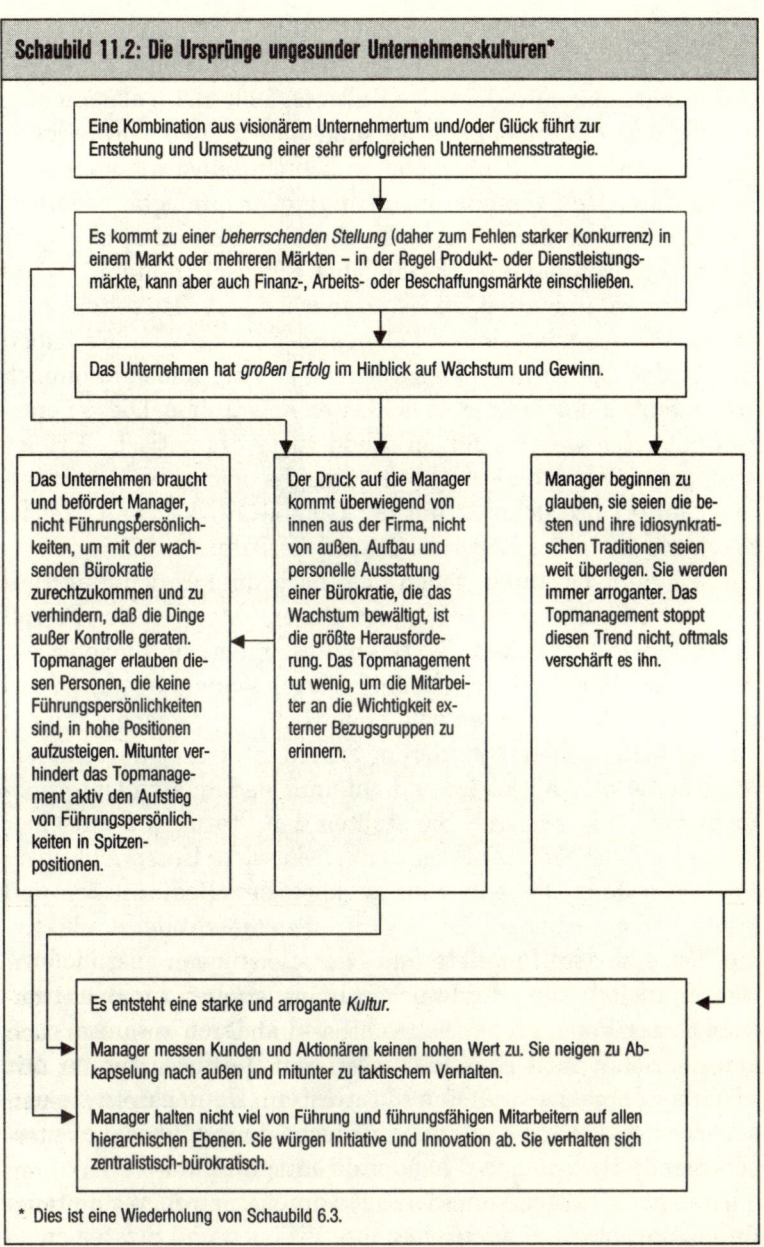

Schaubild 11.2: Die Ursprünge ungesunder Unternehmenskulturen*

Eine Kombination aus visionärem Unternehmertum und/oder Glück führt zur Entstehung und Umsetzung einer sehr erfolgreichen Unternehmensstrategie.

Es kommt zu einer *beherrschenden Stellung* (daher zum Fehlen starker Konkurrenz) in einem Markt oder mehreren Märkten – in der Regel Produkt- oder Dienstleistungsmärkte, kann aber auch Finanz-, Arbeits- oder Beschaffungsmärkte einschließen.

Das Unternehmen hat *großen Erfolg* im Hinblick auf Wachstum und Gewinn.

Das Unternehmen braucht und befördert Manager, nicht Führungspersönlichkeiten, um mit der wachsenden Bürokratie zurechtzukommen und zu verhindern, daß die Dinge außer Kontrolle geraten. Topmanager erlauben diesen Personen, die keine Führungspersönlichkeiten sind, in hohe Positionen aufzusteigen. Mitunter verhindert das Topmanagement aktiv den Aufstieg von Führungspersönlichkeiten in Spitzenpositionen.

Der Druck auf die Manager kommt überwiegend von innen aus der Firma, nicht von außen. Aufbau und personelle Ausstattung einer Bürokratie, die das Wachstum bewältigt, ist die größte Herausforderung. Das Topmanagement tut wenig, um die Mitarbeiter an die Wichtigkeit externer Bezugsgruppen zu erinnern.

Manager beginnen zu glauben, sie seien die besten und ihre idiosynkratischen Traditionen seien weit überlegen. Sie werden immer arroganter. Das Topmanagement stoppt diesen Trend nicht, oftmals verschärft es ihn.

Es entsteht eine starke und arrogante *Kultur.*

Manager messen Kunden und Aktionären keinen hohen Wert zu. Sie neigen zu Abkapselung nach außen und mitunter zu taktischem Verhalten.

Manager halten nicht viel von Führung und führungsfähigen Mitarbeitern auf allen hierarchischen Ebenen. Sie würgen Initiative und Innovation ab. Sie verhalten sich zentralistisch-bürokratisch.

* Dies ist eine Wiederholung von Schaubild 6.3.

195

Wir verfügen über eine beachtliche Menge von Daten über die Entstehung erfolgsfördernder Kulturen in entwickelten (»reifen«) Unternehmen, denen derartige Kulturen fehlten. Im allgemeinen geschieht dies offenbar nur selten und unter großen Schwierigkeiten. In entwickelten Unternehmen können selbst mäßig-inflexible Kulturen sich Veränderungen mit großer Intensität widersetzen. Die Überwindung dieser Abwehrhaltung erfordert eine ganz bestimmte Kombination persönlicher Eigenschaften und Aktionen – eine Kombination, die heute anscheinend allzu selten ist.

In den von uns analysierten Fällen erfolgreichen Wandels haben wir an der Spitze durchgängig ein oder zwei außergewöhnlich kompetente Führungspersönlichkeiten angetroffen. Diese Personen hatten erwiesenermaßen schon zuvor dramatische Erfolge errungen. Sie kombinierten außerdem die objektive »Outsider«-Sicht ihrer Unternehmen mit der Glaubwürdigkeit und Machtbasis, wie sie in der Regel nur Insider besitzen.

Diese Führer begannen schon bald nach ihrer Ernennung zum President, Chairman oder Division General Manager den Prozeß des Wandels einzuleiten. Sie taten dies, indem sie zunächst ein Krisenbewußtsein oder ein Bedürfnis nach Wandel erzeugten und dann ihren Unternehmen eine neue Richtung vorgaben, die auf einer entschiedenen Orientierung an den Interessen der Kunden, Mitarbeiter und Aktionäre und auf umfeldadäquaten Unternehmensstrategien basierte. Sie stellten den Status quo mit einer Reihe ganz elementarer Fragen zur Diskussion: Entspricht unser Produkt/unsere Dienstleistung wirklich den Bedürfnissen und Wünschen der Kunden? Ist dies die effizienteste oder produktivste Weise, unsere Produkte und Dienstleistungen auszuliefern? Sie sammelten alle erforderlichen Informationen zur Beantwortung dieser Fragen (oder ließen sie von anderen zusammentragen), einschließlich Einschätzungen von Betriebsexternen und hierarchisch nachgeordneten Mitarbeitern. Dann gingen sie entschlossen ans Werk – sie trafen Entscheidungen über die einzuschlagende Richtung und handelten entsprechend.

Um die notwendigen Veränderungen durchzusetzen, verbreiteten diese Führungspersönlichkeiten ihre Visionen und Strategien an einen weiten Kreis von Personen, um Verständnis und Unterstützung von möglichst vielen zu erhalten. Sie nutzten jede sich bietende Gelegenheit, um ihre Schlüsselideen immer wieder zu wiederholen. Sie gestalteten ihre Reden so einfach und leicht verständlich wie möglich. Außerdem erlaubten sie den Mitarbeitern, die Pläne zu hinterfragen – womit sie einen konstruktiven Dialog in Gang setzten und statische, einseitige Monologe verhinderten. Und sie sorgten dafür, daß ihre eigenen Handlungen mit ihren Worten in Einklang standen, um die Glaubwürdigkeit ihrer Botschaft zu stärken; in den meisten Fällen wurden sie zu lebendigen Verkörperungen der von ihnen gewünschten neuen Kulturen. Indem diese Führer die Mitarbeiter für eine angemessene Vision und Unternehmensstrategie gewannen, erleichterten sie die Arbeit gleichgesinnter Manager, die nötige Veränderungen durchführen wollten, aber von anderen dabei blockiert wurden.

Diese Führungspersönlichkeiten ermunterten dann sehr viele ihrer mittleren Manager, bei der Durchsetzung des Wandels in ihren Sparten, Abteilungen und Gruppen eine ähnliche Führungsrolle zu übernehmen. Hierzu betonten die Protagonisten jene Aspekte ihrer Visionen, die die Werte ihrer Manager ansprachen. Sie gaben diesen Managern soviel Autonomie wie möglich, um sie zur Übernahme der nötigen Führungsverantwortung zu befähigen. Und sie förderten aktiv alle Führungsbemühungen. Sie anerkannten und belohnten so viele Erfolge wie möglich.

Im Ergebnis änderte sich sehr viel. So entstanden neue, auf die jeweilige Wettbewerbssituation zugeschnittene Unternehmensstrategien. Die Unternehmen erhielten neue Strukturen mit weniger Führungsebenen und geringerer Komplexität. Die Mitarbeiter begannen, stärker auf Kunden, Kosten und hervorragende Qualität zu achten. Die Ergebnisse verbesserten sich.

Als diese Führungskräfte ihre Arbeit begannen, fanden sie in der Regel nur bei wenigen Mitarbeitern Verständnis und Unterstützung. In dem Maße jedoch, wie ihre Bemühungen positive Ergebnisse zeitigten, nahm die Zahl ihrer Anhänger kontinuierlich zu. Und in dem Maße, wie ihre Gefolgschaft zunahm, setzten sich

Führung durch die Unternehmensspitze
Ein oder zwei Topmanager sind hervorragende Führer mit der umfassenden Perspektive eines Outsiders und der Glaubwürdigkeit eines Insiders. Sie sorgen für erfolgreiche Führung, indem sie die Mitarbeiter davon überzeugen, daß eine Krise bevorstehe, indem sie mit Worten und Taten eine neue Vision und neue Strategien für das Unternehmen vermitteln und indem sie anschließend viele andere dazu motivieren, die zur Umsetzung der Vision und der Strategien erforderliche Führung zu übernehmen.

Verbesserter Unternehmenserfolg
Das Unternehmen ist in den Bereichen erfolgreich, in denen die Praktiken den Bedürfnissen aller Bezugsgruppen entsprechen.

Die neue Unternehmenskultur

Werte	*Verhaltensweisen/Praktiken*
Eine wachsende Gruppe von Managern übernimmt einige der Werte der Unternehmensspitze, vor allem	Die wachsende Gruppe von Managern und das Topmanagement machen sich Praktiken zu eigen, die auf die Branche zugeschnitten sind, und liefern
1. die Ausrichtung auf die Befriedigung der Bedürfnisse von Kunden, Mitarbeitern und Aktionären und	die Führung, um sie zu ändern, wenn die Bedürfnisse der Bezugsgruppen dies erfordern.
2. die Betonung von Führung beziehungsweise der Fähigkeit, Wandel zu bewirken.	

* Dies ist eine Wiederholung von Schaubild 8.7.

198

auch die neuen Kulturen durch, die besser mit den Umfeldern der Unternehmen übereinstimmten und wandlungsfähiger waren (siehe Schaubild 11.3). In sehr großen Unternehmen dauerte dieser Prozeß insgesamt immerhin zwischen fünf und fünfzehn Jahren.

Mit diesen Fällen kulturellen Wandels gingen gute bis hervorragende Verbesserungen des Unternehmenserfolgs einher. Und, was noch wichtiger ist: Die mit diesen Fällen vertrauten Personen sind fast einhellig der Ansicht, daß die betroffenen Unternehmen nunmehr besser für die Zukunft gewappnet sind.

Sobald eine gute Kultur einmal Fuß gefaßt hat, wird die Führungsspitze mit einer neuen, aber nicht weniger wichtigen Herausforderung konfrontiert.[1] Unsere Untersuchungen deuten darauf hin, daß die leitenden Angestellten bestimmte Spannungen und Konflikte bewältigen müssen. In gewissem Sinne besteht die Herausforderung darin, einen schwierigen Balanceakt auszuführen, dessen Folgen darüber entscheiden, ob eine erfolgsfördernde Kultur erhalten bleibt oder nicht.

Die Erhaltung einer guten Kultur erfordert einerseits Unnachgiebigkeit hinsichtlich zentraler anpassungsfördernder Werte und andererseits Flexibilität in bezug auf die meisten Praktiken und sonstigen Werte. Es erfordert einen gewaltigen Kraftakt, um ans Ziel zu gelangen, wobei man jedoch darauf achten muß, daß der Stolz auf den Erfolg nicht in Arroganz ausartet. Und die Erhaltung einer guten Kultur erfordert eine starke Führung, ohne dadurch jedoch empfindliche Führungsinitiativen von unten abzuwürgen.

Unsere Studien deuten darauf hin, daß bei diesem Balanceakt zwei Maßnahmenbündel helfen. Erstens müssen die Führungskräfte anpassungsfördernde Grundwerte und Verhaltensweisen von den spezifischeren Praktiken unterscheiden, die für den aktuellen Unternehmenserfolg nötig sind. In jeder Aussage über die Kultur muß man diese Unterscheidung deutlich machen. Auch in allen schriftlichen Verlautbarungen zur Kultur und in allen internen Ausbildungslehrgängen muß darauf hingewiesen werden. Und

Maßnahmen der Führungsspitze

● Sie unterscheidet klar zwischen anpassungsfördernden Werten und Verhaltensweisen einerseits und spezifischeren Praktiken für Situationen andererseits. Sie setzt sich nachhaltig für diese Grundwerte und Verhaltensweisen ein, läßt aber nicht zu, daß die spezifischen Praktiken sich verselbständigen. Sie bemüht sich fortwährend, den Mitarbeitern die Bedeutung des Kernbestands an Werten und Verhaltensweisen klarzumachen. Ihr Tun steht in Einklang mit diesem Kernbestand. Sie läßt nicht zu, daß neue Managementsysteme oder neue Manager diesen Kernbestand unterminieren.

● Arrogantes Benehmen wird nicht toleriert. Sie erinnert die Mitarbeiter häufig daran, wessen Interessen sie zu dienen haben.

● Sie hält ihr eigenes Ego im Zaum. Sie macht Platz für andere Egos.

Die Unternehmenskultur

Werte

● Die Manager messen Führung auf vielen hierarchischen Ebenen einen hohen Stellenwert bei.

● Die Manager messen den Hauptbezugsgruppen einen hohen Stellenwert bei: Kunden, Aktionären und Mitarbeitern.

Verhalten

● Die Manager ändern gegebenenfalls Strategien und Praktiken, um sie an das geschäftliche Umfeld anzupassen.

● Die Manager entwickeln spezifische Praktiken, die mit den Erfordernissen des aktuellen geschäftlichen Umfeldes übereinstimmen.

Kern-
be-
stand

Son-
sti-
ge

sie muß sich in konkreten Maßnahmen niederschlagen. Ohne diese Trennung können Praktiken ohne langfristige Tragweite leicht zu prägenden Kräften einer Kultur werden. Sie können sich in »heilige« Traditionen verwandeln, die sich festsetzen, unantastbar werden und schließlich den wirtschaftlichen Erfolg unterminieren.

Zweitens müssen Führungskräfte mit der gleichen Entschiedenheit, mit der sie den Stolz ihrer Mitarbeiter fördern, jedes Aufkeimen von Arroganz bei anderen und bei sich selbst bekämpfen. Sie müssen sich mit so vielen ihrer Fehler konfrontieren, wie es nützlich ist, und sie müssen das gleiche von anderen erwarten. Sie müssen Veranstaltungen entwickeln, wo jeder Manger gezwungen ist, unzufriedene Kunden, wütende Aktionäre und verunsicherte Mitarbeiter anzuhören – nicht um ihre Manager bloßzustellen oder zu bestrafen, sondern um sie auf dem laufenden zu halten und ihnen zu helfen, ihre Stärken und Schwächen realistisch einzuschätzen. Und dies muß regelmäßig geschehen.

Beide Maßnahmenbündel führen zu schwerwiegenden Problemen, wenn sie zu weit getrieben werden. Betont man lediglich die adaptiven Werte und Verhaltensweisen, können Schwierigkeiten bei der erfolgreichen Umsetzung aktueller Strategien und Taktiken entstehen. Eine zu große Unnachsichtigkeit gegenüber Arroganz kann im Verein mit einer ständigen Konzentration auf Probleme bedrückend und schließlich lähmend wirken. Die nicht einfache Herausforderung ist, hier das richtige Gleichgewicht zu finden.

Diese Maßnahmen sind natürlich nicht einfach zu realisieren, unsere Untersuchungen zeigen aber, daß sie unabdingbar und möglich sind (siehe Schaubild 11.4).

Am Ende leisten Dutzende, Hunderte oder sogar Tausende von Managern – nicht nur an der Spitze, sondern auch auf den mittleren und unteren Ebenen – einen wichtigen Beitrag zur kulturellen Umgestaltung. Ohne diese Unterstützung, die charakteristischerweise zum Teil schon erfolgte, bevor ein neuer CEO ein starkes Führungsprofil zeigte, und die zum Teil auch den Auswahlprozeß eines neuen CEO beeinflußte, wäre größerer kultureller Wandel

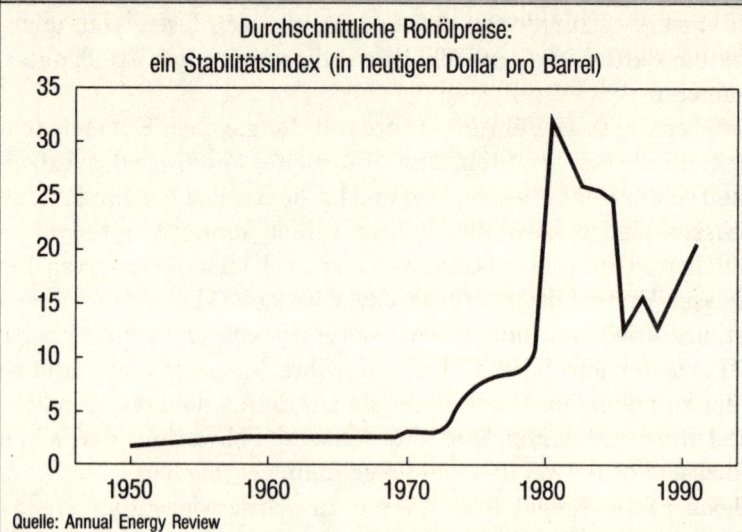

Durchschnittliche Rohölpreise:
ein Stabilitätsindex (in heutigen Dollar pro Barrel)

Quelle: Annual Energy Review

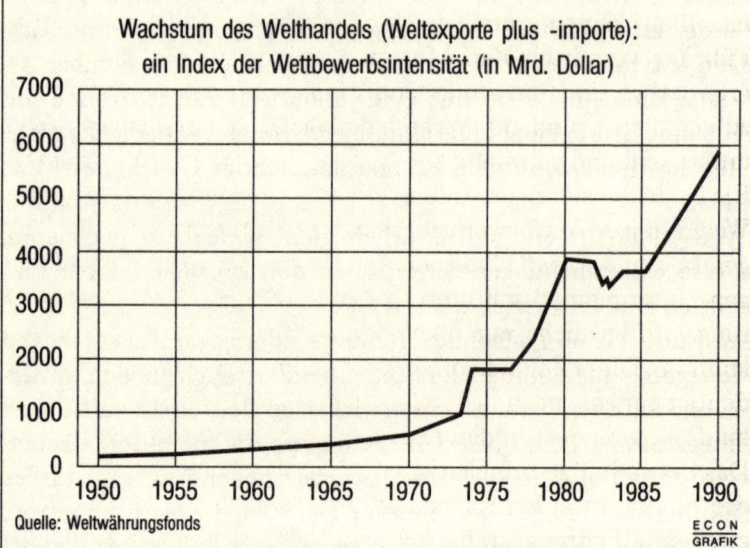

Wachstum des Welthandels (Weltexporte plus -importe):
ein Index der Wettbewerbsintensität (in Mrd. Dollar)

Quelle: Weltwährungsfonds

ECON
GRAFIK

nicht möglich gewesen. Dennoch ist offenbar hervorragende Führung an der Spitze in den von uns analysierten Fällen der ausschlaggebende Faktor – Führung, die meist von einer sehr kleinen Gruppe ausgeht. Diese Führung ermuntert andere Manager und Mitarbeiter, die die Notwendigkeit des Wandels erkennen, aber bislang durch die alte Kultur eingeengt waren. Sie hilft auch, die Herzen und Köpfe anderer Personen zu gewinnen, die die Notwendigkeit eines grundlegenden Wandels noch nicht erkannt haben. In vielen Unternehmen ist die Bereitstellung dieser Führung heutzutage zweifellos die Herausforderung Nummer eins für die Firmenspitze.

Nach unseren Analysen besitzt die große Mehrzahl der Unternehmen gegenwärtig keine Kulturen, die anpassungsfähig genug wären, um in einem immer wettbewerbsintensiveren und sich immer rascher wandelnden geschäftlichen Umfeld langfristig hervorragende wirtschaftliche Ergebnisse zu produzieren. Unsere Studien deuten klar darauf hin, daß Topmanager mehr tun müssen, als nur gut zu managen. Exzellentes Management ist seinem Wesen nach konservativ, auf methodisches Wachstum und kurze Zeithorizonte ausgerichtet. Daher kann auch das allerbeste Management keinen grundlegenden Wandel zustande bringen. Nur Führung vermittelt den Mut, die Vision und die Energie, die erforderlich sind, um umfassende und schwierige Veränderungen zu schaffen – und die Veränderung einer Kultur ist zweifellos umfassend und schwierig.

Bis Ende der siebziger, Anfang der achtziger Jahre gab es in einer Welt mäßiger Wettbewerbsintensität (siehe Schaubild 11.5) genügend Stabilität, daß Unternehmen mit relativ anpassungsunfähigen Unternehmenskulturen und managementorientierten Führungskräften nicht nur überleben, sondern auch Erfolg haben konnten. Diese Zeit ist vorbei. Und alle Anzeichen, die wir sehen, deuten auf eine noch instabilere und wettbewerbsintensivere Zukunft – zumindest in den nächsten zehn Jahren.

Das hat gewaltige Implikationen – vor allem für diejenigen, die an der Auswahl von Führungskräften mitwirken, und auch für aufstrebende Führungskräfte im allgemeinen. Wenn unsere Unternehmen ihr Potential ausschöpfen wollen, müssen wir mehr Personen finden, entwickeln und ermutigen, im Dienste anderer zu führen. Ohne Führung können sich Unternehmen nicht an eine sich rasch wandelnde Welt anpassen. Wenn Führer sich jedoch nicht als Diener verstehen, laufen sie Gefahr, zu Tyrannen zu werden.

Anmerkungen

1 Wilkins hat über Fälle berichtet, die zeigen, wie zerbrechlich eine gute Kultur sein kann, wenn die Topmanager ihr nicht genügend Beachtung schenken und nicht das zu ihrer Erhaltung Erforderliche tun; siehe Alan L. Wilkins: Developing Corporate Character, San Francisco 1989

Anhang

Branche	Unternehmen
Autoindustrie	American Motors, Borg-Warner, Chrysler, Dana, Ford, Fruehauf, General Motors, Mack Truck, Navistar, Paccar
Banken	BankAmerica, Bankers Trust, Chase Manhattan, Chemical Bank, Citicorp, First Chicago, First Interstate, Manufacturers Hanover, J. P. Morgan, Security Pacific
Bekleidung/Textilien	Hartmarx, Interco, Kellwood, Liz Claiborne, Manhattan, Oxford, Phillips Van Heusen, VF
Chemikalien	American Cyanamid, BASF, Celanese, Dow Chemical, Du Pont, FMC, W. R. Grace, Hercules, Monsanto, Union Carbide
Computer und Büroausstattung	Apple Computer, Control Data, Digital Equipment, Hewlett-Packard, Honeywell, IBM, NCR, Pitney Bowes, Unisys, Wang Laboratories, Xerox
Druckereien/Verlage	R. R. Donnelley, Dow Jones, Gannett, Knight-Ridder, McGraw-Hill, New York Times, Time, Inc., Times Mirror, Tribune Co., Washington Post
Einzelhandel/Lebensmittel und Arzneimittel	Albertsons, American Stores, Great Atlantic & Pacific Tea (A & P), Kroger, Lucky Stores, Southland, Supermarkets General, Winn-Dixie Stores
Einzelhandel/Non-food und Arzneimittel	Carter Hawley, Dayton Hudson, Federated Dept. Stores, K Mart, May Dept. Stores, J. C. Penney, Sears, Wal-Mart, Woolworth, Zayre
Erdölverarbeitung und -vertrieb	AMOCO, ARCO Chemical, Chevron, Exxon, Mobil, Phillips Petroleum, Shell Oil, Sun, Tenneco, Texaco, USX
Fluggesellschaften	American, Continental, Delta, Eastern, Northwest, PanAm, Piedmont, TWA, United, US Air
Forstprodukte/Papier	Boise Cascade, Champion, Georgia-Pacific, Great Northern Nekoosa, International Paper, Kimberly-Clark, Mead, Scott Paper, Weyerhaeuser

Branche	Unternehmen
Getränke	Anheuser-Busch, Brown-Forman, Coca-Cola, Coors, General Cinema, G. Heilman, PepsiCo, J. Seagram
Gummi	Armstrong, Carlisle, Cooper Tire & Rubber, Dayco, Dorsey, Firestone, GenCorp, B. F. Goodrich, Goodyear Tire, Rubbermaid
Körperpflege/Kosmetik	Avon Products, Chesebrough Ponds, Clorox, Colgate-Palmolive, Economic Laboratories, Gillette, International Flavors & Fragrances, Lever Bros., Procter & Gamble, Revlon
Lebensmittel/abgepackte Lebensmittel	Archer Daniels Midland, Borden, ConAgra, CPC Industries, General Mills, IC Industries, Kraft, Pillsbury, Quaker Oats, Ralston Purina, Sara Lee
Lebensversicherungen	Aetna Life & Casualty, Connecticut General, Equitable, John Hancock, Metropolitan Life, New York Life, Northwestern Mutual, Prudential, Teachers, Travelers
Luft- und Raumfahrt	Allied Signal, Boeing, General Dynamics, Lockheed, Martin Marietta, McDonnell Douglas, Northrop, Rockwell, Textron, United Technologies
Pharmaprodukte/ Arzneimittel	Abbott Laboratories, American Home Products, Baxter Travenol, Bristol-Myers Squibb, Johnson & Johnson, Eli Lilly, Merck, Pfizer, SmithKline
Sparbanken	H. F. Ahmanson, California Federal, Financial Corp. America, First Fed. Michigan, Gibraltar, Glendale, Golden West, Great Western, Home Federal, PSFS
Telekommunikation	AT&T, American Information Technologies, Bell Atlantic, BellSouth, GTE, Nynex, Pacific Gas & Electric, Pacific Telesis Group, N. E. Telephone, S. W. Bell, US West
Textilien	Armstrong, Burlington, Collins & Aikman, DWG, Fieldcrest Cannon, Shaw Industries, Springs Industries, J. P. Stevens, United Merchants, W. P. Pepperell

Schaubild A.2: Die Methode zur Erstellung von Kulturstärke-Indizes

Wir sandten den in Schaubild A.3 wiedergegebenen Brief mit Fragebogen an die sechs höchsten Führungskräfte aller 207 Unternehmen. In dieser Umfrage wurden die Führungskräfte gebeten, die Stärke der Unternehmenskulturen ihrer Konkurrenten (nicht ihrer eigenen) Ende der siebziger, Anfang der achtziger Jahre zu bewerten. Unser Schwerpunkt lag ausschließlich auf der Unternehmens- beziehungsweise Gesamtkultur, da keines der in Kapitel 2 bis 4 dargestellten Modelle auf Kulturen von Teileinheiten eingeht. Wir haben die ausgehenden siebziger, beginnenden achtziger Jahre deshalb ausgewählt, weil eine kürzer zurückliegende Periode uns nicht erlaubt hätte, die Auswirkung von Kulturen auf den langfristigen Unternehmenserfolg zu untersuchen, und weil eine weiter zurückliegende Periode zusätzliche Probleme hinsichtlich der Sammlung gültiger Daten über diese Kulturen aufgeworfen hätte.

Um den Befragten die Beurteilung von Unternehmenskulturen zu erleichtern, informierten wir sie, daß eine starke Kultur in der Regel dann vorläge, wenn folgende Fragen bejaht werden könnten:

1. Haben Manager von Konkurrenzfirmen wiederholt vom »Stil« ihres Unternehmens gesprochen oder von der Art, wie dort die Dinge angepackt werden?
2. Hat dieses Unternehmen seine Werte in Form einer »Unternehmensverfassung« oder »Unternehmensphilosophie« bekannt gemacht und sich ernsthaft bemüht, die Manager zur Einhaltung derselben zu bewegen?
3. Wird das Unternehmen nach lang etablierten Grundsätzen und Praktiken und nicht bloß nach den Vorstellungen des gerade amtierenden CEOs geführt?

Von den 600 Personen, die den Fragebogen beantworteten (das entspricht einer Rücklaufquote von 48 Prozent), hat sich keiner gegen diese Definition ausgesprochen, und nur drei meinten, sie sei zu unklar, um ihnen als Richtschnur für eine quantitative Beurteilung auf einer Skala von 1 (sehr starke Kultur) bis 5 (sehr schwache Kultur) zu dienen.

Auf der Grundlage der Erhebungsdaten erstellten wir dann »Kulturstärke-Indizes«, indem wir für jedes Unternehmen Durchschnittswerte berechneten. In fünf Fällen haben wir davon abgesehen, entweder weil viele Befragte sagten, sie seien nicht hinreichend über einen Konkurrenten informiert, oder weil ihre Antworten zu sehr divergierten. In 202 Fällen gelang uns jedoch die Ermittlung von Indizes. Eine vollständige Liste dieser Indizes findet sich in Schaubild A.4.

Um die Validität dieser Indizes zu überprüfen, besuchten wir sieben der 202 Unternehmen und sprachen diesmal mit Betriebsangehörigen. Diese Unternehmen waren: VF, ConAgra, Northwestern Mutual Life, Dow Chemical, J. C. Penney, McGraw-Hill und First Chicago. In jedem Unternehmen fragten wir unsere Gesprächspartner, wie sie die Stärke der Kultur ihres eigenen Unternehmens einschätzten. Die Durchschnittswerte der Antworten verglichen wir dann mit den Punktwerten der ersten Befragung. In allen sieben Fällen stimmten die Zahlen sehr stark überein – die größte Abweichung betrug unter 20 Prozent.

Noch eine Reihe weiterer Gründe überzeugte uns von der Glaubwürdigkeit unserer Ergebnisse. Schaubild A.4 zeigt uns, daß 69 der 207 Unternehmen (34 Prozent) relativ starke Kulturen besaßen, da ihre Punktwerte im ersten Drittel der Skala von 1 bis 5 liegen, daß 103 Unternehmen, die mittlere Punktwerte erzielten, mittelstarke Kulturen aufwiesen und daß lediglich 30 Unternehmen schwache Kulturen hatten.

Dieses Gesamtprofil stimmt mit dem überein, was wir nach Auswertung der einschlägigen Literatur erwartet hatten. Auch die Einzelergebnisse stimmen weitgehend mit unseren Erwartungen nach Sichtung dieser Literatur und mit unseren Erkenntnissen über bestimmte Unternehmen überein. Der Leser möge Schaubild 2.1 (und A.4) prüfen und sich ein eigenes Urteil über die Validität dieser Indizes bilden.

Blatt 1

Sehr geehrte(r) _____
wir bitten Sie um ein oder zwei Minuten Ihrer Zeit und um Ihre Hilfe bei der Auswahl einer Stichprobe von Unternehmen für ein Forschungsprojekt über die Entstehung, Erhaltung, Anpassung und die (positiven und negativen) Folgen einer starken Unternehmenskultur, das wir durchführen.

Bitte beurteilen Sie das Ausmaß, in dem Manager von Unternehmen in der _____-Branche (ausschließlich Ihres eigenen) in ihrer Entscheidungsfindung von einer starken Unternehmenskultur beeinflußt wurden.

Als Orientierungshilfe mögen Ihnen die folgenden Fragen dienen, deren Bejahung auf das Vorhandensein einer starken Kultur hindeutet:

1. In welchem Maß haben Manager konkurrierender Unternehmen regelmäßig von einem bestimmten (Name des Unternehmens)-»Stil« oder einer bestimmten Art, wie Dinge angepackt werden, gesprochen?

2. In welchem Maß hat das Unternehmen seine Werte in Form einer »Unternehmensverfassung« oder »Unternehmensphilosophie« bekannt gemacht und sich ernsthaft darum bemüht, Manager zur Erhaltung derselben zu bewegen?

3. In welchem Maß wird das Unternehmen nach langetablierten Grundsätzen und Praktiken geführt und nicht bloß nach den Vorstellungen des amtierenden CEO?

Bitte stufen Sie die auf dem beiliegenden Blatt aufgelisteten Unternehmen auf einer Skala von 1 bis 5 ein, wobei eine 1 für eine starke Kultur steht. Versuchen Sie, bei Ihrer Beurteilung die Erfolgsbilanz der Unternehmen in der jüngsten Vergangenheit außer acht zu lassen.

Da nur eine kleine Gruppe von Führungskräften an dieser Befragung teilnimmt, wären wir für Ihre Mitarbeit sehr dankbar. Im Gegenzug sind wir gern bereit, Ihnen die Ergebnisse der Befragung mitzuteilen.

Mit freundlichen Grüßen

Blatt 2

	Kreisen Sie die 1 ein, wenn Ihrer Meinung nach in den letzten zehn Jahren eine starke Kultur vorhanden war.				Kreisen Sie die 5 ein, wenn Ihrer Meinung nach in den letzten zehn Jahren eine sehr schwache oder gar keine Kultur vorhanden war.	Nicht sicher
Unternehmen A	1	2	3	4	5	NS
Unternehmen B	1	2	3	4	5	NS
Unternehmen C	1	2	3	4	5	NS
Unternehmen D	1	2	3	4	5	NS
Unternehmen E	1	2	3	4	5	NS
Unternehmen F	1	2	3	4	5	NS
Unternehmen G	1	2	3	4	5	NS
Unternehmen H	1	2	3	4	5	NS
Unternehmen I	1	2	3	4	5	NS

1 = Starke Unternehmenskultur in den letzten zehn Jahren
5 = Schwache oder keine Unternehmenskultur in den letzten zehn Jahren

1.	Wal-Mart	1,12	32.	Dow Jones	1,83
2.	J. P. Morgan	1,17	33.	Albertsons	1,86
3.	Procter & Gamble	1,18	34.	Kimberly Clark	1,86
4.	Northwestern M. L.	1,24	35.	Bankers Trust	1,87
5.	Dow Chemical	1,26	36.	McDonnell Douglas	1,90
6.	Shell Oil	1,30	37.	Gannett	1,91
7.	Du Pont	1,32	38.	Time, Inc.	1,91
8.	IBM	1,34	39.	ConAgra	1,91
9.	Delta	1,36	40.	Hewlett-Packard	1,93
10.	Boeing	1,38	41.	Digital	1,93
11.	Johnson & Johnson	1,39	42.	Coca-Cola	1,94
12.	American Airlines	1,42	43.	Golden West	1,95
13.	AT&T	1,42	44.	J. C. Penney	1,95
14.	Ford	1,50	45.	Cooper Tire	2,00
15.	Citicorp	1,52	46.	Shaw Industries	2,00
16.	Merck	1,56	47.	Apple Computers	2,06
17.	Anheuser-Busch	1,63	48.	Washington Post	2,14
18.	Exxon	1,63	49.	Int. F & F	2,14
19.	Dana	1,67	50.	Eli Lilly	2,16
20.	Coors	1,67	51.	BASF	2,18
21.	H. F. Ahmanson	1,68	52.	Bell Atlantic	2,21
22.	Liz Claiborne	1,73	53.	AMOCO	2,21
23.	PepsiCo	1,75	54.	Quaker Oats	2,21
24.	Goodyear	1,75	55.	Kroger	2,21
25.	N. Y. Times	1,76	56.	Sears	2,23
26.	W. P. Pepperell	1,78	57.	May Dept. Stores	2,24
27.	VF	1,79	58.	So. NE Telephone	2,24
28.	Rubbermaid	1,80	59.	R. R. Donnelley	2,25
29.	General Motors	1,80	60.	S. W. Bell	2,25
30.	Great Western	1,81	61.	Abbott Labs	2,26
31.	Armstrong	1,82	62.	Springs Industries	2,27

63.	Paccar	2,27	98.	Boise Cascade	2,65
64.	Martin Marietta	2,29	99.	U.S. West	2,65
65.	Sara Lee	2,29	100.	Georgia Pacific	2,67
66.	Supermarkets Gen.	2,31	101.	Lucky Stores	2,69
67.	Bell South	2,32	102.	Kraft	2,71
68.	Home Federal	2,32	103.	Borg-Warner	2,72
69.	Pacific Telesis	2,33	104.	Lockheed	2,74
70.	Prudential	2,35	105.	Brist-Myers Squibb	2,74
71.	Archer Daniels	2,35	106.	Chrysler	2,75
72.	Security Pacific	2,35	107.	Pfizer	2,76
73.	US Air	2,36	108.	Times-Mirror	2,77
74.	James River	2,36	109.	Mack Trucks	2,78
75.	Am. Home Prod.	2,38	110.	Kellwood	2,80
76.	General Mills	2,38	111.	N. Y. Life	2,81
77.	Pacific Gas	2,42	112.	J. P. Stevens	2,82
78.	Clorox	2,45	113.	Amer. Info. Tech.	2,82
79.	Dayton Hudson	2,45	114.	Travelers	2,82
80.	Collins & Aikman	2,45	115.	Avon	2,82
81.	Lever Bros.	2,47	116.	United Airlines	2,82
82.	NYNEX	2,48	117.	Southland	2,82
83.	Northwest Airlines	2,48	118.	Brown-Forman	2,82
84.	Hartmarx	2,50	119.	Chevron	2,83
85.	Mobil	2,52	120.	Colgate-Palmolive	2,84
86.	Knight-Ridder	2,52	121.	Metropolitan Life	2,84
87.	Piedmont	2,53	122.	Calif. Federal	2,86
88.	Xerox	2,55	123.	Scott Paper	2,86
89.	Winn-Dixie Stores	2,56	124.	Burlington	2,88
90.	ARCO	2,57	125.	Rockwell	2,89
91.	Aetna	2,58	126.	Borden	2,91
92.	Fieldcrest Cannon	2,59	127.	Monsanto	2,92
93.	Texaco	2,60	128.	NCR	2,95
94.	Weyerhaeuser	2,62	129.	Woolworth	2,95
95.	Gillette	2,64	130.	Conn. General	2,96
96.	Glendale	2,65	131.	J. Seagrams	3,00
97.	K Mart	2,65	132.	John Hancock	3,05

133.	Champion	3,08	168.	B. F. Goodrich	3,57
134.	Tribune	3,09	169.	Armstrong	3,57
135.	Oxford	3,09	170.	FMC	3,59
136.	Chase Manhattan	3,09	171.	SmithKline	3,59
137.	Hercules	3,10	172.	Manuf. Hanover	3,65
138.	Ralston Purina	3,10	173.	W. R. Grace	3,67
139.	G. N. Nekoosa	3,10	174.	Dorsey	3,67
140.	Phillips Petroleum	3,12	175.	General Cinema	3,67
141.	Wang Labs	3,13	176.	A&P	3,69
142.	GTE	3,13	177.	PSFS	3,73
143.	Mead	3,14	178.	BankAmerica	3,73
144.	GenCorp	3,15	179.	Tenneco	3,74
145.	American Stores	3,18	180.	Continental Airlines	3,76
146.	United Tech.	3,19	181.	Textron	3,77
147.	Am. Cyanamid	3,20	182.	USX	3,77
148.	Chesebrough Ponds	3,22	183.	Revlon	3,78
149.	Sun Co.	3,28	184.	First Chicago	3,80
150.	First Interstate	3,28	185.	Zayre	3,81
151.	Navistar	3,29	186.	Dayco	3,82
152.	Baxter Travenol	3,30	187.	IC Industries	3,83
153.	Northrop	3,35	188.	International Paper	3,88
154.	G. Heilman	3,38	189.	Firestone	3,93
155.	General Dynamics	3,38	190.	Pitney Bowes	3,93
156.	McGraw-Hill	3,38	191.	Honeywell	3,93
157.	Celanese	3,39	192.	Gibraltar	3,95
158.	Allied Signal	3,44	193.	Fruehauf	4,00
159.	Equitable Life	3,46	194.	TWA	4,04
160.	Chemical Bank	3,46	195.	Unisys	4,08
161.	CPC Industries	3,48	196.	PanAm	4,14
162.	Phillips VH	3,50	197.	Carter Hawley	4,15
163.	Pillsbury	3,50	198.	United Merch.	4,18
164.	Control Data	3,54	199.	Eastern Airlines	4,30
165.	Interco	3,55	200.	Fin. Corp. Amer.	4,33
166.	Fed. Dept. Stores	3,56	201.	Manhattan Ind.	4,57
167.	Union Carbide	3,56	202.	American Motors	4,63

1.	James River	169,7	33.	Hercules	31,6
2.	Wal-Mart	139,0	34.	Boeing	31,4
3.	Phillips VH	113,4	35.	Sara Lee	30,8
4.	ConAgra	103,1	36.	May Dept. Stores	30,8
5.	Piedmont	102,3	37.	Shaw	30,7
6.	Wang Labs	80,2	38.	Baxter Travenol	29,5
7.	Chrysler	75,0	39.	Brown Forman	29,4
8.	US Air	61,8	40.	Washington Post	28,8
9.	J. Seagrams	59,4	41.	Security Pacific	28,3
10.	American Stores	55,4	42.	Brist-Myers Squibb	28,1
11.	Digital	50,2	43.	Pfizer	28,1
12.	SmithKline	48,8	44.	Archer Daniels	27,7
13.	Pitney Bowes	48,2	45.	R. R. Donnelley	27,1
14.	Lockheed	45,6	46.	McGraw-Hill	26,4
15.	Bankers Trust	45,3	47.	Du Pont	25,6
16.	Anheuser-Busch	43,7	48.	Chase Manhattan	24,9
17.	Cooper Tire	43,0	49.	Times Mirror	24,9
18.	Hewlett-Packard	40,2	50.	McDonnell Douglas	24,9
19.	VF	39,8	51.	J. P. Morgan	24,5
20.	Golden West	39,2	52.	Time, Inc.	24,4
21.	Rockwell	39,1	53.	United Tech.	24,2
22.	General Cinema	37,3	54.	Kraft	24,1
23.	N. Y. Times	36,5	55.	Springs Industries	24,0
24.	Abbott Labs	35,8	56.	Allied Signal	23,7
25.	Rubbermaid	35,7	57.	NCR	23,6
26.	Zayre	34,7	58.	Eli Lilly	23,6
27.	Albertsons	34,1	59.	American Airlines	23,5
28.	Gannett	34,0	60.	Clorox	23,3
29.	Dow Jones	33,6	61.	General Dynamics	23,3
30.	United Airlines	32,5	62.	Johnson & Johnson	23,2
31.	Dayton Hudson	32,1	63.	Hartmarx	22,4
32.	G. Heilman	32,1	64.	Am. Home Prod.	22,3

65.	Quaker Oats	22,2	100. Borg-Warner	17,5
66.	PepsiCo	22,2	101. ARCO	17,5
67.	Kroger	22,0	102. CPC Industries	17,4
68.	G. N. Nekoosa	21,9	103. Sun Co.	17,2
69.	W. P. Pepperell	21,7	104. Great Western	17,1
70.	Chemical Bank	21,7	105. Goodyear	17,0
71.	Collins & Aikman	21,5	106. IC Industries	16,8
72.	Celanese	21,5	107. Borden	16,7
73.	Coca-Cola	21,5	108. Procter & Gamble	16,4
74.	N. E. Telephone	21,5	109. Winn-Dixie Stores	16,4
75.	Armstrong	21,4	110. FMC	16,3
76.	Knight-Ridder	21,3	111. J. C. Penney	16,0
77.	Merck	21,3	112. General Mills	15,8
78.	Kimberly-Clark	20,7	113. Northrop	15,7
79.	Shell Oil	20,7	114. GTE	15,6
80.	Pacific Gas	20,7	115. Manuf. Hanover	15,6
81.	Lucky Stores	20,7	116. K Mart	15,6
82.	Martin Marietta	20,5	117. International Paper	15,5
83.	S. W. Bell	20,5	118. First Interstate	15,2
84.	AMOCO	20,1	119. Sears	14,8
85.	Exxon	19,0	120. Travelers	14,7
86.	Chesebrough Ponds	19,9	121. Am. Cyanamid	14,6
87.	Delta	19,8	122. Boise Cascade	14,5
88.	Mobil	19,8	123. Dow Chemical	14,5
89.	Gillette	19,7	124. Champion	14,3
90.	Ralston Purina	19,2	125. Aetna	14,3
91.	Scott Paper	19,2	126. Phillips Petroleum	13,7
92.	IBM	19,1	127. Interco	13,7
93.	Chevron	18,9	128. BASF	13,6
94.	Int. F & F	18,4	129. Textron	13,5
95.	Revlon	18,3	130. Mead	13,2
96.	Citicorp	18,2	131. Dana	13,2
97.	Pillsbury	18,2	132. Fed. Dept. Stores	13,1
98.	Supermarkets Gen.	17,8	133. Paccar	13,1
99.	Southland	17,8	134. Unisys	13,1

135.	Xerox	13,1	156.	J. P. Stevens	8,5
136.	Weyerhaeuser	12,9	157.	Fieldcrest Cannon	8,3
137.	Tenneco	12,8	158.	AT&T	7,7
138.	Woolworth	12,6	159.	Dayco	7,7
139.	W. R. Grace	12,6	160.	Burlington	7,3
140.	H. F. Ahmanson	12,4	161.	Avon	7,0
141.	Kellwood	12,3	162.	Carter Hawley	6,7
142.	Ford	12,0	163.	BankAmerica	5,8
143.	Monsanto	11,9	164.	Armstrong	5,3
144.	Oxford	11,6	165.	Firestone	4,4
145.	Colgate-Palmolive	11,2	166.	Fruehauf	3,2
146.	Georgia Pacific	10,8	167.	Mack Trucks	2,4
147.	First Chicago	10,7	168.	TWA	2,0
148.	Northwest Airlines	10,3	169.	Control Data	0,7
149.	GenCorp	10,3	170.	USX	0,1
150.	Honeywell	10,1	171.	Manhattan Ind.	−1,6
151.	Texaco	9,9	172.	Gibraltar	−3,7
152.	General Motors	9,2	173.	Navistar	−13,4
153.	Union Carbide	9,2	174.	Continental	−29,2
154.	Coors	9,2	175.	Eastern Airlines	−86,1
155.	B. F. Goodrich	9,1	176.	PanAm	−420,8

Dieser Index wurde durch Addition der Jahresüberschüsse 1978 und 1988 und nachfolgende Division dieser Summe durch den Jahresüberschuß von 1977 ermittelt, es sei denn, 1977 war ein außergewöhnliches Jahr. In diesem Fall wurde statt dessen ein Durchschnittswert für den Zeitraum 1975 bis 1979 verwendet.

Schaubild A.6: Langfristiger Unternehmenserfolg:
durchschnittliche Kapitalrendite (ROI), 1977–1988

1.	Liz Claiborne	40,20	33.	Northrop	14,95
2.	Am. Home Prod.	31,60	34.	Times-Mirror	14,91
3.	Apple Computers	26,78	35.	Brown-Forman	14,68
4.	SmithKline	24,76	36.	Chesebrough Ponds	14,62
5.	Dow Jones	24,64	37.	N. Y. Times	14,51
6.	Washington Post	21,97	38.	Lockheed	14,49
7.	Merck	21,44	39.	Pitney Bowes	14,40
8.	Abbott Labs	20,86	40.	Quaker Oats	14,39
9.	Coca-Cola	20,65	41.	Exxon	14.16
10.	Brist-Myers Squibb	20,53	42.	CPC Industries	13,76
11.	Int. F & F	20,16	43.	Knight-Ridder	13,68
12.	Eli Lilly	20,06	44.	Ralston Purina	13,39
13.	McGraw-Hill	19,76	45.	ConAgra	13,34
14.	VF	19,05	46.	Revlon	13,21
15.	Avon	18,94	47.	Procter & Gamble	13,00
16.	IBM	18,81	48.	Digital	12,96
17.	Wal-Mart	18,70	49.	PepsiCo	12,95
18.	Johnson & Johnson	17,89	50.	Kimberly Clark	12,76
19.	G. Heilman	17,63	51.	NCR	12,66
20.	Rubbermaid	16,97	52.	Albertsons	12,64
21.	Boeing	16,75	53.	Gillette	12,59
22.	Winn-Dixie Stores	16,40	54.	Anheuser-Busch	12,43
23.	Hewlett-Packard	16,35	55.	Aetna	12,35
24.	Gannett	16,04	56.	Kraft	12,20
25.	General Mills	15,91	57.	Lucky Stores	12,12
26.	General Dynamics	15,90	58.	AMOCO	12,10
27.	Martin Marietta	15,84	59.	General Cinema	11,98
28.	Clorox	15,70	60.	Time, Inc.	11,98
29.	R. R. Donnelley	15,68	61.	Sara Lee	11,97
30.	Pfizer	15,17	62.	Collins & Aikman	11,66
31.	Paccar	15,17	63.	Ford	11,40
32.	Rockwell	15,01	64.	McDonnell Douglas	11,30

65.	J. P. Morgan	11,26	100.	J. C. Penney		8,90
66.	FMC	11,18	101.	Xerox		8,86
67.	Hercules	11,00	102.	G. N. Nekoosa		8,81
68.	Borg-Warner	10,89	103.	Textron		8,78
69.	Cooper Tire	10,83	104.	Delta		8,78
70.	Phillips Petroleum	10,79	105.	Interco		8,61
71.	Colgate Palmolive	10,57	106.	Hartmarx		8,60
72.	Fed. Dept. Stores	10,42	107.	Sun Co.		8,44
73.	Chevron	10,36	108.	Security Pacific		8,30
74.	Armstrong	10,25	109.	J. Seagram		8,29
75.	Travelers	10,24	110.	Mead		8,24
76.	Shell Oil	10,13	111.	Georgia Pacific		8,11
77.	United Tech.	10,09	112.	Kroger		8,10
78.	Dayton Hudson	10,09	113.	W. P. Pepperell		7,92
79.	May-Dept. Stores	10,02	114.	Scott Paper		7,88
80.	ARCO	9,98	115.	Allied Signal		7,71
81.	Bankers Trust	9,84	116.	Coors		7,69
82.	Du Pont	9,83	117.	Unisys		7,62
83.	American Stores	9,81	118.	So. NE Tel.		7,48
84.	Borden	9,80	119.	Kellwood		7,46
85.	Wang Labs	9,78	120.	Monsanto		7,34
86.	Archer Daniels	9,78	121.	Southland		7,32
87.	Dana	9,64	122.	Honeywell		7,22
88.	Shaw Industries	9,61	123.	Weyerhaeuser		7,22
89.	Baxter Travenol	9,58	124.	Sears		7,19
90.	James River	9,36	125.	Chemical Bank		7,13
91.	Supermarkets Gen.	9,28	126.	Phillips VH		7,12
92.	Dow Chemical	9,27	127.	International Paper		7,09
93.	Mobil	9,25	128.	Springs Industries		7,02
94.	K Mart	9,19	129.	First Interstate		6,91
95.	Pillsbury	9,06	130.	Goodyear		6,72
96.	Am. Cyanamid	8,97	131.	Piedmont		6,69
97.	Oxford	8,96	132.	Celanese		6,22
98.	US Air	8,92	133.	Boise Cascade		6,20
99.	Woolworth	8,90	134.	Chase Manhattan		6,16

135.	GenCorp	5,96	154.	H. F. Ahmanson	4,49
136.	Champion	5,88	155.	Great Western	4,04
137.	Manuf. Hanover	5,74	156.	United Airlines	3,65
138.	Pacific Gas	5,71	157.	J. P. Stevens	3,25
139.	Fieldcrest Cannon	5,64	158.	B. F. Goodrich	2,52
140.	First Chicago	5,55	159.	Manhattan Ind.	2,17
141.	Union Carbide	5,52	160.	Gibraltar	2,07
142.	Tenneco	5,38	161.	Firestone	1,51
143.	Golden West	5,37	162.	Chrysler	1,43
144.	Texaco	5,36	163.	Control Data	131
145.	GTE	5,29	164.	Fin. Corp. Amer.	1,26
146.	Northwest Airlines	5,24	165.	USX	0,59
147.	Citicorp	4,98	166.	A&P	−0,22
148.	BankAmerica	4,97	167.	Eastern Airlines	−0,44
149.	W. R. Grace	4,97	168.	Navistar	−2,36
150.	AT&T	4,78	169.	Continental	−4,24
151.	American Airlines	4,69	170.	United Merch.	−6,26
152.	Burlington	4,58	171.	PanAm	−10,90
153.	Carter Hawley	4,56	172.	American Motors	−11,56

1.	Piedmont	57,04	33.	Digital	20,65
2.	James River	47,48	34.	Boeing	20,45
3.	Wal-Mart	46,67	35.	Bankers Trust	20,43
4.	US Air	46,53	36.	Quaker Oats	20,29
5.	Liz Claiborne	40,71	37.	Time Inc.	20,13
6.	Southland	39,07	38.	Woolworth	18,73
7.	ConAgra	35,65	39.	Archer Daniels	18,58
8.	Supermarkets Gen.	35,07	40.	McGraw-Hill	18,57
9.	Wang Labs	33,08	41.	Security Pacific	18,53
10.	Cooper Tire	30,88	42.	W. P. Pepperell	18,52
11.	Apple Computers	30,06	43.	Abbott Labs	18,48
12.	Albertsons	27,82	44.	Brown-Forman	18,18
13.	Lockheed	27,37	45.	R. R. Donnelley	18,08
14.	Pitney Bowes	25,68	46.	Brist-Myers Squibb	17,93
15.	Collins & Aikman	25,06	47.	Hewlett-Packard	17,50
16.	Golden West	24,97	48.	Dayton Hudson	17,35
17.	Burlington	24,93	49.	Rockwell	17,29
18.	G. Heilman	24,81	50.	Pillsbury	17,26
19.	VF	24,57	51.	Dow Jones	17,07
20.	May Dept. Stores	24,16	52.	Sara Lee	16,19
21.	American Airlines	23,69	53.	Great Western	16,84
22.	Anheuser-Busch	23,30	54.	Merck	16,69
23.	N. Y. Times	22,98	55.	Gannett	16,65
24.	Rubbermaid	22,90	56.	Clorox	16,50
25.	General Cinema	22,80	57.	Scott Paper	16,41
26.	J. Seagram	22,56	58.	Mead	15,19
27.	Washington Post	22,46	59.	G. N. Nekoosa	15,80
28.	A&P	22,33	60.	Pfizer	15,73
29.	American Stores	21,67	61.	Springs Industries	15,53
30.	Borg-Warner	21,35	62.	United Tech.	15,32
31.	Shaw Industries	21,19	63.	Times Mirror	15,27
32.	Chrysler	20,65	64.	Kellwood	15,17

65.	Kimberly-Clark	15,07	100.	Champion	11,48
66.	Shell Oil	14,96	101.	Dow Chemical	11,45
67.	United Airlines	14,88	102.	Amer. Cyanamid	11,40
68.	Borden	14,88	103.	Ralston Purina	11,31
69.	Celanese	14,86	104.	Chemical Bank	11,27
70.	Ford	14,82	105.	Johnson & Johnson	11,02
71.	Hartmarx	14,72	106.	Hercules	10,69
72.	Eastern Airlines	14,69	107.	Pacific Gas	10,67
73.	Eli Lilly	14,38	108.	Fed. Dept. Stores	10,66
74.	Phillips VH	14,38	109.	J. C. Penney	10,65
75.	Gillette	14,31	110.	Northwest	10,65
76.	General Dynamics	14,29	111.	Citicorp	10,30
77.	PepsiCo	14,10	112.	McDonnell Douglas	10,18
78.	B. F. Goodrich	14,00	113.	USX	10,02
79.	Northrop	13,52	114.	Am. Home Prod.	9,83
80.	SmithKline	13,46	115.	Mobil	9,72
81.	NCR	13,38	116.	Chesebrough Ponds	9,63
82.	Knight-Ridder	13,38	117.	Honeywell	9,52
83.	So. NE Telephone	13,36	118.	Boise Cascade	9,47
84.	Continental	13,31	119.	Monsanto	9,42
85.	Allied Signal	13,06	120.	Aetna	9,40
86.	J. P. Morgan	12,91	121.	AMOCO	9,36
87.	Delta	12,90	122.	Travelers	9,28
88.	H. F. Ahmanson	12,80	123.	Chase Manhattan	9,21
89.	Martin Marietta	12,69	124.	Exxon	9,20
90.	CPC Industries	12,69	125.	ARCO	9,05
91.	Paccar	12,63	126.	J. P. Stevens	9,03
92.	Du Pont	12,25	127.	Textron	8,82
93.	General Mills	12,25	128.	Fin. Corp. Amer.	8,80
94.	Armstrong	12,19	129.	First Chicago	8,76
95.	American Motors	12,06	130.	K Mart	8,72
96.	Oxford	12,01	131.	International Paper	8,06
97.	Coca-Cola	12,00	132.	First Interstate	8,58
98.	GTE	11,83	133.	Goodyear	8,21
99.	Baxter Travenol	11,82	134.	Chevron	8,12

135.	Dana	7,70	154.	FMC	3,99
136.	Int. F & F	7,58	155.	PanAm	3,96
137.	W. R. Grace	7,30	156.	Unisys	3,77
138.	Tenneco	7,08	157.	Weyerhaeuser	3,54
139.	Lucky Stores	6,77	158.	Manuf. Hanover	2,69
140.	Procter & Gamble	6,42	159.	Union Carbide	2,65
141.	Manhattan Ind.	6,56	160.	Georgia Pacific	1,67
142.	Fieldcrest Cannon	6,40	161.	Firestone	1,60
143.	Colgate-Palmolive	6,16	162.	United Merch.	1,24
144.	Kroger	6,09	163.	GenCorp	0,77
145.	Sears	5,87	164.	Phillips Petroleum	0,07
146.	IBM	5,39	165.	BankAmerica	−0,18
147.	Winn-Dixie Stores	5,24	166.	AT&T	−2,15
148.	Control Data	4,96	167.	Carter Hawley	−3,72
149.	Navistar	4,94	168.	Avon	−8,51
150.	Texaco	4,70	169.	Gibraltar	−11,87
151.	Xerox	4,35	170.	Interco	−12,04
152.	Coors	4,20	171.	Kraft	−57,35
153.	Sun Co.	4,15	172.	Revlon	−71,52

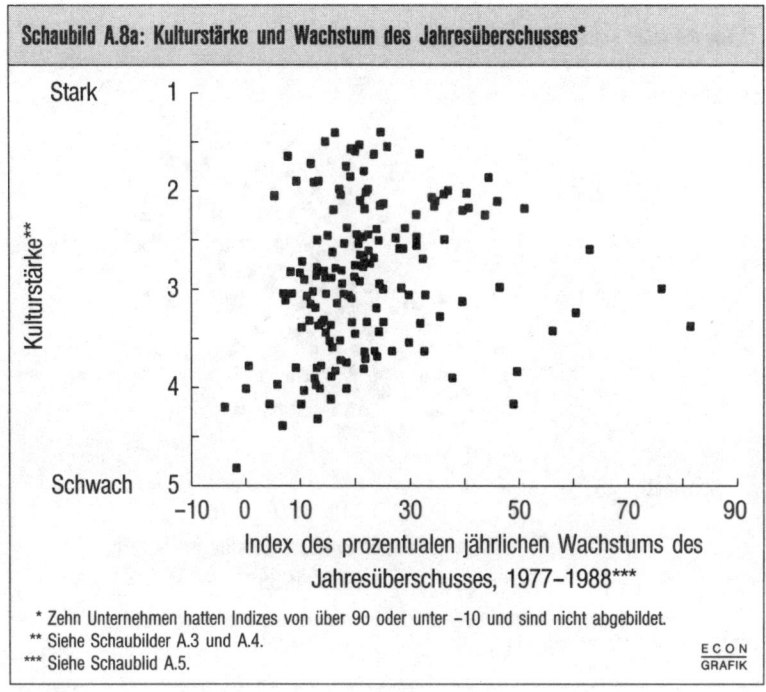

Schaubild A.8a: Kulturstärke und Wachstum des Jahresüberschusses*

Stark

Kulturstärke**

Schwach

Index des prozentualen jährlichen Wachstums des
Jahresüberschusses, 1977–1988***

* Zehn Unternehmen hatten Indizes von über 90 oder unter −10 und sind nicht abgebildet.
** Siehe Schaubilder A.3 und A.4.
*** Siehe Schaublid A.5.

ECON
GRAFIK

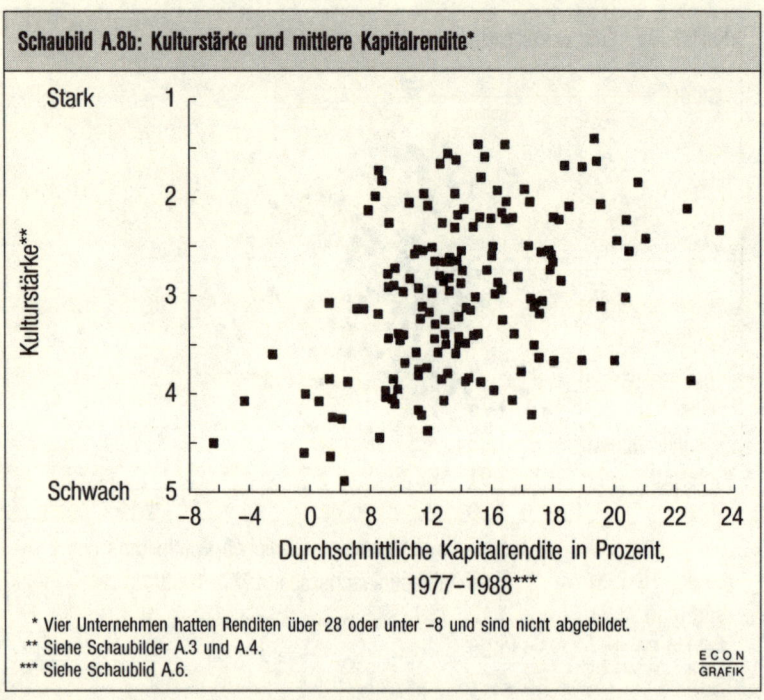

Schaubild A.8b: Kulturstärke und mittlere Kapitalrendite*

Stark — Kulturstärke** — Schwach

Durchschnittliche Kapitalrendite in Prozent, 1977–1988***

* Vier Unternehmen hatten Renditen über 28 oder unter –8 und sind nicht abgebildet.
** Siehe Schaubilder A.3 und A.4.
*** Siehe Schaublid A.6.

ECON
GRAFIK

Schaubild A.9: Die zweite Studie: die leistungsstärkeren Unternehmen

	Kultur-index	Index des Jahres-über-schuß-wachs-tums	Umsatz 1977 (in Mrd. $)	Umsatz 1988 (in Mrd. $)	Aktien-kurs 1977	Aktien-kurs 1988	Perso-nalbe-stand 1977 (in tausend)	Perso-nalbe-stand 1988 (in tausend)
American Airlines	1,42	23,5	2,30	8,80	12½	51	32,0	68,0
Bankers Trust	1,87	45,3	1,45	2,70	9	35	12,5	12,7
Anheuser-Busch	1,63	43,7	1,84	9,70	3½	32	14,0	41,0
PepsiCo	1,75	22,2	3,55	13,00	9	39½	76,0	235,0
Hewlett-Packard	1,93	40,2	1,36	9,80	10	48	35,0	87,0
ConAgra	1,91	103,1	0,54	9,50	2	28	6,0	43,0
Shell	1,30	20,7	26,05	47,04	14	57	93,0	80,0
Albertsons	1,86	34,1	1,80	6,80	4	37½	20,4	50,0
Dayton Hudson	2,45	32,1	2,17	12,20	9½	41½	59,0	135,0
Wal-Mart	1,12	139,0	0,68	20,60	½	31	13,5	220,0
Golden West	1,95	39,2	0,21	1,38	4½	31	1,0	3,2
Springs	2,27	24,0	0,68	1,80	8⅓	32¾	19,7	23,3
Median	1,89	36,7	1,63	9,60	8,7	36¼	20,10	59,0
Durchschnitt	1,79	47,3	3,55	11,90	7,2	38,7	31,8	83,2

Schaubild A.10: Die zweite Studie: die leistungsschwächeren Unternehmen

	Kultur-index	Index des Jahres-über-schuß-wachs-tums	Umsatz 1977 (in Mrd. $)	Umsatz 1988 (in Mrd. $)	Aktien-kurs 1977	Aktien-kurs 1988	Perso-nalbe-stand 1977 (in tausend)	Perso-nalbe-stand 1988 (in tausend)
Northwest	2,48	10,3	1,00	5,65	26½	53	11,4	35,5
Citicorp	1,52	18,2	5,05	13,00	12½	25⅞	47,0	90,0
Coors	1,67	9,2	0,59	1,52	14¾	18½	8,2	10,5
Xerox	2,55	13,1	5,08	11,50	51	57	48,8	113,0
Archer Daniels	2,35	27,7	2,11	6,80	4¾	26⅜	5,0	9,0
Texaco	2,60	9,9	27,90	35,00	26¼	48¾	70,6	41,8
Winn-Dixie	2,56	16,4	4,00	9,00	17½	44	51,0	83,8
J. C. Penney	1,95	16,0	9,37	14,80	18⅔	52½	193,0	190,0
H. F. Ahmanson	1,68	12,4	0,86	3,50	6½	16½	3,8	11,6
Fieldcrest Cannon	2,59	8,3	0,42	1,34	13	22	12,4	22,0
Median	2,42	12,8	3,06	7,90	16,13	35,19	29,7	38,7
Durchschnitt	2,20	14,2	5,64	10,21	19,14	36,45	45,1	60,6

Bitte an Finanzanalysten um Mitarbeit

Sehr geehrte(r) _____
wir würden uns freuen, wenn Sie ein paar Minuten Zeit fänden, um uns bei unserem Forschungsprojekt über Unternehmenskulturen – genauer: über den möglichen Zusammenhang zwischen der allgemeinen Kultur von Unternehmen und deren langfristigem Erfolg – zu helfen. Im Rahmen unserer Studie, die 1987 begann, haben wir bislang in 200 Unternehmen jeweils die sechs höchsten Führungskräfte befragt, Felderhebungen bei sieben dieser Unternehmen vorgenommen, eine wirtschaftliche Analyse sämtlicher 200 Unternehmen und eine gründliche historische Untersuchung einiger ausgewählter Firmen durchgeführt.
In dieser Phase unserer Arbeit konzentrieren wir uns auf 24 Unternehmen, von denen Sie wahrscheinlich zwei gut kennen. In der nächsten Zeit wird unser wissenschaftlicher Assistent James Leahey Sie anrufen, um herauszufinden, ob er ein kurzes Treffen mit Ihnen vereinbaren kann. Wir wären Ihnen sehr dankbar, wenn Sie dies einrichten könnten. Wir würden uns freuen, Ihnen als Gegenleistung die erste Fassung unseres Forschungsberichts zusenden zu dürfen.
Mit freundlichen Grüßen
James L. Heskett
John P. Kotter

Interview-Leitfaden (die Interviews wurden auf Tonband aufgezeichnet)

1. Mit welchen Wörtern oder Sätzen läßt sich die Unternehmenskultur von (Name des Unternehmens) in den letzten fünfzehn Jahren am besten beschreiben? (Wenn sich die Kultur in den vergangenen fünfzehn Jahren erheblich verändert hat, beschreiben Sie bitte, was sich verändert hat und was gleichgeblieben ist.)

2. Hat die Kultur sich in den vergangenen zwölf Jahren positiv auf den Unternehmenserfolg ausgewirkt? Oder negativ? Oder beides? Oder keines von beiden?
   _____ positiv ausgewirkt, _____ negativ ausgewirkt, _____ beides, _____ keines von beiden.
   Auf welche Weise hat sie sich positiv oder negativ ausgewirkt?

3. Wenn ein Teil der Kultur sich positiv oder negativ auf den Unternehmenserfolg ausgewirkt hat: Wie ist die Kultur so geworden?

4. Welchen Stellenwert hat die Kultur von (Name des Unternehmens) den Kunden zugemessen? Gab es einen festverwurzelten, allgemeinen Konsens in diesem Unternehmen darüber, daß man bei der Erfüllung der Kundeninteressen höchsten Ansprüchen genügen sollte?

1	2	3	4	5	6	7
Nein, auf keinen Fall		Ja, aber nur ganz schwach		Ja, mit Einschränkung		Ja, ohne Einschränkung

5. Welchen Stellenwert hat die Kultur von (Name des Unternehmens) den Mitarbeitern zugemessen? Gab es in diesem Unternehmen einen festverwurzelten, allgemeinen Konsens darüber, daß man bei der Erfüllung der Mitarbeiterinteressen höchsten Ansprüchen genügen sollte?

1	2	3	4	5	6	7
Nein, auf keinen Fall		Ja, aber nur ganz schwach		Ja, mit Einschränkung		Ja, ohne Einschränkung

6. Welchen Stellenwert hat die Kultur von (Name des Unternehmens) den Aktionären zugemessen? Gab es in diesem Unternehmen einen festverwurzelten, allgemeinen Konsens darüber, daß man bei der Erfüllung der Aktionärsinteressen höchsten Ansprüchen genügen sollte?

1	2	3	4	5	6	7
Nein, auf keinen Fall		Ja, aber nur ganz schwach		Ja, mit Einschränkung		Ja, ohne Einschränkung

7. Welchen Stellenwert hat die Kultur von (Name des Unternehmens) exzellenter Führung durch die Manager eingeräumt? Gab es in dem Unternehmen einen festverwurzelten, allgemeinen Konsens darüber, daß man energisch nach

Personen mit Führungspotential suchen, dieses Potential entwickeln und diese Personen dann zur Übernahme von Führungsverantwortung ermutigen sollte?

1	2	3	4	5	6	7
Nein, auf keinen Fall		Ja, aber nur ganz schwach		Ja, mit Einschrän- kung		Ja, ohne Einschrän- kung

8. Wie gut war die Kultur von (Name des Unternehmens) an den Markt, die Wettbewerbssituation, das technologische Umfeld und sonstige Rahmenbedingungen angepaßt, die auf das Unternehmen einwirkten? (Anmerkung: Wenn das Unternehmen früher einmal gut mit seinem Umfeld übereinstimmte, mittlerweile aber nicht mehr [oder umgekehrt], kreisen Sie bitte zwei Zahlen ein, versehen Sie jede mit einem Datum, und erläutern Sie die Hintergründe weiter unten.)

1	2	3	4	5	6	7
Sehr schlecht		Nicht gut		Gut		Hervorragend

Schaubild A.12: Die zweite Studie: Interviewleitfaden für Gespräche mit Managern

1. Wie stark hat sich die Kultur Ihres Unternehmens in den letzten fünfzehn Jahren gewandelt?
2. Was genau hat sich verändert?
3. Was hat sich nicht verändert?
4. Weshalb hat sich Ihre Unternehmenskultur (so stark oder so wenig) verändert?
5. Wie kam es zu den eingetretenen Veränderungen?
6. Wie leicht kamen diese Veränderungen zustande?
7. Wenn bestimmte Teile der Kultur erhalten blieben: Was war der Grund dafür? Wie geschah dies?
8. Beschreiben Sie die Geschichte Ihrer Kultur.
9. Wann und wie trat die gegenwärtige Kultur zum erstenmal in Erscheinung?
10. Hat sich die Kultur in den vergangenen fünfzehn Jahren positiv oder negativ auf den Unternehmenserfolg ausgewirkt? Warum und wie?

Schaubild A.13: Die Unternehmen in der dritten Studie

Name des Unternehmens	Umsatz 1977 (in Mio. $)	Umsatz 1988 (in Mio. $)	Personalbestand 1977 (in tausend)	Personalbestand 1988 (in tausend)	Schlußkurs der Aktien 1977	Schlußkurs der Aktien 1988	Jahresüberschuß 1977 (in Mio. $)	Jahresüberschuß 1988 (in Mio. $)	Umsatzwachstum 1977–1988 (in %)	Wachstum des Personalbestands 1977–1988 (in %)	Zunahme des Aktienkurses 1977–1988 (in %)
Adolph Coors	593	1 522	8,2	10,5	13,25	20,00	67,7	46,9	159	29	51
H. F. Ahmanson	865	3 515	3,8	11,6	6,29	16,38	103,7	202,0	306	209	160
Avon Products	1 648	3 063	27,3	28,4	48,13	19,50	191,5	-404,5	86	4	-60
BankAmerica	5 425	10 181	72,9	61,0	22,88	17,63	396,3	728,0	88	-16	-23
Citicorp	5 516	32 024	47,2	89,0	11,44	25,88	373,8	1 858,0	481	89	126
Ford Motor Co.	37 842	92 446	479,3	358,9	10,17	50,50	1 672,8	5 300,2	144	-25	397
Fieldcrest Cannon	417	1 338	12,4	22,0	14,13	19,88	17,3	11,3	221	77	41
First Chicago	1 489	4 816	8,6	16,1	18,50	29,63	114,1	513,1	223	87	60
General Motors	54 961	12 186	797,0	765,7	31,44	41,75	3 337,5	4 858,3	122	-4	33
Goodyear	6 628	10 810	152,5	113,7	17,25	51,13	205,8	350,1	63	-25	196
J. C. Penney	9 369	15 296	193,0	190,0	17,75	50,63	295,0	807,0	63	-2	185
K Mart	10 064	27 550	208,5	350,0	18,25	35,13	302,9	803,0	174	68	93
Kroger	6 748	19 053	60,6	160,0	6,91	8,88	60,6	34,5	182	164	28
Navistar International	5 975	4 080	93,2	15,72	30,25	5,38	203,7	244,0	-32	-83	-82
NWA	1 046	5 650	11,4	35,35	23,63	51,75	92,7	135,1	440	211	119
PanAm	1 907	3 569	NA	24,61	5,00	2,25	45,0	-72,7	87	-23	-55
Sears	17 224	50 251	460,0	520,00	28,00	40,88	838,0	1 453,7	192	13	46
Eastern	2 036	3 806	34,3	30,27	6,13	NA	34,7	-335,4	87	-12	51
Texaco	27 921	33 544	70,6	41,82	27,75	51,13	930,8	1 304,0	21	-41	84
Xerox	5 077	15 994	104,0	113,25	46,75	58,38	406,6	388,0	215	9	25
Durchschnitt									166 %	36 %	74 %

233

Literatur

Aguilar, Frank J.: General Electric: Strategic Position, 1981, Harvard Business School Case No. 381-174, 1981

Andrews, Suzanne: Barry Sullivan's Chicago Crusade, Institutional Investor, Juli 1989, S. 56-66

Bartlett, Sarah: Bankers Trust Could Beat the Street at Its Own Game, Business Week, 4. April 1988, S. 86-88

Beckhard, Richard: Organization Development, Reading 1969

Beer, Michael: Organization Change and Development, Glenview 1980

Beer, Michael/Russell Eisenstat/Bert Spector: The Critical Path, Boston 1990

Benedict, Ruth: Patterns of Culture, Boston 1934 (dt. Urformen der Kultur, Hamburg 1960)

Beyer, Margaret H.: The Role of Corporate Cultures in the Management of High-Performing Banks, University of Delaware, 1988

Boas, Franz: The Central Eskimo, Bureau of Ethnology Annual Report No. 6, S. 399-664, Washington, D. C. 1884

Boyatzis, Richard E.: The Competent Manager, New York 1982

Burns, Thomas/Stalker, G. M.: The Management of Innovation, London 1961

Carlzon, Jan: Moments of Truth, Cambridge 1987 (dt. Alles für den Kunden, Frankfurt a. M. 1988)

Chemical Industry Association: Basic International Chemical Industry Statistics 1963-1986, 1987, Tabelle 6

Cleveland, Harold van B./Huertas, Thomas F.: Citibank 1812-1970, Cambridge 1985

Cooke, Stephanie/Tarpey, John: Behind the Stunning Comeback at Britain's ICI/John Harvey-Jones: ICI's Jolly Captain, Business Week (Industrial/Technology Edition), 3. Juni 1985, S. 62 f.

Davis, Stanley M.: Managing Corporate Culture, Cambridge 1984

Deal, Terrence E./Kennedy, Allan A.: Corporate Cultures, Reading 1982 (dt. Unternehmenserfolg durch Unternehmens-Kultur, Bonn 1987)

Denison, Daniel: Corporate Culture and Organizational Effectiveness, New York 1990

Dessauer, John H.: My Years with Xerox, Garden City 1971

Donaldson, Gordon/Lorsch, Jay: Decision Making at the Top, New York 1983

Drucker, Peter: Management: Tasks, Responsibilities, Practices, New York 1974

Fitzgerald, Thomas: Can Change in Organizational Culture Really Be Managed?, Organizational Dynamics 17, No. 2 (Herbst 1988), S. 4

Foster, Geoffrey: The Legacy of Harvey-Jones, Management Today, Januar 1987, S. 34–41, 86 ff.

Gordon, George G.: The Relationship of Corporate Culture to Industry Sector and Corporate Performance, in: Kilmann/Saxton/Serpa (Hrsg.): Gaining Control of the Corporate Culture, S. 103–125

Hamermesh, Richard G.: General Electric Co., 1984, Harvard Business School Case No. 385-315, 1985

Harvey-Jones, Sir John: Making it Happen: Reflections on Leadership, London 1988

Hofstede, Geert: Culture's Consequences, Beverly Hills 1980

Homans, George: The Human Group, New York 1950 (dt. Theorie der sozialen Gruppe, Köln 1960)

Hunt, Jonathan: The Final Act of a Commanding Performance, Chief Executive, September 1986, S. 30 f.

Hutchison, Robert: Off the Books, New York 1986

Jacobson, Gary/Hillkirk, John: Xerox: American Samurai, New York 1986

Jick, Todd: The Challenge of Change, Harvard Business School Note No. 490-016, 1989

ders.: Implementing Change, Harvard Business School Note No. 491-114, 1991

Kanter, Rosabeth M.: The Change Masters, New York 1983

Kanter, Rosabeth M./Stein, Barry/Jick, Todd: The Challenge of Change, New York 1992

Katz, Donald R.: The Big Store, New York 1987

Keller, Maryann: Rude Awakening, New York 1989

Kennedy, Carol: ICI: The Company That Changed Our Lives, London 1986

Kilmann, Ralph H./Saxton, M. J./Serpa, Roy (Hrsg.): Gaining Control of the Corporate Culture, San Francisco 1986

Kotter, John P.: A Force for Change: How Leadership Differs from Management, New York 1990 (dt. Abschied vom Erbsenzähler, Düsseldorf 1991)

ders.: The General Managers, New York 1982

ders.: The Leadership Factor, New York 1988 (dt. Erfolgsfaktor Führung, Frankfurt a. M. 1989)

ders.: Power and Influence, New York 1985 (dt. Überzeugen und Durchsetzen – Macht und Einfluß in Organisationen, Frankfurt a. M. 1987)

Kotter, John P./Schlesinger, Leonard/Sathe, Vijay: Organization: Text, Cases, and Readings on the Management of Organization Design and Change, 2. Aufl., Homewood 1986

Lawrence, Paul/Lorsch, Jay: Organization and Environment, Boston 1967

Leahey, James/Kotter, John: Changing the Culture at British Airways, Harvard Business School Case No. 491-009, 1990

Likert, Rensis: The Human Organization, New York 1967 (dt. Die integrierte Führungs- und Organisationsstruktur, Frankfurt a. M. 1975)

Louis, Meryl: Sourcing Workplace Cultures: Why, When, and How, in: Kilmann/Saxton/Serpa (Hrsg.): Gaining Control of the Corporate Culture, S. 126–136

Malinowski, Bronislaw: Argonauts of the Western Pacific: An Account of Native Enterprise and Adventure in the Archipelagoes of Melanesian New Guinea, London 1922 (dt. in: Schriften in vier Bänden, Frankfurt a. M. 1979)

March, James G. (Hrsg.): Handbook of Organizations, Chicago 1965

Nadler, David/Tushmann, Michael: Organizational Frame Bending: Principles for Managing Reorientation, Academy of Management Executive 3, No. 3 (1989), S. 194–204

Ouchi, William: Theory Z, Reading 1981

Pascale, Richard T./Athos, Anthony G.: The Art of Japanese Management, New York 1981 (dt. Geheimnis und Kunst des japanischen Managements, München 1982)

Peters, Tom/Austin, Nancy: A Passion for Excellence: The Leadership Difference, New York 1985 (dt. Leistung aus Leidenschaft, Hamburg 1986)

Peters, Tom/Waterman, R. H.: In Search of Excellence, New York 1982 (dt. Auf der Suche nach Spitzenleistungen, Landsberg 1983)

Pettigrew, Andrew M.: The Awakening Giant: Continuity and Change in Imperial Chemical Industries, New York 1985

ders.: Conclusion: Organizational Climate and Culture: Two Constructs in Search of a Role, in: Schneider (Hrsg.): Organizational Climate and Culture, S. 413–433

ders.: On Studying Organizational Culture, Administrative Science Quarterly 24 (1979), S. 570–581

ders.: Is Corporate Culture Manageable?, Keynote Adress at the Annual

Strategic Management Society Conference, Culture and Competitive Strategies, Singapur, 13.-16. Oktober 1986

Radcliffe-Brown, A. R.: The Mother's Brother in South Africa, South African Journal of Science 21 (1924), S. 542-555

Reader, William J.: Imperial Chemical Industries: A History, Bd. II, New York 1975

Roethlisberger, Fritz J./Dickson, William J.: Management and the Worker: An Account of a Research Program Conducted by the Western Electric Company, Hawthorne Works, Chicago, Cambridge 1939

Rousseau, Denise: Assessing Organizational Culture: The Case for Multiple Methods, in: Schneider (Hrsg.): Organizational Climate and Culture, S. 153-192

Sathe, Vijay: Culture and Related Corporate Realities, Homewood 1985

Schein, Edgar H.: Organizational Culture and Leadership, San Francisco 1985

ders.: Organizational Socialization and Profession of Management, Industrial Management Review 9 (1968), S. 1-15

Schlesinger, Leonard/Jick, Todd: Xerox Corporation: Leadership through quality - Xerox in the 1980s, Harvard Business School Case No. 485-156, 1985

Schneider, Benjamin (Hrsg.): Organizational Climate and Culture, San Francisco 1990

Selznick, Philip: Leadership in Administration, New York 1957

Siehl, Caren/Martin, Joanne: Culture: A Key To Financial Performance?, in: Schneider (Hrsg.): Organizational Climate and Culture, S. 241-281

Smith, Douglas K./Alexander, Robert C.: Fumbling the Future, New York 1988

Tichy, Noel M./Devanna, Mary Anne: The Transformational Leader, New York 1986

Tylor, Edward B.: Primitive Culture: Researches into the Development of Mythology, Philosophy, Religion, Art, and Custom. 2 Bde., New York 1887

Uttal, Bro: The Corporate Culture Vultures, Fortune, 17. Oktober 1983, S. 66-72

Van Manenn, John: People Processing: Strategies of Organizational Socialization, in: Sathe, Vijay: Culture and Related Corporate Realities, S. 223-243

Wilkins, Alan L.: Developing Corporate Character, San Francisco 1989

Wilkins, Alan L./Patterson, Kerry J.: You Can't Get There from Here: What Will Make Cultural Change Projects Fail, in: Kilmann/Saxton/

Serpa (Hrsg.): Gaining Control of the Corporate Culture, S. 262–291

Wright, J. P.: On a Clear Day You Can See General Motors, Grosse Pointe 1979

Register

247

Titel der amerikanischen Originalausgabe: Corporate Culture and Performance.
Originalverlag: The Free Press, New York. Deutsch von Thorsten Schmidt.
Copyright © 1992 by Kotter Associates, Inc. and James L. Heskett.

Wenn Sie Fragen, Anregungen oder Beschwerden haben, rufen Sie uns bitte an:
Dr. Wolfgang Stock, ECON Verlagsgruppe, Tel. 02 11/43 90 60;
FAX 02 11/4 39 06 68

Die Deutsche Bibliothek – CIP-Einheitsaufnahme

Kotter, John P.: Die ungeschriebenen Gesetze der Sieger: Erfolgsfaktor Firmenkultur / John Kotter; James Heskett. Dt. von Thorsten Schmidt. – Düsseldorf; Wien;
New York; Moskau: ECON Verl., 1993. Einheitssacht.: Corporate culture and
performance ⟨dt.⟩. ISBN 3-430-15651-3. NE: Heskett, James L.: